Karl | Die Geschichte der Frauenbewegung

Reclam Sachbuch

Michaela Karl

Die Geschichte der Frauenbewegung

Reclam

2. Auflage 2016

RECLAMS UNIVERSAL-BIBLIOTHEK Nr. 18788

Gestaltung: Cornelia Feyll, Friedrich Forssman
Gesamtherstellung: Reclam, Ditzingen. Printed in Germany 2016

ISBN 978-3-15-018788-3
www.reclam.de

In memoriam meiner geliebten Mutter
Christl Karl
(1946–2007)

Für
Annette

Gebt uns Brot
Doch gebt die Rosen auch

Inhalt

Vorwort
Ein Paar Sätze über die bessere Hälfte

Im Schulunterricht ist die Frauenbewegung bis heute kein Thema und das, obwohl sie unzweifelhaft die erfolgreichste soziale Bewegung der Moderne ist. Der Kampf, den Frauen seit Jahrhunderten für ihre Rechte führen, hat die Welt verändert und verändert sie täglich ein klein wenig mehr. Er war und ist immer im Zusammenhang mit entscheidenden politischen und gesellschaftlichen Umbrüchen aufgetreten, stets parallel zu der Entwicklung hin zur modernen Demokratie und lässt sich in drei Phasen unterteilen. Die Geburtsstunde des organisierten Einsatzes für Frauenrechte schlug 1789 mit der Französischen Revolution, als Frauen ihre Rechte als konsequente Weiterentwicklung der Menschenrechte eingeforderten. Nach ersten Ansätzen während des Unabhängigkeitskrieges formierte sich mit dem Entstehen der Sklavenbefreiungsbewegung in den USA die Frauenbewegung, die eine nicht von der Hand zu weisende Parallelität in der Unterdrückung von Sklaven und Frauen ausmachte. Die Engländerinnen formierten sich nach der ersten Wahlrechtsreform 1832, als klar wurde, dass die Ausweitung von Bürgerrechten Frauen nicht miteinschloss. In Deutschland trug vor allem die Revolution von 1848 zum Emanzipationsstreben der Frauen bei. In allen vier Ländern wurde die Aufklärung zum geistigen Fundament einer Frauenbefreiungsbewegung, die im Zuge der Modernisierung der Gesellschaft durch Industrialisierung und Emanzipation des Bürgertums das Licht der Welt erblickte. Dieses Buch beschäftigt sich überblicksartig mit der Geschichte der organisierten Frauenbewegung in den USA und Westeuropa am Beispiel von Deutschland, Frankreich und England. Diese Beschränkung ist notwendig, da die Darstellung des internationalen Zusammenhangs der Frauenbewegung vorliegende Arbeit sprengen würde. Sie ist aber auch möglich, da die Frauenbewegung gerade in diesen Ländern entscheidenden Einfluss auf die Frauenbewegung der westlichen Welt, von der dieses Buch handelt, hatte. Theorien und philosophische Hintergründe werden dabei nur insoweit in die Darstellung miteinbezogen, als sie unmittelbare Auswirkungen auf die Aktivitäten der organisierten Frauenbewegung hatten. Der Schwerpunkt liegt auf den deutschen Verhältnissen, welche für die Leserin in Bezug auf ihre eigenen Lebensverhältnisse besonders interessant sein dürften. Dabei werden thematische Gemeinsamkeiten ebenso deutlich wie die Unmöglichkeit, eine einheitliche Geschichte dieser äußerst heterogenen Bewegung zu erzählen. Denn auch wenn sich die Bedingungen, denen die Aktivistinnen unterworfen waren und immer noch sind, oftmals ähneln, so waren und sind sie doch immer auch von regionalen, nationalen, gesellschaftlichen und ökonomischen Unterschieden geprägt. Die Frauenbewegung ist so vielfältig wie die Widerstände, auf die sie trifft, und so bunt wie die Akteurinnen, die sie prägen. Ein Ländervergleich der organisierten Frauenbewegung zwischen den USA, Frankreich, England und Deutschland ist jedoch möglich, da es frappierende Ähnlichkeiten zwischen ihren Entstehungsbedingungen, ihren Zielsetzungen und ihren Entwicklungen gibt.

Die erste Welle der Frauenbewegung begann mit der Französischen Revolution und endete mit dem Ersten Weltkrieg, als die meisten Frauen in Europa und den USA eines ihrer wichtigsten Ziele erreicht hatten: das Wahlrecht. Sie war geprägt vom Kampf um Staatsbürgerinnenrechte, die juristische Gleichstellung, das Recht auf Bildung und das Recht auf Erwerbsarbeit und freie Berufswahl. Es handelte sich um eine Mittel- und Oberschichtbewegung, in der differenzfeministische Ansätze überwogen, nach denen sich die Geschlechter ergänzen sollten und Frauen die Kulturaufgabe zufiel.

Die Zeit zwischen dem Ersten und dem Zweiten Weltkrieg stellt eine Art Übergangsphase der Bewegung dar, die während der NS-Zeit in Deutschland vollkommen zum Erliegen kam. Nach dem Zweiten Weltkrieg restaurierte sich zunächst sowohl in den USA als auch in Westeuropa ein konservatives Frauenbild, dennoch wurde sukzessive Rechtsgleichheit für die Geschlechter geschaffen. Ausgehend von der in den USA entstandenen Bürgerrechts-, Studenten- und Anti-Vietnamkriegs-Bewegung kam die darniederliegende Frauenbewegung erneut in Fahrt und formierte sich zu einer zweiten Welle, die von den USA ausgehend ganz Westeuropa erfasste. Während im ersten Teil des Buches auch die Entwicklung der Suffragettenbewegung in England geschildert wird, beschränkt sich der zweite Teil auf die USA, Frankreich und Deutschland und widmet ein Kapitel der institutionalisierten Frauenbewegung in der DDR. Denn während eine Schilderung der Frauenbewegung Anfang des Jahrhunderts ohne die militanten Suffragetten als erste tatsächlich autonome Frauenbewegung unvollständig wäre, war der Einfluss der englischen Frauenbewegung der 1970er Jahre auf die internationale Diskussion gering. Frankreich und die USA beeinflussten theoretisch, programmatisch und strategisch die zweite Welle der Frauenbewegung entscheidend.

Diese neue Frauenbewegung war geprägt von der Forderung nach Selbstbestimmung: über den eigenen Körper, die eigene Sexualität, das eigene Leben, die eigene Sprache. Es folgten die psychologische Befreiung vom Mann, die Konzentration auf weibliche Vorbilder und die Bildung einer weiblichen Gegenkultur. Die zweite Welle der Frauenbewegung wurde getragen von autonomen Organisationen von Frauen für Frauen. Selbsterfahrungsgruppen lösten die großen Organisationen ab. Im Zusammenhang mit der Selbstbestimmung der Frau ist auch das große Thema dieser Jahre zu sehen, das länderübergreifend zu spektakulären Kampagnen führte: die Streichung des Abtreibungsparagraphen und die Straffreiheit der Abtreibung. Die aktivistische Phase dieser neuen Frauenbewegung Mitte der 1970er Jahre war geprägt durch die Einrichtung unabhängiger Frauenprojekte wie Frauenhäuser, Frauennotrufe, Verlage, Zeitschriften, Kulturprojekte. Die Entwicklung einer autonomen weiblichen Gegenkultur trug viel zum neuen Selbstbewusstsein der Frauen bei und charakterisiert diese Zeitspanne. Zunächst durch den Gleichheitsgedanken geprägt, setzte sich nach und nach nicht nur bei Radikalfeministinnen der Differenzfeminismus erneut durch, der die Abgrenzung zwischen den Geschlechtern forcierte.

Seit den 1990er Jahren erleben wir nun eine dritte Welle der Frauenbewegung, die sich einerseits durch eine stark institutionalisierte Frauenpolitik und andererseits durch zahlreiche unabhängige Frauenprojekte auszeichnet, die sich vor allem mit der Teilhabe von Frauen in den neuen Technologien beschäftigen. Die sie begleitende wissenschaftliche Diskussion ist gekennzeichnet von der Unterscheidung in »Sex« und »Gender«. Das soziale Geschlecht hat dem biologischen Geschlecht den Rang abgelaufen. Aus Frauenbeauftragten wurden Gleichstellungsbeauftragte, das Kollektivsubjekt Frau wurde ausdifferenziert, neben dem Geschlecht wurden neue Diskriminierungsmerkmale ausgemacht. War es in den ersten beiden Phasen, als sich die Frauenbewegung anhand bestimmter Organisationen und Programme festmachen ließ, noch möglich, einen Überblick über Verlauf, Ideen und Ziele zu geben, so ist dies in der dritten Welle des Feminismus unmöglich geworden. Nie war die thematische Vielfalt größer, nie die Anzahl an Aktionen, Projekten, Texten und Protagonistinnen vielfältiger und differenzierter. Es gibt keine repräsentativen

Organisationen mehr, keine herausragende Gruppierung. Kein Programm, keine Vertreterin und kein Text kann als repräsentativ für die Frauenbewegung, die einem steten Wandel unterzogen ist, gelten. Dies macht eine Darstellung unmöglich, ermöglicht der Frauenbewegung aber das Überleben in einer schnelllebigen Zeit und macht sie bereit für die kommenden Herausforderungen.

Dieses Buch ist eine Überblicksdarstellung, die vieles anspricht und vieles vernachlässigen muss. Sein Anliegen ist es, zu zeigen, wie steinig der Weg der Frauenbewegung bis hierher war und mit welch großem Einsatz unsere Vormütter ihn beschritten. Wir haben ihn unermüdlich weiterzugehen, bis in ferner Zukunft einmal überall auf der Welt gilt, was im Grundgesetz der Bundesrepublik Deutschland zumindest formal verankert ist: »Männer und Frauen sind gleichberechtigt« (Art. 3, Abs. 2 GG).

Frauenrechte

Die Frau hat das Recht, das Schafott zu besteigen.
Sie muss gleichermaßen das Recht besitzen,
die Rednertribüne zu besteigen.

Olympe de Gouges

Zwei getrennte Sphären
Die Situation am Vorabend der Frauenbewegung

Die erste Frauenbewegung steht als europäische und US-amerikanische Bewegung in engem Zusammenhang mit der gesellschaftlichen und ökonomischen Entwicklung der westlichen Welt. Ihre Anfänge reichen bis in die Zeit der Französischen Revolution zurück, als Frauen sowohl in Europa als auch in den USA Menschen zweiter Klasse waren: rechtlos und wehrlos.

Die herrschende Gesetzgebung spiegelte und bekräftigte die Unterdrückung der Frau, vor allem der verheirateten, deren rechtliche Stellung der eines unmündigen Kindes glich. Der Mann war Rechtsvertreter einer juristisch nicht existenten Frau, der sogenannten *femme couverte*. Die Geschlechtsvormundschaft sah die klare Unterordnung der Frau vor und übergab sie aus der Obhut des Vaters direkt in die des Ehemannes oder eines männlichen Verwandten. Ehefrauen waren zum Gehorsam verpflichtet, besaßen weder über ihr Vermögen noch über ihre Kinder Verfügungsgewalt. Sie hatten kein Recht auf Eigentum, konnten weder über ererbtes noch über selbstverdientes Geld bestimmen. Im unwahrscheinlichen Falle einer Scheidung blieb selbst die eigentlich vermögende Frau mittellos zurück. Auch in ihrer persönlichen Freiheit waren Frauen eingeschränkt. Gesellschaft und Ehemänner verwehrten ihnen eigenständige Berufstätigkeit. Frauen durften nicht selbst vor Gericht auftreten, sondern mussten in Begleitung eines männlichen Vormunds erscheinen. In einigen europäischen Ländern war es Ehemännern bis ins späte 19. Jahrhundert hinein erlaubt, ihre Frauen einzusperren, wenn diese sich sexuell verweigerten. Als Mitte des 19. Jahrhunderts die ersten Gesetze zur Ehescheidung erlassen wurden, bevorzugten diese ganz konkret die männliche Partei. Die wenigen Frauen, die sich trotz der für sie unweigerlich ergebenden existenziellen Nöte scheiden ließen, erhielten nur in Ausnahmefällen das Sorgerecht über ihre Kinder. Dies war nicht zuletzt eine unmittelbare Folge der Tatsache, dass Väter bereits innerhalb der Ehe die alleinigen gesetzlichen Vertreter ihrer Kinder waren. Die Rechtsstellung von ledigen Müttern und unehelichen Kindern war indiskutabel und ließ beide in ihrem Elend vollkommen allein.

Mit der Industrialisierung hatte sich die Gesellschaft grundlegend verändert. Bis weit ins 18. Jahrhundert hinein war Europa vorwiegend agrarisch strukturiert gewesen. Dies prägte das Zusammenleben der Menschen, ihre Einstellung zu Ehe und Familie sowie zum anderen Geschlecht. Die Ehe wurde als Zweckgemeinschaft verstanden und die Familie als Produktionseinheit, an der alle Mitglieder beteiligt waren. Sozialer Aufstieg und oft auch nur das nackte Überleben waren daran geknüpft, dass Frauen ihren Teil zum Erwerb beitrugen. Handwerker und Bauern waren auf die Mithilfe ihrer Ehefrauen, denen zugleich die gesamte Haushaltsführung unterstand, angewiesen. Eine vorwiegend agrarische Subsistenzwirtschaft, in der Produktions- und Konsumgemeinschaften noch zusammengingen und die gesellschaftliche Arbeitsteilung nur wenig ausgebildet war, war das Kennzeichen dieser vorindustriellen Gesellschaft. Und auch wenn diese relative ökonomische Gleichberechtigung die politisch-religiöse Ungleichheit zwischen Frau und Mann nicht aufhob, so war das Zusammenleben der Geschlechter noch nicht in demselben Maße hierarchisch geprägt, wie dies nach der Industrialisierung der Fall sein sollte.

Denn erst mit der zunehmenden Industrialisierung veränderten sich Produktionsbedingungen und Produzenten. Neben dem Industrieproletariat entstand als neue Klasse die bürgerliche Mittelschicht, in der Männer die alleinigen Ernährer ihrer Familien waren und Frauen aus dem Arbeitsprozess sukzessive zurückgedrängt wurden. Die Zuständigkeitsbereiche der Geschlechter wurden getrennt. Zum einen intellektuell: als Sphäre der Frau galt nun Gemüt und Emotion, als Sphäre des Mannes Vernunft und Verstand, und zum andern territorial: der Platz der Frau war im Haus, der Platz des Mannes außer Haus. Privater und öffentlicher Raum wurden separiert und zugleich einem bestimmten Geschlecht zugewiesen.

Die bürgerliche Gesellschaft übertrug der Frau die Aufgabe, zu Hause für das Wohl der Familie zu sorgen, die in jener Zeit des gesellschaftlichen Umbruchs als stabiler Faktor eine geradezu überragende Bedeutung erlangte. Die Überhöhung der Familie ging einher mit einer Überhöhung der Rolle der Frau als Ehefrau und Mutter. Mutterschaft wurde zum Wesen der Weiblichkeit erkoren, Ehe und Kindeserziehung wurden zum einzigen Lebensziel verklärt. Der Zugang zur Erwerbstätigkeit hingegen war Frauen der Mittelschicht verwehrt.

Die mit der Industrialisierung eintretende Entwicklung des kapitalistischen Gesellschaftssystems verstärkte in der Mittelschicht die ökonomische Abhängigkeit der Frau. Dies wurde zum Problem für die zahlreichen unverheirateten Frauen dieser Schicht, deren Lebensunterhalt nicht durch die Apanage eines männlichen Verwandten gesichert war. Viele fristeten als Gouvernanten oder Gesellschafterinnen ein karges Dasein. Zudem waren sie gesellschaftliche Außenseiterinnen in einer Welt, die in ihren bürgerlichen Komplementärvorstellungen davon ausging, dass Mann und Frau einander bedingen und ergänzen müssten. Selbstgewählte Ehelosigkeit war verpönt, die »alte Jungfer« Ziel von Spott und Hohn. Die einzig gesellschaftlich akzeptierte außerhäusliche Tätigkeit für Frauen aus der Mittel- und Oberschicht war unentgeltliches karitatives Engagement.

Dies war ein Luxus, den sich die Frauen der unteren Schichten nicht leisten konnten. Auch dort weichte die industrielle Revolution traditionelle Familienstrukturen auf. Hier erlebten Frauen am eigenen Leib, was Doppelbelastung hieß – außerhäusliche Erwerbsarbeit und Hausarbeit zugleich. Gewann in der Frühphase der Industrialisierung zunächst die Heimarbeit an Bedeutung, wurde sie zunehmend von der Fabrikarbeit abgelöst. Die Wirtschaft benötigte für ihren Aufschwung billige Arbeitskräfte und griff dabei gerne auf Kinder und Frauen zurück. In der Textil- und Bekleidungsindustrie, der Papier-, Nahrungs- und Genussmittelindustrie dominierte bald die Arbeiterin.

Nach dem Niedergang der Landwirtschaft wanderten viele junge Frauen vom Land in die Städte ab, um dort zu arbeiten. Auf diese Weise entzogen sie sich der bisher ihr Leben bestimmenden männlichen Obhut. Eine Entscheidung, die gesellschaftlich nicht toleriert wurde. Das Ansehen von Fabrikarbeiterinnen war denkbar schlecht. Nach Meinung der Gegner von Frauenarbeit untergrub diese Art von Beschäftigung Sitte und Moral, da unverheiratete Frauen nicht nur auf engstem Raum mit Männern zusammenarbeiteten, sondern durch ein eigenes Einkommen auch selbstbewusst und selbständig werden würden – mit schädlichen Konsequenzen für Gesellschaft und Staat.

Das Gehalt der Frauen, die unter widrigsten Bedingungen 10 bis 14 Stunden täglich schufteten, blieb weit hinter dem ihrer männlichen Arbeitskollegen zurück. Im Schnitt verdiente eine Arbeiterin nur etwa 65 Prozent von dem, was ein männlicher Arbeiter für exakt dieselbe Tätigkeit erhielt. Frauen waren schlecht bezahlt und schlecht organisiert. Die neu entstandenen Interessenvertretungen der Arbeiter kümmerten sich nicht um die Belange der Frauen, sahen in ihnen vor allem eine ärgerliche ›Schmutzkonkurrenz‹, die als billige Arbeitskräfte

Männern die Arbeit wegnahm und für das sinkende Lohnniveau verantwortlich zeichnete. Für die Arbeiterinnen wurde ihre unbefriedigende Situation im Produktionsprozess zum Ansatzpunkt ihrer Emanzipation und zum Ausgangspunkt einer proletarischen Frauenbewegung.

Neben der Tätigkeit als Fabrikarbeiterin war die als Dienstmädchen die am häufigsten anzutreffende Form der Frauenarbeit. Vor allem unverheiratete Frauen ergriffen diesen Beruf, der mit dem Aufstieg des Bürgertums entstand. Viel später erst eröffnete die industrielle Entwicklung neue Berufsfelder für Frauen – in der Telekommunikation, bei der Post oder auch der Eisenbahn. Mit dem Banken- und Handelswesen entstanden Ende des 19. Jahrhunderts neue Berufe wie Schreibkraft, Telefonistin oder Bürofräulein. Doch bis zum Ersten Weltkrieg wurden nur wenige dieser Berufe ergriffen. Erst danach verdrängte der Beruf der Büroangestellten nach und nach den Beruf der Hausangestellten und wurde zum Symbol für die neu gewonnene Unabhängigkeit der Frau.

Auch das älteste Gewerbe der Welt erlebte im Zuge der Industrialisierung einen regen Aufschwung: die Prostitution. Die vorherrschende Doppelmoral, wonach Frauen als Jungfrauen in die Ehe gehen und Männer sich vorher austoben sollten, unterstützte diese Entwicklung. Das Verbot von gezielter Familienplanung und Verhütung tat ein übriges, um die Prostitution zu befördern. Verwerflich in diesem System weiblicher Ausbeutung war die Prostituierte, nicht der Freier. Prostituierte galten als die Verursacherinnen des moralischen Niedergangs der Nation, Freier hingegen als Opfer ihrer Triebe und anständige Familienväter, die ihre Ehefrauen vor weiterem Kindersegen bewahren wollten. Die sexuelle Passivität der Frau vorausgesetzt, wurde die sexuelle Aggressivität des Mannes als natürlich und unvermeidlich bewertet. Selbst Frauenrechtlerinnen brauchten lange, ehe sie begriffen, dass

Prostituierte nicht verwerfliche Frauenzimmer waren, sondern Opfer männlicher Übergriffe und sozialer Ungerechtigkeit. Erst spät entstanden innerhalb der Frauenbewegung Gruppen, die sich den Kampf gegen die sexuelle Ausbeutung und Erniedrigung der Frau auf die Fahnen schrieben.

Wie bereits erwähnt, hatte die industrielle Revolution gravierende Auswirkungen auf das Leben der Mittelklassefrauen. Sie konnten sich nun Dienstboten für die Hausarbeit leisten, ihre Mitarbeit im Haus beschränkte sich auf das Delegieren. Durch den Einzug neuer Techniken wurde vieles im Haushalt simplifiziert, was eine zusätzliche Zeitersparnis bedeutete. Beschäftigungslos ans Haus gefesselt, sehnten sich die Frauen nach neuen Betätigungsfeldern, jenseits von Klavierspielen, Nähen und Sticken. Doch außerhalb der eigenen vier Wände waren ihrer Entfaltung enge Grenzen gesteckt.

Einer der wenigen Berufe, die Frauen ab Mitte des 19. Jahrhunderts offenstanden, war der Beruf der Lehrerin. Dabei musste eine Frau sich jedoch verpflichten, unverheiratet zu bleiben. Die Verehelichung war mit der sofortigen Kündigung verbunden. Ein Verfahren, das in den meisten Ländern Europas bis nach dem Ersten Weltkrieg beibehalten wurde.

Abgesehen von diesem skandalösen Eingriff in das Privatleben wollten ohnehin nicht alle Frauen Lehrerin werden, sondern sahen sich als Ärztinnen, Rechtsanwältinnen oder Polizistinnen. Doch bis zum Ersten Weltkrieg, als man aus der Not eine Tugend machen und Frauen Zugang zu vielen Berufen gewähren musste, blieb ihnen die freie Berufswahl versagt. Berufe wie der einer Rechtsanwältin oder einer ordentlichen Professorin blieben Frauen bis weit ins 20. Jahrhundert hinein verschlossen.

In engem Zusammenhang mit der Forderung nach der freien Berufswahl für Frauen stand die Forderung nach der Verbesserung der Mädchenbildung. Die Frauenfrage des 19. Jahrhunderts war vor allem eine Bildungsfrage, denn nur durch verbesserte Bildung und Ausbildung konnten sich Frauen neue Arbeitsfelder erschließen. Die Ausbildung von Frauen war zu jener Zeit so rudimentär, dass es sich kaum lohnt, darüber zu berichten. Dass die bürgerliche Welt von der Polarität der Geschlechter ausging, zeigte sich nirgendwo so deutlich wie in der Bildungspolitik. Frauenbildung orientierte sich in erster Linie daran, vor welche Aufgabe die Frau zukünftig gestellt war: als Hausfrau und Mutter, zur Unterhaltung des Mannes und zur Erziehung der Kinder. Mädchen der Mittel- und Oberschicht wurden in Privatinstituten von ältlichen Fräuleins auf ein Leben im Kokon vorbereitet oder von Privatlehrern abgeschottet zu Hause unterrichtet. Viele besuchten Konfessionsschulen, in denen ihnen kein kritisches Denken, sondern die ergebene Hinnahme ihres Schicksals als Frau vermittelt wurde. Mädchen aus der Unterschicht konnten gegenüber den Jungen dort kaum mehr benachteiligt werden, so schlecht war die Ausbildung der Arbeiterkinder.

Noch größere Defizite herrschten hinsichtlich der höheren Bildung. Der Zugang zu akademischen Weihen war allein Männern vorbehalten. Die wissenschaftliche Welt wehrte sich vehement gegen die Aufnahme von Frauen. Manche Universitäten änderten ihre Zulassungsbeschränkungen so weit ab, dass Frauen nicht einmal als Gasthörerinnen an Vorlesungen teilnehmen konnten. Gelang es ihnen doch, einen Gasthörerinnenstatus zu erlangen, kam es nicht selten zu Übergriffen vonseiten männlicher Kommilitonen. Jahrelang kämpften Frauen darum, einen ordentlichen Zugang zur Universität zu bekommen. Aber das traditionelle Rollenverständnis an den Universitäten wurde nur sehr langsam aufgebrochen und veränderte sich letztlich vor allem dadurch, dass viele Frauenrechtlerinnen aus der Mittel- und Oberschicht stammten.

Theoretisch untermauert wurde diese Auseinandersetzung

durch die *querelle des femmes*, eine bereits im 15. Jahrhundert begonnene Debatte um das Wesen der Frau und die Ordnung der Geschlechter, an der sich auch zahlreiche Frauen beteiligten. Dabei ging es unter anderem darum zu klären, ob Frauen grundsätzlich das Recht und die Fähigkeit besäßen, wissenschaftliche Bildung zu erwerben. Die französische Schriftstellerin Christine de Pizan gilt als erste Frau, die sich öffentlich an diesem Diskurs beteiligte. Bereits um 1400 verfasste sie mehrere Schriften zur Verteidigung der Frau, darunter ihr berühmtestes Werk *Le Livre de la Cité des Dames* (*Das Buch von der Stadt der Frauen*), in dem sie an Frauen erinnerte, die als Herrscherinnen, Künstlerinnen oder Gelehrte herausragende Leistungen vollbracht hatten. Die französische Philosophin Marie Le Jars de Gournay stellte in ihrer Schrift über die Gleichheit von Mann und Frau *Egalité des hommes et des femmes* (*Die Gleichheit von Männern und Frauen*) schon 1622 ein egalitäres Geschlechterkonzept vor. In den französischen Salons des 17. Jahrhunderts waren diese emanzipatorischen Erörterungen zunächst weitergeführt worden, doch mit der Entstehung der ersten Akademien begann der offizielle Ausschluss von Frauen aus der Wissenschaft. Trotzdem ging die Diskussion weiter. 1673 lieferte der Gelehrte François Poullain de la Barre mit *De l'Égalité des deux sexes. Discours physique et moral où l'on voit l'importance de se défaire des préjugés* (*Über die Gleichheit der Geschlechter. Physischer und moralischer Diskurs, worin die Bedeutung der Abschaffung der Vorurteile betrachtet wird*) eine philosophische Untermauerung für die Theorie der Geschlechtergleichheit. Demnach ist die männliche Herrschaft nicht naturbedingt, sondern anerzogen, und eine verbesserte Frauenbildung wichtig und richtig. Doch über Jahrhunderte vermochten viele dieser Argumentation nicht zu folgen. Wissenschaftler und selbsternannte Experten hielten daran fest, dass Frauen von Natur aus über weniger Verstand verfügen würden als Männer, haben sie doch kleinere Gehirne. Zu keinem Zeitpunkt in der Geschichte hätten Frauen jemals bedeutende wissenschaftliche und künstlerische Leistungen vollbracht. Aufgrund ihrer mangelhaften physischen und psychischen Voraussetzungen seien sie weder zu intellektuellen noch zu politischen Leistungen fähig. Die Natur habe ihnen eindeutig die Rolle der Ehefrau und Mutter zugewiesen, und dafür sei Bildung unnötig. Frauen würden ihre Weiblichkeit verlieren und vermännlichen, sollten sie sich ernsthaft mit Bildungsinhalten auseinandersetzen. Bis ins 20. Jahrhundert hinein stellten gelehrte Frauen deshalb die bewunderte, aber auch verachtete Ausnahme dar.

Die vorgeblich geistige Unterlegenheit der Frau diente jedoch nicht nur als Argument, um sie von diversen Bildungseinrichtungen fernzuhalten, sondern auch, um sie von Wahlurnen und aus Kabinetten zu verbannen. Obwohl zahlreiche europäische Länder immer wieder von mächtigen Königinnen regiert worden waren, galten Frauen als heillos überfordert, wenn es um Politik ging. Sie hatten weder das passive noch das aktive Wahlrecht, waren der Willkür männlicher Gesetzgebung hilflos ausgeliefert. Zwar verweigerte der Zensus auch Millionen Männern das Wahlrecht – noch, für Frauen dagegen erschien die Situation auf lange Zeit völlig unabänderlich. Die meisten Männer fanden alleine schon die Vorstellung, dass Frauen am politischen Prozess teilhaben könnten, ausgesprochen lächerlich. Schließlich habe die Natur dafür gesorgt, dass Frauen und Männer verschieden seien, und ihnen dadurch auch verschiedene Aufgaben zugeteilt. Einzig die Frau sei in der Lage, Kinder zu gebären und zu ernähren, folglich sei ihr Platz zu Hause, während der Mann ihre Interessen in der Öffentlichkeit, sprich in der Politik, vertreten würde. Denn während Männer mit Logos und Ratio gesegnet seien, seien Frauen emotional und hysterisch und nicht in der Lage, politisch vernünftige Entscheidungen zu treffen. Angesehene Ärzte behaupteten, Frauen würden statt von ihrem Gehirn von ihrer Gebärmutter bestimmt und dieser Umstand würde besonders während der Pubertät, der Menstruation, bei Schwangerschaften und in der Menopause zu gefährlichen Instabilitäten hinsichtlich ihrer Entscheidungsfähigkeit führen. Hysterie galt als typische Frauenkrankheit, wie schon das aus dem Griechischen stammende Wort »Hysteria« für Gebärmutter zeigt.

Frauen galten als kindisch, aufbrausend, unvernünftig und kapriziös, schlicht als nicht in der Lage, vernünftige Entscheidungen zu treffen – weder für sich noch für ihre Kinder, noch für ihr Land. Sie würden politische Entscheidungen mit persönlichen Dingen vermischen und nicht begreifen, um was es in der Politik überhaupt gehe.

Die Kirche erwies sich dabei als eine der stärksten Bastionen beim Versuch, die untergeordnete Stellung der Frau auszuhebeln. Sie warnte eindringlich davor, dass Mädchenbildung und das Wahlrecht für Frauen die sukzessive Gleichstellung der Geschlechter einleiten und die bereits in der Bibel festgelegte Überlegenheit des männlichen Geschlechts aufweichen würde. Damit würden die Strukturen der Gesellschaft in ihren Grundfesten erschüttert, die patriarchale Gesellschaft würde langsam aber sicher zu Grunde gehen.

Wir fordern die Hälfte der Welt
Die Forderungen der Frauenrechtlerinnen

Die erste Welle der Frauenbewegung erscheint in der Nachbetrachtung als relativ homogen. Der Großteil der von ihr formulierten Forderungen war der persönlichen, wirtschaftlichen und politischen Gleichstellung der Frau mit dem Mann geschuldet und sollte in erster Linie zur Verbesserung der sozialen Situation der Frauen beitragen. Ziel war die rechtliche, politische, soziale, gesellschaftliche, ökonomische und private Gleichstellung, bei gleichzeitiger Bewahrung der Differenz zwischen den Geschlechtern. Dabei unterschieden sich die Forderungen im einzelnen je nach Herkunft, politischer Verortung oder Radikalität der Akteurinnen, die zum Großteil aus der Mittel- und Oberschicht stammten.

Die Frauenrechtlerinnen der ersten Stunde gingen in ihrer überwiegenden Mehrheit von der natürlichen Ungleichheit der Geschlechter aus, wobei die natürliche Überlegenheit des Mannes keinerlei Herrschaftsanspruch begründete. Die Natur hatte ihrer Ansicht nach die Menschen zwar individuell unterschiedlich geformt, sie aber dennoch mit denselben natürlichen und unveräußerlichen Geburtsrechten ausgestattet, wodurch alle Menschen gleich und frei waren. Die Individuen waren nicht gleichartig, sehr wohl aber gleichwertig.

Einige Frauen nahmen jedoch eine andere differenzfeministische Position ein. Sie glaubten zwar auch an die natürliche Ungleichheit und die gesellschaftliche Gleichheit der Geschlechter, leiteten daraus jedoch die natürliche Überlegenheit der Frau ab, aus der sich allerdings kein Herrschaftsanspruch ergab. Auch sie begründeten die gesellschaftliche Gleichheit mit den natürlichen und unveräußerlichen Menschenrechten. Während die meisten Frauenrechtlerinnen, die so dachten, die natürliche Überlegenheit der Frau an ihren reproduktiven Fähigkeiten und »typisch weiblichen« Charaktermerkmalen wie Wärme oder Hingabe festmachten, gab es vereinzelt auch offenen Männerhass. Weitverbreitet war hingegen die Idee der Rettung der Welt durch die Frau. Diese korrespondierte mit Überlegungen, wonach die besonderen weiblichen Fähigkeiten und Tugenden die männlichen Fähigkeiten ergänzen müssten, um die Gesellschaft auf die nächsthöhere Stufe zu heben. Der Kultureinfluss der Frau fördere das Wohl der Allgemeinheit, weshalb es eine unabdingbare Notwendigkeit sei, sie an der Gestaltung von Staat und Gesellschaft teilhaben zu lassen. Die individuelle Entfaltung der Persönlichkeit stand noch nicht im Vordergrund und unterblieb mit Blick auf das Wohl der Allgemeinheit.

In der bürgerlichen Frauenbewegung, welche die erste Welle der Frauenbewegung hauptsächlich trug, kristallisierten sich bald vier Hauptforderungen heraus. Zum einen das Recht der Frau auf Erwerbsarbeit und freie Berufswahl: Hier gab es Differenzen zwischen den Frauen, die damit die Gleichberechtigung zwischen Frauen und Männern verwirklichen wollten, und denjenigen, die darin in erster Linie eine Maßnahme gegen das wirtschaftliche Elend alleinstehender vermögensloser Frauen sahen. Es gab Strömungen, die typisch weibliche Berufe ins Auge fassten, während andere grundsätzlich alle Berufsfelder für Frauen öffnen wollten.

Grundbedingung für den freien Zugang zur Erwerbstätigkeit war die zweite Forderung der Frauenrechtlerinnen: gleiche Bildungschancen für beide Geschlechter. Die Verbesserung der Mädchenbildung, der Zugang zu höheren Schulen und Universitäten sowie die Verbesserung der Lehrerinnenausbildung standen ganz oben auf ihrer Prioritätenliste. Galt bis dahin als höchstes Bildungsziel für Mädchen, dem Mann eine angenehme Gefährtin zu sein, wurde Bildung nun zum

Hebel für die Emanzipation, der allerdings erst wirksam werden konnte, nachdem der Staat die Bildungshoheit an sich gezogen hatte und die Mädchenbildung einer strukturellen Neuregelung unterzog. Die Frauen verlangten, dass höhere Bildung wie Abitur und Studium auch ihnen offenstehen musste. Dabei gab es durchaus verhaltene Stimmen, die das Studium auf bestimmte Fächer wie Medizin beschränken wollten, da sie hier den geringsten Widerstand erwarteten. Um den Gegnern den Wind aus den Segeln zu nehmen, wurde unter anderem damit argumentiert, dass es für Frauen unangenehm sei, sich vor einem fremden Mann, selbst vor einem Arzt, zu entblößen und sich untersuchen zu lassen.

Als wichtige Voraussetzung für die Reform der Mädchenbildung galt die Verbesserung der Lehrerinnenausbildung. Weibliche Lehrkräfte wurden auf niedrigstem Niveau ausgebildet und unterrichteten mit ihrem rudimentären Wissen vorwiegend an Privatschulen oder in den Unterstufen öffentlicher Mädchenschulen. Höhere Klassen oblagen der Verantwortung männlicher Lehrkräfte. Die Frauenrechtlerinnen forderten die Verbesserung der Lehrerinnenausbildung, um als Frauen Mädchenbildung bis in die Abschlussklassen hinein mitgestalten zu können.

Die dritte heiß diskutierte Forderung der alten Frauenbewegung war die aktive Teilhabe der Frau am öffentlichen Leben. Dies umfasste sowohl das aktive und passive Wahlrecht als auch die Mitgliedschaft in Parteien und Vereinen, die Frauen in vielen Ländern Europas erst zu Beginn des 20. Jahrhunderts erlaubt wurde. Allerdings maßen nicht alle Frauen dem Wahlrecht dieselbe Bedeutung zu. Manchen galt es als ein Ziel unter vielen, als Fernziel, das über den Umweg verschiedener Nahziele zu erreichen war. Für andere stand es im Mittelpunkt der Auseinandersetzungen. Sie sahen in der Mitwirkung der Frau an der Gesetzgebung den eigentlichen Schlüssel zur Verbesserung ihrer Lebensumstände. Das von ihnen geforderte Stimmrecht war jedoch nicht eindeutig bestimmbar. So wollten einige das Stimmrecht nur für unverheiratete Frauen, Ehefrauen sollten davon ausgeschlossen bleiben. Zu sehr fürchteten sie den Einfluss der Ehemänner, denen damit zwei Stimmen in die Hände fallen würden. Auch bei der Frage, welches Stimmrecht eingeführt werden sollte, konnte keine Einigkeit erzielt werden. Sollten Frauen gleich den Männern nach dem Zensus wählen dürfen, oder sollte das Wahlrecht alle Frauen miteinschließen und somit ein allgemeines Wahlrecht für Frauen und Männer propagiert werden?

Die Frage nach dem Frauenstimmrecht war eng verbunden mit der Frage nach der Rechtsstellung der Frau. Ein bedeutsames Ziel der ersten Frauenbewegung war die Gleichstellung von Frauen und Männern vor dem Gesetz, die privatrechtliche Mündigkeit beim Gewerberecht, bei Prozess- und Vereinsgesetzen sowie bei Zivilgesetzen. Die Forderungen der Frauenrechtlerinnen gingen hierbei von der Reform des ehelichen Güterrechts über die Reform des Scheidungsrechts bis hin zur Verbesserung der Rechtsstellung unehelicher Kinder und lediger Mütter. Während sich die meisten juristischen Forderungen zunächst auf die Stellung der verheirateten Frau bezogen, wurde mit dem Aufkommen der Arbeiterinnenbewegung auch die Forderung nach Arbeitsschutzgesetzen für Frauen laut. Dazu gehörten vor allem besondere Schutzgesetze für Schwangere und Mütter. Doch auch diese Forderungen waren nicht unumstritten. Ein Teil der Frauenrechtlerinnen lehnte derartige Schutzgesetze strikt ab, weil sie zur Verbannung von Frauen aus bestimmten Berufen missbraucht werden konnten. Keinerlei Diskussionen ließ die Forderung nach gleichem Lohn für gleiche Arbeit zu. Das Lohnniveau von Frauen war gleichbleibend niedrig – selbst als Frauen begannen, sich zu organisieren und ihre Interessen zu vertreten. Arbeitszeitverkürzung, verbesserte Arbeitsbedingungen und die Entlastung von häuslicher Arbeit waren weitere Punkte, welche die proletarischen Frauen in die Bewegung einbrachten und die von den bürgerlichen Frauen durchaus unterstützt wurden. Ihr politisches Anliegen, die Eroberung der Macht durch die Arbeiterklasse, der Klassenkampf, fand jedoch verständlicherweise in der bürgerlichen Frauenbewegung keinen Anklang.

Die großen Themenkomplexe der ersten Frauenrechtlerinnen ergriffen die Bewegung in den USA und Westeuropa zeitversetzt und in unterschiedlicher Intensität. Geschuldet war dies in erster Linie dem jeweiligen wirtschaftlichen und politischen Entwicklungsstand der Länder. Trotzdem zeigt sich, dass bei allen länderspezifischen Unterschieden diese Forderungen in allen Ländern auftraten und kennzeichnend wurden für die erste Welle der Frauenbewegung. Dabei waren Forderungen nach verbesserter Erziehung und Bildung, einer Reform der Sozialpolitik, freiem Zugang zur Erwerbsarbeit, Verbesserung der Rechtsstellung und Einführung staatsbürgerlicher Rechte für die Frauen niemals nur Ziele allein, sondern vor allem Mittel zur Verbesserung der Situation der Frau im allgemeinen.

Dem Morgenrot entgegen
Die alte Frauenbewegung in den USA und Westeuropa

Frauen und Sklaven
USA: Abolitionistinnen und Frauenstimmrechtlerinnen

Obwohl die Frauen in Amerika rechtlich ebenso unmündig waren wie ihre europäischen Schwestern, waren sie – bedingt durch die Widrigkeiten der Kolonisation – den Männern zunächst gleichgestellter als im alten Europa. Die hohen Anforderungen, die bei der Eroberung des Landes an die Pioniere gestellt wurden, brachten es mit sich, dass Frauen nicht nur einen Haushalt führen, auf der Farm mitarbeiten oder einen Planwagen kutschieren mussten, sondern auch für Krankenpflege, Jagd und Verteidigung zuständig waren. In dem gefährlichen Leben der ersten Siedler standen zahlreiche Witwen im fremden Land ihren ›Mann‹, ohne auf gesellschaftliche Konventionen Rücksicht zu nehmen. Erst mit zunehmender Komplexität der kolonialen Gesellschaft rückte dieser zumindest im Alltag nahezu ebenbürtige Status in den Hintergrund. Bevor diese Situation jedoch Gegenstand erbitterter Auseinandersetzungen wurde, vergingen viele Jahre.

Anne Hutchinson war 1634 die erste Frau auf amerikanischem Boden, die mit emanzipatorischen Forderungen an die Öffentlichkeit trat und darauf beharrte, dass es ihr als Frau erlaubt sein müsse, sich eigene Gedanken über Gott zu machen. Sie übte scharfe Kritik an der Bostoner Geistlichkeit und rief andere Frauen auf, es ihr gleichzutun und sich direkt an Gott zu wenden. Damit erklärte sie faktisch die geistliche Obrigkeit für überflüssig und rüttelte in einer puritanischen Gesellschaft, in der es keine Trennung von Kirche und Staat gab, an den Grundfesten des Systems. Zur Abschreckung wurde sie wegen Ketzerei vor Gericht gestellt und nach wochenlanger Inquisition exkommuniziert und verbannt.

Am Vorabend des amerikanischen Unabhängigkeitskrieges traten Frauen erneut ins Licht der Öffentlichkeit. Aus Empörung über die erzwungene Einfuhr von britischem Tee gründeten Frauen Anti-Tee-Ligen und propagierten die Verwendung von Ersatztees aus Beeren, Salbei und Birkenbräu. Einige schlossen sich – analog zu den »Söhnen der Freiheit« um Samuel Adams – zu den »Töchtern der Freiheit« zusammen und unterstützten nach Kräften den Boykott britischer Waren. Im Unabhängigkeitskrieg kämpften einzelne Frauen aktiv an vorderster Front, wie Molly Pitcher oder Deborah Sampson, die ein Jahr lang als Soldat verkleidet in der Kontinentalarmee diente, bis sie enttarnt wurde. Frauen stürmten Depots und verteilten Waren an Bedürftige und die Armee der Rebellen.

Nachdem sich die Kolonien ihre Unabhängigkeit erkämpft hatten, gründeten die dreizehn Staaten die Vereinigten Staaten von Amerika. Am 4. Juli 1776 gaben sie sich mit der amerikanischen Unabhängigkeitserklärung eine Verfassung. Diese basiert, inspiriert durch den englischen Philosophen John Locke, auf der naturrechtlichen Doktrin, dass das Individuum unveräußerliche Menschenrechte besitzt. In der US-amerikanischen Wirklichkeit stand dieses Recht jedoch nur frei geborenen weißen Männern zu – Frauen, Sklaven und freie Schwarze waren davon ausgeschlossen. Abigail Adams, Frau des zweiten Präsidenten und Mutter eines weiteren Präsidenten, erklärte deshalb in aller Öffentlichkeit, dass sie sich nicht an Gesetze gebunden fühle, die sie nicht mitverantwortet hätte. Doch nur vereinzelt regte sich Widerstand. Die gesetzmäßig festgelegte Ungleichheit der Geschlechter führte noch nicht zu einer politischen Bewegung.

Der Kampf für Gleichberechtigung begann erst mit der

Auseinandersetzung um die Frauenbildung. In den 90er Jahren des 18. Jahrhunderts wurde ein von Judith Sargent Murray bereits während des Unabhängigkeitskrieges verfasster Aufsatz veröffentlicht, in dem sie sich mit der Chancenungleichheit von Frauen und Männern beschäftigte. Sie zweifelte darin die natürliche geistige Überlegenheit der Männer an und forderte für Frauen das Recht auf Bildung ein. Als im Zuge der Eroberung des Westens Frauen vor neue Aufgaben gestellt wurden, erschienen weitere Traktate zur Frauenbildung. Eines stammte aus der Feder von Emma Willard, die zu einer Pionierin der Mädchenbildung wurde. 1821 eröffnete sie mit dem *Troy Female Seminary* die erste staatlich geförderte höhere Schule für Mädchen, an der auch Naturwissenschaften unterrichtet wurden. Acht Jahre später sorgte Frances Wright als erste weibliche Vortragsreisende mit ihren öffentlichen Auftritten zur Frauenbildung für einen solchen Skandal, dass amerikanische Frauenrechtlerinnen über Jahrzehnte als »Fanny Wrightists« beschimpft wurden. Es galt für Frauen als absolut unschicklich, in der Öffentlichkeit zu sprechen.

Nachdem die meisten Staaten der USA weißen Männern über einundzwanzig Jahren das Wahlrecht zugestanden hatten, setzte sich die Erkenntnis durch, dass wahlberechtigte Bürger zur Ausübung dieses Rechts eine gewisse Bildung benötigten. Die Ausgaben für Knabenbildung stiegen, Frauen, die ja ohnehin nicht wählen durften, blieben erneut außen vor. Auch wenn 1824 in Worcester (Massachusetts) die erste staatliche Mädchenschule eröffnet wurde, dauerte es bis weit nach dem Bürgerkrieg, ehe sich die staatlich geförderte Mädchenbildung durchsetzte. Mädchenbildung blieb lange an den Vorstellungen Rousseaus orientiert, wonach sie in erster Linie den Bedürfnissen der Männer entsprechen sollte. 1833 öffnete in Oberlin (Ohio) das erste Seminar auf College-Niveau, an dem von 1835 an Menschen unabhängig von Hautfarbe oder Geschlecht lernen konnten. Vier Jahre später entstand *Mount Holyoke*, das als ältestes Frauencollege der USA gilt. Seiner Gründerin Mary Lyon gelang es, auf unzähligen Reisen durch Neuengland die Schule mit dem nötigen finanziellen Grundstock auszustatten. Bewaffnet mit ihrer im ganzen Land berühmten grünen Samthandtasche lief sie bei Wind und Wetter von Ort zu Ort, um öffentlich der Frauenbildung eine Lanze zu brechen. Dass sie dabei nicht nur ihre Gesundheit, sondern auch ihren Ruf ruinierte, kümmerte sie herzlich wenig. Ihr aufopfernder Einsatz machte den Weg frei für die zahlreichen Frauencolleges, die nach dem Bürgerkrieg entstanden.

Lange Zeit unterlag die Gründung von Mädchenschulen der Initiative von Privatleuten. Colleges finanzierten sich durch Spenden, Stiftungen oder mussten horrende Gebühren verlangen, um den Lehrbetrieb aufrechterhalten zu können. Die Universität Iowa war 1858 die erste staatliche Universität, die Frauen aufnahm. Wenngleich sich von da an die Koedukation immer mehr durchsetzte, blieben Frauen wie die erste promovierte Ärztin der USA, Elisabeth Blackwell, oder die Astronomin Maria Mitchell, die 1848 in die Amerikanische Akademie der Wissenschaften gewählt wurde, Einzelfälle. Auch nachdem es Frauen möglich geworden war, höhere Bildung zu erlangen, hinderten die zahlreichen Berufsverbote sie noch lange Jahre daran, alle Berufe auszuüben.

War es für weiße Frauen schon schwer, Zugang zu höherer Bildung zu erhalten, so war es für schwarze Frauen ein nahezu unmögliches Unterfangen, überhaupt zur Schule zu gehen. Da im System der Sklaverei am Mythos vom dummen Sklaven festgehalten werden musste, wurde Sklaven jegliche Bildung verweigert. Im Süden war es bei Strafe verboten, einem Sklaven Lesen beizubringen. Dennoch gründete die Quäkerin Prudence Crandall 1833 in Canterbury (Connecticut) die erste schwarze Mädchenschule des Landes. Sie und ihre Schülerinnen wurden daraufhin von den braven Bürgern der Stadt so lange schikaniert und bedroht, bis sie sich nach achtzehn Monaten zum Schutz ihrer Schülerinnen gezwungen sah, die Schule zu schließen. Höhere Bildung blieb für schwarze Frauen fast unerreichbar. Eine Situation, an der auch das Ende der Sklaverei nur wenig änderte. Schwarze Frauen mit College-Abschluss blieben eine Seltenheit. Bis 1899 verzeichnete die Pionierschule *Mount Holyoke* nur eine einzige schwarze Absolventin.

Frauen und Sklaven waren offensichtlich Benachteiligte in dieser von weißen Männern dominierten Gesellschaft. Dies führte in den Anfängen der Frauenbewegung zu einer engen Verbindung mit der Abolitionismus-Bewegung. 1831 hatte der Sklave Nat Turner einen Aufstand angeführt, der zum Startschuss für die Anti-Sklaverei-Bewegung wurde, der sich auch Frauen anschlossen. Diese Jahre wurden zu Lehrjahren der späteren Frauenbewegung. In der Auseinandersetzung um die Sklaverei lernten Frauen, Versammlungen einzuberufen, Reden zu halten, Petitionen einzureichen und Unterschriften zu sammeln. Da sie sich den männlichen Anti-Sklaverei-Gesellschaften vielfach nicht anschließen durften, gründeten die Abolitionistinnen 1833 die *Philadelphia Female-Anti-Slavery Society*, deren Beispiel andere Städte folgten. 1837 kam es zum ersten Bundeskongress der *National Female Anti-Slavery Society*. Bei all ihren Aktionen waren Frauen Zielscheibe des Mobs. Übergriffe auf ihre Versammlungen durch Befürworter der Sklaverei waren an der Tagesordnung. Zu den berühmtesten Abolitionistinnen gehörten die Schwestern Sarah und Angelina Grimké, Töchter einer reichen Sklavenhalterfamilie aus dem Süden. Mit ihrem besonderen Redetalent erreichten die beiden Tausende von Frauen, die meilenweite Fußmärsche auf sich nahmen, um die Schwestern zu hören. Weit mehr als durch Bücher und Schriften wurden Frauen durch Rednerinnen wie die Schwestern Grimké politisiert. Mit ihrem Auftritt vor dem Parlament von Massachusetts 1838 war Angelina Grimké die erste Frau, die jemals in den Vereinigten Staaten vor einer gesetzgebenden Körperschaft gesprochen hat. Durch ihre öffentlichen Auftritte zogen sich die Schwestern jedoch den Unmut der konservativen Kräfte, allen voran der Kirche, zu, die ihr Verhalten in einem Hirtenbrief als unweiblich und unchristlich anprangerten. Angelina und Sarah Grimké wiesen in einem öffentlichen Antwortbrief an ihre Kritiker zum ersten Mal auf den engen Zusammenhang von Frauen- und Sklavenbefreiung hin. Eine Verbindung, die allerdings nicht alle Abolitionisten herstellen wollten, fürchteten sie doch, die Sklavenbefreiung könne durch ihre Vermischung mit Frauenrechten erschwert werden. Unter den Abolitionistinnen fanden sich auch zahlreiche schwarze Frauen, von denen vor allem Sojourner Truth und Harriet Tubman, die als Schaffnerin der *Underground Railroad* Hunderte von Sklaven aus dem Süden in die Freiheit führte, in die Geschichte eingingen.

In den Jahren zwischen 1839 und 1850 gab es erste Verbesserungen der juristischen Stellung der Frau. In den meisten Einzelstaaten wurde das Vermögensrecht der verheirateten Frau anerkannt. Damals erschien eines der bedeutendsten Bücher der amerikanischen Frauenbewegung: Margaret Fullers *Women in the Nineteenth Century*, in dem die Selbstverwirklichung der Frau als unabhängiges Individuum gefordert wurde.

Mitte des Jahrhunderts drängte es die bis dahin isoliert agierenden Frauen dazu, sich zu organisieren. Den letzten Ausschlag gaben die Erfahrungen der Frauen auf dem Anti-Sklavereikongress 1840 in London, bei dem man den weiblichen Delegierten das Rederecht verweigerte. Die im Sommer 1848 von Lucretia Mott und Elizabeth Cady Stanton ins Leben gerufene Versammlung von Seneca Falls (New York) gilt als die Geburtsstunde der amerikanischen Frauenbewegung. Nach dem

Vorbild der Amerikanischen Unabhängigkeitserklärung von 1776 unterzeichneten die Anwesenden die *Declaration of Sentiments*, welche Frauen und Männer für gleichberechtigt erklärte. In den anschließend verabschiedeten Resolutionen wurde die ökonomische, politische und rechtliche Gleichstellung gefordert und zum ersten Mal explizit auch das Frauenstimmrecht. Die neue Frauenbewegung blieb ebenso wie die Anti-Sklaverei-Bewegung zunächst auf den Norden beschränkt. Das Bekenntnis zur Sklaverei verhinderte im Süden jegliches reformorientiertes Denken.

Bis zum Bürgerkrieg fanden mehrere Kongresse statt, eine zentrale Organisation bildete sich jedoch nicht heraus. Hauptforderungen jener Zeit waren Eigentumsrechte für Frauen, das Sorgerecht für Kinder im Falle einer Scheidung, Bildung und nebenbei auch das Frauenwahlrecht. Die herausragenden Persönlichkeiten dieser ersten Frauenbewegung waren, neben Elizabeth Cady Stanton als Theoretikerin und Lucretia Mott als moralischer Instanz, Lucy Stone als Rednerin und Susan B. Anthony als Organisationstalent. Niemand kam Susan B. Anthony gleich, wenn es um das Sammeln von Unterschriften ging. Im Winter 1855 reiste sie mit einer Tasche voll Pamphleten und fünfzig Dollar unter widrigsten Umständen durch den Staat New York, um für Frauenrechte zu werben. Am Ende hatte sie in vierundfünfzig von sechzig Distrikten gesprochen, 2291 Dollar ausgegeben, 2367 Dollar gesammelt und kehrte mit einem Plus von 76 Dollar nach Hause zurück.

Der Sezessionskrieg (1861–65) als große Zäsur in der amerikanischen Geschichte beeinflusste auch die Frauenbewegung. Während des Bürgerkriegs nahmen unzählige Frauen den Platz ihrer im Feld stehenden Männer ein und übernahmen deren Tätigkeiten in Fabrik und Hof. Tausende von Frauen arbeiteten als Krankenschwestern und pflegten teilweise unter Einsatz ihres Lebens hinter den Kampflinien Verwundete. In der neueingerichteten Sanitätskommission, die den Lazarett- und Gesundheitsdienst der Union koordinierte, gab es zahlreiche Frauen, auch wenn die Führung der Organisation nach außen hin in Männerhand lag. Die Frauenbewegung des Nordens stellte sich hinter Lincoln und gründete am 14. Mai 1863 in New York die *Woman's National Loyal League* (WNLL) mit Elizabeth Cady Stanton als Präsidentin und Susan B. Antony als Sekretärin. Die WNLL war die erste landesweite politische Frauenorganisation der USA. In einer Resolution sagten die Frauen der Regierung ihre Hilfe zu, solange diese für die Freiheit kämpfe. Zur Unterstützung des 13. Verfassungszusatzes über das Ende der Sklaverei wollten sie eine Million Unterschriften beibringen. Bis zum Februar 1864 schafften sie es tatsächlich, fast 400 000 Unterschriften zu sammeln, die sie dem Senat in einem feierlichen Akt überreichten.

Die Frauen hatten innerhalb der Abolitionismus-Bewegung Großes geleistet. Umso tragischer war es, dass sich nicht lange nach Ende des Bürgerkriegs die Wege von Frauenrechtlerinnen und Abolitionisten trennten. Ursächlich dafür war die Annahme des 14. Amendments zur Bundesverfassung, in dem schwarzen Männern im Juli 1868 neben anderen Staatsbürgerrechten auch das Wahlrecht zugestanden wurde. Damit wurde das Wahlrecht, das zuvor im Kompetenzbereich der Einzelstaaten gelegen war, Bundesrecht. In dem bereits 1866 dem Kongress vorgelegten Entwurf war zum ersten Mal das Wort »männlich« in die Verfassung eingebracht und die Ungleichheit der Geschlechter konstitutionell festgeschrieben worden. Die Einführung des Frauenwahlrechts war nun an die Änderung der Bundesverfassung geknüpft und rückte in schier unerreichbare Ferne. In den wenigen Einzelstaaten, in denen Frauen zuvor wählen durften, wurde das Frauenstimmrecht jetzt nach und nach aufgehoben. Kein Wunder, dass vormals glühende Abolitionistinnen wie Elizabeth Cady Stanton oder

Susan B. Anthony aufs heftigste gegen die Annahme des 14. Amendments protestierten. Als dann mit dem kurz darauf verabschiedeten 15. Amendment ein Wahldiskriminierungsverbot aufgrund von »Rasse, Farbe oder früherem Stand der Leibeigenschaft« erlassen wurde, forderten sie vergebens, die Kategorie des Geschlechts mitaufzunehmen. Männliche Abolitionisten riefen die Frauen auf, in dieser *negro's hour* nicht an sich zu denken, sondern sich mit den schwarzen männlichen Mitbürgern zu freuen. Dies war das Ende einer über dreißig Jahre währenden Verbindung.

Im Mai 1869 gründeten Elizabeth Cady Stanton und Susan B. Anthony die *National Woman Suffrage Association* (NWSA), die nur Frauen aufnahm und sich weigerte, länger mit schwarzen Männern zusammenzuarbeiten. Im November riefen Lucy Stone und Julia Ward Howe die gemäßigtere *American Woman Suffrage Association* (AWSA) ins Leben. Beide Organisationen gaben eigene Zeitungen heraus, die NWSA die *Revolution* und die AWSA das *Woman's Journal*. Während die ASWA sich ausschließlich auf das Frauenstimmrecht konzentrierte und jede weitere Thematik vermied, die in ihren Augen dazu angetan war, das Ziel zu gefährden, blieb das Frauenstimmrecht für die NWSA ein Thema unter vielen. So setzte sich die NWSA auch für Arbeitsschutz und die Verbesserung der juristischen Stellung der Frau ein und arbeitete im Gegensatz zur AWSA mit verschiedenen Organisationen, vor allem der Arbeiterinnen, zusammen. Auch in der Strategie zum Frauenwahlrecht unterschieden sich die beiden Gruppierungen. Die AWSA setzte auf eine Politik der kleinen Schritte und bemühte sich darum, das Wahlrecht in den Einzelstaaten zu verändern. Die radikalere NWSA setzte auf einen Verfassungszusatz zum Frauenwahlrecht auf Bundesebene.

Von 1867 bis 1918 fanden fünfundsechzig Volksabstimmungen in den Einzelstaaten für das Frauenwahlrecht statt. Die meisten endeten mit einer Niederlage. Doch gab es auch Hoffnung, zum Beispiel als Wyoming, das nicht zu den Vereinigten Staaten gehörte, 1869 das Frauenwahlrecht einführte. Kurz darauf wurden Frauen hier auch als Geschworene zugelassen. Im Februar 1870 folgte der Mormonenstaat Utah diesem Beispiel. Als Wyoming 1889 Mitglied der Vereinigten Staaten werden wollte, kam es zu heftigen Diskussionen, die jedoch zugunsten von Wyoming und des dortigen Frauenwahlrechts entschieden wurden. Im Juli 1890 wurde Wyoming als 44. Bundesstaat den USA angeschlossen. Damit war das Frauenwahlrecht in die USA eingedrungen.

Die Frauenbewegung der 1870er und 80er Jahre zeichnete sich durch ungeheure Propagandaarbeit sowie juristische und politische Aktivität aus. Am 19. November 1868 fand in New Jersey die erste von vielen aufsehenerregenden Aktionen statt, bei der Frauen am Wahltag ihre Stimmzettel in eine eigens für sie aufgestellte Urne warfen, nur um zu zeigen, dass Frauen bereit waren, zur Wahl zu gehen. Susan B. Antony ging noch einen Schritt weiter, als es ihr 1872 gelang, sechzehn Frauen auf den Wahllisten zur Präsidentenwahl zu plazieren, die dann auch tatsächlich zur Stimmabgabe schritten. Die illegalen Wählerinnen wurden daraufhin vor Gericht gestellt, und Susan B. Anthony nutzte den Prozess für eine aufsehenerregende Rede zum Frauenwahlrecht. Susan B. Anthony wurde zur herausragenden Persönlichkeit im Kampf um das Frauenstimmrecht. Anfang 1878 wurde im Kongress ein Entwurf zum Frauenstimmrecht eingebracht, der als *Anthony Amendment* in die Geschichte einging und ohne Änderung so lange eingebracht wurde, bis er schließlich 1920 vom Kongress verabschiedet wurde und den Frauen der Vereinigten Staaten das Wahlrecht bescherte.

Enormen Input erhielt die Frauenstimmrechtsbewegung durch die sogenannte Temperenzbewegung gegen Alkohol.

Alkoholismus war ein weitverbreitetes Phänomen und stürzte viele Familien ins Unglück. Ausgehend vom Mittleren Westen begann eine landesweite Kampagne gegen Alkoholmissbrauch, bei der Frauen singend und betend Kneipen stürmten und dafür sorgten, dass diese geschlossen wurden. Die 1873 in Evanston (Illinois) gegründete *Woman's Christian Temperance Union* (WCTU) entwickelte sich zu einer der größten Frauenorganisationen der Vereinigten Staaten. Unter der Führung von Frances Willard schrieb sie sich bald auch das Frauenstimmrecht auf die Fahnen. Man ging davon aus, dass Frauen ihre Familien nur durch ein Mitbestimmungsrecht in politischen Angelegenheiten wirklich schützen konnten. Dies brachte der Stimmrechtsbewegung zwar enormen Zulauf, stellte sie aber auch vor große Probleme, als die mächtige Alkohollobby damit begann, Front gegen die Frauen zu machen, und versuchte, die Durchsetzung des Wahlrechts zu verhindern. Wie stark der Einfluss der Temperenzbewegung war, lässt sich daran erkennen, dass bis 1916 23 Einzelstaaten die Prohibition einführten und im Dezember 1917 der Kongress durch den 18. Zusatzartikel zur Bundesverfassung die Prohibition auf Bundesebene beschloss.

Eine andere Bewegung, die um die Jahrhundertwende das Land ergriff, war die sogenannte Clubbewegung. Zahlreiche Frauenclubs mit einer Vielzahl von Programmen, vorwiegend im Bereich Bildung, schossen wie Pilze aus dem Boden. Vor allem in den Südstaaten trug die Clubbewegung zur Politisierung der Frauen bei. 1890 entstand als Dachorganisation die *General Federation of Women's Clubs* (GFWC). Die rund 2 Millionen Mitglieder der GFWC setzten sich für soziale Reformen ein und unterstützten ab 1914 auch die Frauenwahlrechtskampagnen.

Selten trafen in den Clubs und Organisationen schwarze und weiße Frauen aufeinander. Im Norden wie im Süden blieben weiße und schwarze Frauen unter sich. Manche Organisationen, vorwiegend im Süden, schlossen schwarze Frauen explizit von der Mitgliedschaft aus. 1896 gründeten schwarze Frauen die *National Federation of Afro-American Women*, die bald Zweigstellen in allen Teilen des Landes hatte und schließlich in der *National Association of Colored Women* (NACW) aufging. Die NACW wurde über Jahre hinweg zur wichtigsten Organisation schwarzer Frauen. Einladungen wie die von Josephine Ruffin, einer der herausragenden Persönlichkeiten der schwarzen Frauenbewegung, an die Mitglieder der weißen Frauenclubs zur Zusammenarbeit, verhallten ungehört. Stattdessen griffen auch in der Frauenstimmrechtsbewegung rassistische Tendenzen immer mehr um sich. Viele Frauenrechtlerinnen teilten kritiklos die herrschenden rassistischen Ansichten. Gerade im Süden, wo der Widerstand gegen das Frauenstimmrecht um einiges stärker war, setzte sich innerhalb der Bewegung die Argumentation durch, dass weiße gebildete Frauen mindestens ebenso das Recht hätten zu wählen wie ungebildete schwarze Männer. Einzig das Wahlrecht für Frauen könnte die Vorherrschaft der Weißen sichern. Es gab viele Frauen, die sich explizit für das Wahlrecht weißer Frauen starkmachten, das mit Hilfe von einzelstaatlichen Referenden verwirklicht werden sollte. Sie wehrten sich vehement gegen einen Verfassungszusatz, der auch schwarzen Frauen das Wahlrecht geben würde. Dieser Einstellung entsprach, dass die Frauen im Norden eine ähnlich erbitterte Feindseligkeit gegenüber der Erteilung des Wahlrechts an nicht im Land geborene Immigranten an den Tag legten. Bis zum Ersten Weltkrieg marschierten schwarze und weiße Frauen deshalb bei Umzügen zum Wahlrecht in streng separierten Blöcken.

Nach zwanzig Jahren getrennten Auftretens beschlossen 1890 die beiden großen Frauenstimmrechtsorganisationen AWSA und NWSA aus taktischen Gründen ihre Vereinigung und gründeten die *National American Woman Suffrage Association* (NAWSA) mit Elizabeth Cady Stanton als Präsidentin. Möglich wurde dies vor allem durch die verstärkte Hinwendung der NWAS zum Thema Frauenstimmrecht, das alle anderen Themen in den Hintergrund treten ließ.

Zu Beginn des 20. Jahrhunderts hatte sich die Situation der Frauen in vielen Bereichen verbessert. Ursächlich dafür war die zunehmende Industrialisierung und Urbanisierung des Landes. Neue Berufsfelder wie die Büroarbeit entstanden und brachten Tausende Frauen in Lohn und Brot. Dabei lief die Entwicklung in den Einzelstaaten höchst unterschiedlich, was vor allem der differenzierten Gesetzgebung geschuldet war. Am langsamsten ging es im Süden voran. Die juristische Diskriminierung ging in manchen Staaten so weit, dass zum Beispiel Frauen in Louisiana noch nicht einmal die Kleider besaßen, die sie trugen. Die größte Benachteilung erfuhren Frauen im Süden weiterhin beim Scheidungsrecht. Während Ehebruch bei Frauen streng bestraft wurde, gab es diesen Tatbestand für Männer vielfach gar nicht.

Je häufiger Frauen mit den Problemen einer männlich dominierten Arbeitswelt konfrontiert wurden, desto mehr drängte sich ihnen das Wahlrecht als Hebel für gesellschaftliche Veränderungen auf. Politisches Mitspracherecht schien unumgänglich zur Verbesserung der eigenen Situation. Die Schrift *Women and Economics* (1898) von Charlotte Perkins Gilman, die leidenschaftlich die wirtschaftliche Unabhängigkeit der Frau verfocht, wurde zu einem der bedeutendsten Texte der amerikanischen Frauenbewegung.

Doch nicht nur im Arbeitsprozess, auch an den immer zahlreicher werdenden Frauenhochschulen bewiesen Frauen tagtäglich, dass sie im Stande waren, dieselben Leistungen wie Männer zu vollbringen. *Radcliffe College* in Harvard oder *Bryn Mawr*, wo Frauen bereits promovieren konnten, zeigten, dass

Frauen bei gleichen Chancen auch die gleichen Fähigkeiten besaßen. Gerade von den Frauencolleges erhielt die Stimmrechtsbewegung neuen Zulauf. 1908 wurde die Nationale Liga der Collegefrauen für gleiches Wahlrecht gegründet.

In jenen Jahren internationalisierte sich die Wahlrechtsbewegung. Die Kongresse des Internationalen Frauenrats führten 1904 zur Gründung des Weltbundes für Frauenstimmrecht in Berlin. Seine Präsidentin blieb bis 1923 Carrie Chapman Catt, eine der wichtigsten Frauenrechtlerinnen der USA.

Neben der bürgerlichen Frauenrechtsbewegung entwickelte sich ab dem Bürgerkrieg langsam, aber stetig auch die Arbeiterinnenbewegung. Die industrielle Entwicklung des Nordens nahm während des Bürgerkriegs, zunächst bedingt durch die Rüstung und in den Folgejahren durch die Expansion nach Westen, stetig zu. Es kam zu zahlreichen Gewerkschaftsgründungen, die Arbeiter organisierten sich. Auch Frauen taten dies, allerdings nur mit mäßigem Erfolg. Denn wenngleich die Zahl der Arbeiterinnen stetig zunahm, gelang es ihnen nicht, dauerhafte Organisationen zu schaffen. Zu fluktuativ war der Arbeitsmarkt für Frauen: Sie wechselten häufig den Arbeitsplatz, immer auf der Suche nach anständig bezahlter Arbeit, oder schieden als Mütter aus dem Arbeitsprozess rasch wieder aus. Weder die Arbeiterinnenvereine, die allen Frauen offenstanden, die Lohnarbeit verrichteten, noch die Schutzvereine, die sich mit Wohlfahrt, Rechtshilfe sowie der Vermittlung von Arbeitsplätzen befassten, konnten sich auf Dauer etablieren. Und während die Frauengewerkschaften äußerst kurzlebig waren, fristeten die Frauen innerhalb der Männergewerkschaften ein Schattendasein, das ihre Situation ebenfalls kaum verbesserte.

Erst in den 1880er und 90er Jahren, als angesichts des ungeheuren industriellen Wachstums immer mehr billige Arbeitskräfte gebraucht wurden und die Zahl der Lohnempfängerinnen auf über 4 Millionen anstieg, änderte sich dies langsam. Tausende von Frauen traten den *Knights of Labour* bei, einer nationalen Arbeiterorganisation. Erste Arbeiterinnenclubs entstanden, und 1890 wurde in New York die erste Verbraucherliga gegründet, die 1899 in einen Nationalverband überführt wurde. Dieser erstellte sogenannte »Weiße Listen«, auf denen diejenigen Betriebe gelistet wurden, die ihre Arbeiterinnen anständig entlohnten, auf Kinderarbeit verzichteten, Schutzmaßnahmen ergriffen und geregelte Arbeitszeiten samt bezahltem Urlaub gewährten. Da der moralische Appell jedoch rasch an seine Grenzen stieß, verlagerte die Liga ihren Einsatz auf die Arbeitsschutzgesetzgebung in den Einzelstaaten und auf Bundesebene.

Als soziales Reformprojekt von Frauen für Frauen entstanden die sogenannten Settlement-Häuser, welche die räumliche Distanz zwischen Arm und Reich aufheben sollten. Gegründet und geleitet wurden diese Häuser von außergewöhnlichen Frauen wie der späteren Friedensnobelpreisträgerin Jane Adams, die das Hull House in Chicago gründete. Bei den Settlement-Häusern handelte es sich um Nachbarschaftszentren, die in sozial problematischen Stadtvierteln als Orte der Begegnung errichtet wurden. Dabei ging es nicht um Wohltätigkeit, sondern um Hilfe zur Selbsthilfe. Die Kontakte mit den sozial Schwachen führten oftmals zu lokalen Reformprojekten und Gesetzesänderungen.

Nach der Jahrhundertwende etablierten sich in der Textilbranche die ersten dauerhaften Frauengewerkschaften. Sie machten bald durch Streiks von sich reden. Der erste von Frauen initiierte Generalstreik der Hemdblusen-Näherinnen von Manhattan brachte mehr als 30 000 Menschen auf die Beine und galt als Paradebeispiel für die neue Organisierbarkeit von Frauen. 1903 wurde die Frauengewerkschaftsliga gegründet, mit dem Ziel, die gewerkschaftliche Organisierung von Frauen weiter voranzubringen und Frauen bei Streiks und Aktionen zu unterstützen. Das Frauenstimmrecht blieb hier ein Randthema, zu sehr waren die Frauen auf die Abschaffung der unmittelbaren Benachteiligungen im Arbeitsprozess konzentriert.

Die ersten Jahre des neuen Jahrhunderts brachten für die Frauenstimmrechtsbewegung zunächst keine Erfolge: kein einziger Bundesstaat führte das Frauenwahlrecht ein. Daraus resultierte eine anhaltende Unzufriedenheit mit der Strategie der NAWSA. Es kam zu ersten Abspaltungen wie der Gründung der *Equality League of Self-Supporting Women* (1907), aus der 1910 die *Women's Political Union* entstand. Diese machte vor allem durch ihre großen Umzüge und ihre Wahlversammlungen unter freiem Himmel auf sich aufmerksam. Bald zählte die Liga 19 000 Mitglieder, die auf ausgedehnten Touren durchs Land reisten und für ihre Sache warben. Im Frühjahr 1911 gelang es den Frauen trotz massiver Manipulationsversuche seitens der Alkoholindustrie, in Kalifornien ein Frauenwahlrechtsreferendum für sich zu entscheiden. Damit konnte nun insgesamt eine Million Frauen in sechs Einzelstaaten wählen und 27 Wahlmänner für die Präsidentschaftswahl stellen.

1913 gründeten Alice Paul und Lucy Burns nach Vorbild der englischen Suffragetten den Kongressbund, die *Congressional Union*. Diese prägte mit ihren Autokorsodemonstrationen und Kundgebungen von nun an das Bild der Frauenstimmrechtlerinnen. Ihr Ziel war es, das Frauenwahlrecht vor den Kongress zu bringen und dort so lange am Kochen zu halten, bis sich die dafür nötige Mehrheit fand.

Bei den Präsidentschaftswahlen 1916 unterstützte die NAWSA Präsident Wilson, der sich zu einem offenen Befürworter des Frauenwahlrechts gewandelt hatte. Der Kongressbund hingegen verweigerte sowohl Wilson als auch den Demokraten jegliche Unterstützung, setzte gleich den englischen Suffragetten auf Obstruktionspolitik und verhinderte in der Folge den Wahlsieg mehrerer demokratischer Kandidaten.

Während die NAWSA nun verstärkt auf Lobbyarbeit, Denkschriften und Kampagnen setzte, begannen die Frauen des Kongressbundes, aus dem 1916 die *National Woman's Party* hervorgegangen war, im Januar 1917 mit einer schweigenden Schildwache vor dem Weißen Haus, die sie über Wochen und Monate fortsetzten. Es folgten Verhaftungen, Misshandlungen, Haftstrafen und Hungerstreiks, auf die die Regierung mit der Zwangsernährung der Streikenden reagierte. Zeitgleich zum militanten Kampf der *National Woman's Party* begann im März 1917 die erste Sitzungsperiode des Kongresses, an der im Repräsentantenhaus auch eine Frau teilnahm: Jeanette Rankin, Abgeordnete aus Montana, das bereits 1914 das Frauenwahlrecht eingeführt hatte.

Für die amerikanischen Frauenstimmrechtlerinnen ging die Agitation für das Frauenwahlrecht auch während des Ersten Weltkrieges weiter. Dieser brachte ein neues Argument in die Debatte ein: Demokratie beginne zu Hause und müsse die miteinschließen, welche die Last der Heimatfront tragen und hier Verantwortung übernehmen würden. Ein Argument, das schließlich überzeugte. Am 10. Januar 1918 stimmte das Repräsentantenhaus mit 274 zu 136 Stimmen für das *Anthony Amendment*. Die Mehrzahl der Neinstimmen stammte aus dem Süden. Während die meisten Republikaner mit Ja gestimmt hatten, hielten sich Gegner und Befürworter im demokratischen Lager die Waage. Durch Verzögerungstaktiken ratifizierungsunwilliger Einzelstaaten dauerte es jedoch noch bis zum 26. August 1920, ehe der 19. Verfassungszusatz zur US-Verfassung 26 Millionen Frauen endgültig das Wahlrecht brachte.

Das Recht auf Schafott und Tribüne
Frankreich: Revolutionärinnen und Citoyennes

Die französische Frauenbewegung ist eng verbunden mit den revolutionären Erhebungen im Land. Die Einforderung bürgerlicher Freiheits- und Gleichheitsrechte warf auch die Frage nach den Rechten der Frauen auf. Doch obwohl Frauen am Ringen um die Freiheit stets großen Anteil hatten, erlangten feministische Ansprüche nie zentrale Bedeutung für die revolutionären Bewegungen. Die meisten Frauen kämpften als Teil einer Volksbewegung für Demokratie im allgemeinen, nicht als Frauen für Frauenrechte im besonderen. Die wenigen Frauen, die dies taten, bekamen die ganze Härte des bestehenden Antifeminismus zu spüren, wurden hingerichtet oder aufgrund vermeintlicher Geisteskrankheit in Irrenhäuser gesteckt.

Die Französische Revolution gilt allgemein als die Geburtsstunde der modernen Frauenbewegung. Dabei waren Frauen in Frankreich schon lange vorher politisch in Erscheinung getreten. Die Salonkultur des 17. und 18. Jahrhunderts hatte eine Halböffentlichkeit geschaffen, in der Frauen der Oberschicht mit den Idealen der Aufklärung in Berührung kamen. In den Salons der Marquise de Rambouillet oder der Marquise du Deffand traf man sich zum politischen und kulturellen Austausch, und die Diskussionen zwischen den Geschlechtern veränderten manch überkommene Auffassung. Die Salons waren eine Domäne der Frauen, in der Bildungsdifferenzen aufgelöst waren. Frauen und Männer gingen hier ungezwungen miteinander um, schätzten einander als Gesprächspartner. Auch wenn es dabei zumeist nicht um Frauenpolitik, sondern um Gesellschaftspolitik ganz allgemein ging, waren die Salons Enklaven des freien Geistes und brachten die ersten Ansätze egalitären Denkens sowie eine Neudefinition der Geschlechterrollen hervor.

Frauen beteiligten sich jedoch nicht nur am Diskurs, sondern griffen auch aktiv ins politische Geschehen ein. In der Fronde, dem von 1648–53 dauernden Kampf des Hochadels und der Parlamente gegen den Absolutismus, spielten Frauen eine so große Rolle, dass das Gespenst vom Amazonenstaat umging. Der *Grande Mademoiselle* Anne Marie Louise de Bourbon-Orléans gelang es im März 1652 nicht nur, mit ihren Truppen Orléans einzunehmen, sie war auch im Juli 1652 maßgeblich am letzten Sieg der Fronde in Paris beteiligt. Während des sechs Jahre dauernden Aufstands war das politische Frankreich durch die Frauen der Fronde auf den Kopf gestellt.

Waren es bis dato Frauen des Adels und der Oberschicht, die in der Öffentlichkeit in Erscheinung traten, übernahmen während der Französischen Revolution 1789 erstmals Frauen aus dem Dritten Stand das Ruder. Schon im Vorfeld der Ereignisse waren Frauen in großer Anzahl vertreten. Als das Bürgertum von Grenoble 1788 einen ersten Sieg über den Absolutismus feierte, waren es Frauen, die die Truppen des Königs mit Steinen angriffen. Nur sechs Monate später drohten die Frauen von Grenoble dem König mit einem Gebärstreik, sollte die Despotie kein Ende haben.

Am 1. Januar 1789 baten Frauen des Dritten Standes in einer Petition den König um Ausbildung und freie Berufswahl sowie kostenlose Schulen für ihre Töchter. Waren es die Männer, die am 14. Juli die Bastille stürmten, so waren es die Frauen, die im Oktober das Königspaar zur Rückkehr nach Paris zwangen. Nachdem die Brotpreise ins Unermessliche gestiegen waren, versammelten sich am 5. Oktober 1789 hungernde Frauen vor dem Rathaus in Paris und verlangten die Rückkehr des Königs. 7000 Frauen zogen anschließend im sogenannten »Brotmarsch nach Versailles« von den *Champs-Élysées* in Richtung Versailles und brachten den König zurück nach Paris.

Ursächlich für das verstärkte Engagement von Frauen in der Französischen Revolution war das ungeheure Ausmaß des sozialen Elends, mit dem vor allem Frauen konfrontiert waren: bittere Armut, hohe Arbeitslosigkeit nebst unzumutbaren Arbeitsbedingungen, Hungerlöhne, katastrophale hygienische Verhältnisse, die neben quälendem Hunger zu hohen Sterblichkeitsraten führten. Dies trug zur Radikalisierung der Frauen bei und sorgte dafür, dass aus bloßen Hungerrevolten politische Forderungen erwuchsen. Die ökonomischen Beweggründe der Revolution verschmolzen mit der Einsicht, dass nur die politische Partizipation die sozialen Probleme lösen könne. Der Comte de Mirabeau wird später sagen, dass die Revolution ohne die Frauen nicht möglich gewesen wäre. Nahezu alle zeitgenössischen Illustrationen zur Revolution huldigen der Frau, und auch die berühmteste Darstellung der Französischen Revolution zeigt eine Frau: Marianne. Sie ist die Allegorie der Republik und der mit ihr verbundenen Werte Freiheit, Gleichheit und Brüderlichkeit. Ein Erlass von 1792 ordnete an, dass das Staatssiegel Frankreichs die Züge dieser Frau tragen solle. Es gab keinen Zweifel, die Demokratie in Frankreich war weiblich – in gewisser Hinsicht.

Denn dieser öffentlichen Bekundung zum Trotz blieben Frauen von den Errungenschaften, die sie symbolisieren sollten, größtenteils ausgeschlossen. Mit der Einführung der Kategorie »Menschenrechte« in die politische Diskussion war nicht automatisch die Frage nach Frauenrechten verbunden. Die meisten Denker der Aufklärung hatten wie etwa Jean-Jacques Rousseau bei ihrer Einforderung von sozialer Gerechtigkeit Frauen nicht im Blick. 1762 erklärte Rousseau in seinem Buch *Émile* Gehorsam zur höchsten Tugend der Frau. Die Revolutionäre, die Freiheit, Gleichheit und Brüderlichkeit einforderten, erwiesen sich als gelehrige Schüler der Aufklärer und vernachlässigten die Frauenfrage ebenso wie diese. Einer der wenigen Männer, die sich hinter die Frauen stellten, war der Marquis de Condorcet. Dieser trat 1790, kurz nach Verkündung der Menschen- und Bürgerrechte, dafür ein, diese auch Frauen zu gewähren. In seinem am 3. Juli 1790 veröffentlichten Essay *Sur l'admission des femmes au droit de cité* sprach er sich zudem für die Einführung des Frauenwahlrechts aus.

Frauen waren von jeher von der Wahl der Generalstände ausgeschlossen, und das änderte sich auch nicht, nachdem sich diese auf Druck des Dritten Standes im Juni 1789 zur Nationalversammlung erklärt hatten. Am 26. August 1789 verabschiedete die Nationalversammlung die Erklärung der Menschen- und Bürgerrechte. Frauen blieben außen vor, sollten sich mit den Tribünenplätzen der Nationalversammlung zufriedengeben.

Doch stattdessen begannen sie sich analog zu den Männern in Clubs wie dem *Cercle Patriotique des Amis de la Vérité* (Patriotischer Kreis der Freundinnen der Wahrheit), dem *Club des Femmes* (Club der Frauen) oder den *Sœurs de la Constitution* (Schwestern der Verfassung) zu organisieren. Neben diesen rein weiblichen Vereinigungen entstanden auch gemischte Gesellschaften wie die *Société fraternelle des deux sexes* (Brüderliche Gesellschaft beider Geschlechter).

Zunächst eher karitativen Überlegungen geschuldet, radikalisierten sich die Frauen während der turbulenten Revolutionsjahre und forderten politische Rechte für sich ein. Zum bedeutendsten Club wurde trotz seines kurzen Bestehens (Mai–September 1793) die radikale *Citoyennes républicaines révolutionnaires* (Gesellschaft der revolutionären Republikanerinnen) um Claire Lacombe und Pauline Léon, die 1793 im Kokardenstreit erfolgreich die Pflicht für Frauen einforderten, die weiß-blau-rote Revolutionskokarde zu tragen, wie Männer dies von Gesetzes wegen taten. Ihr Ziel war die offenkundige politische Gleichstellung der Geschlechter.

Auch in den Beschwerdebriefen an die Generalstände, den sogenannten *Cahiers de doléances*, versuchten Frauen auf ihre Situation aufmerksam zu machen. Es wurden zahlreiche Petitionen eingereicht, in denen das Recht auf Bildung und Arbeit, das Ende der herrschenden Doppelmoral, die Verbesserung der juristischen Stellung der Frau, die Zulassung zur Nationalversammlung sowie das Frauenwahlrecht gefordert wurden.

Mit Hilfe eigener Frauenzeitschriften wurden diese Forderungen im ganzen Land und in allen Schichten verbreitet. Zeitschriften wie *Courrier de l'Hymen* versuchten, der Bevölkerung die Ziele der Frauen zu vermitteln und Unterstützer zu gewinnen. Die Frauen forderten ihr politisches Selbstbestimmungsrecht mit dem differenzfeministischen Argument ein, dass ein Mann niemals eine Frau vertreten könne, da Männer nicht die gleichen Interessen hätten. Nur eine Frau könne eine Frau vertreten.

Revolutionärinnen wie Théroigne de Méricourt und Pauline Léon gingen noch einen Schritt weiter und verlangten das Recht, als Frauen Waffen tragen zu dürfen. Waffen zu tragen war ein Privileg der Männer und mit dem Besitz allgemeiner Bürgerrechte verbunden. Im März 1792 legte Pauline Léon der Nationalversammlung eine Petition vor, die von 315 Frauen der *Société fraternelle des minimes* unterzeichnet war und das Recht zur Verteidigung einklagte. Am 31. Juli 1792 brachten Frauen einen von der phrygischen Freiheitsmütze gekrönten Spieß vor die Nationalversammlung und forderten im Namen von 76 Unterzeichnerinnen das Recht, mit Waffen das Vaterland zu verteidigen. Bewaffnete Frauen waren keine Seltenheit in der Französischen Revolution. Am 10. August 1792 war Claire Lacombe gemeinsam mit der säbelschwingenden Théroigne de Méricourt am Sturm auf die Tuilerien beteiligt gewesen und hatte für die Festsetzung des Königs gesorgt. Beide erhielten für ihren tapferen Einsatz die Bürgerkrone.

Zu Beginn der Revolution wurden einige Gesetze verabschiedet, welche die juristische Situation der Frauen in Teilen verbessern sollten. So erhielten Frauen die Gleichstellung im Erbrecht sowie das Recht auf Besitz. Drei Jahre später trat ein neues, humaneres Scheidungsrecht in Kraft. Damit wurden zumindest einige der Forderungen erfüllt, die Olympe de Gouges aufgestellt hatte. Sie hatte sich für einen *Contrat social* eingesetzt, der das bisherige Ehegesetz ablösen sollte. Ehepartner sollten gleichwertige und gleichberechtigte Partner sein, die über Vermögen und Kinder zu gleichen Teilen bestimmen konnten. Des weiteren forderte sie die völlige Gleichstellung unehelicher Kinder. 1791 setzte sie der Erklärung der Menschen- und Bürgerrechte vom 26. August 1789 die berühmte *Déclaration des droits de la Femme et de la Citoyenne (Erklärung der Rechte der Frau und der Bürgerin)* hinzu. Ihre Schrift gilt historisch als die erste universale Erklärung der Menschenrechte, da sie einen allgemeingültigen Anspruch für Männer und Frauen erhebt, und wurde einer der wichtigsten Texte des Feminismus. Sie forderte darin die politische, soziale und juristische Gleichstellung der Frau: Aufnahme in die Nationalversammlung, freien Zugang zu allen öffentlichen Ämtern, Gemeinschaftlichkeit des Eigentums in der Ehe, Bildungsgleichheit sowie ein gleiches Wahlrecht. Olympe de Gouges begründete dies mit den natürlichen und unveräußerlichen heiligen Rechten der Frau, die dem Mann gleich geboren sei. An vielen Stellen ihres Textes ersetzte sie das Wort *l'homme* (»Mensch/Mann«) durch die Worte »Frau und Mann«, so dass die Bedeutung beider Geschlechter hervorgehoben wurde. Der Frau wurde keine Sonderstellung eingeräumt, beide Geschlechter gemeinsam bildeten die Nation. Artikel X enthält den wohl berühmtesten Satz der Schrift: »Die Frau hat das Recht, das Schafott zu besteigen. Sie muss gleichermaßen das Recht besitzen, die Rednertribüne zu besteigen.« Durchsetzen konnte sie sich in der von Männern dominierten Französischen Revolution nicht. Nach dem Sturz der Gironde und der Machtübernahme durch die Jakobiner 1793 wurde Olympe de Gouges aufgrund ihres vermittelnden Einsatzes für den König hingerichtet. Ein Akt, der auch als Ausdruck der immer stärker um sich greifenden Frauenfeindlichkeit der Jakobiner gewertet werden kann. Noch im selben Jahr wurden mit Hinweis auf die Gefährdung der öffentlichen Ordnung alle Frauenorganisationen im Land verboten und die Frauen per Gesetz erneut auf das Haus beschränkt. In den folgenden Monaten wurden viele Frauen verhaftet. Théroigne de Méricourt wurde in ein Irrenhaus gesperrt, wo sie den Verstand verlor und 23 Jahre lang vor sich hinvegetierte. Auch politische Frauen, die sich nicht explizit für Frauenrechte eingesetzt hatten, wie die *Salonière* Madame Roland, verloren ihren Kopf. Nach einem Aufstand im Sommer 1795, bei dem Frauen Brot und die Einführung der Verfassung von 1793 gefordert hatten, erließ der Konvent ein Versammlungsverbot. Eine publizistische Hetzjagd gegen politisch aktive Frauen setzte ein, die mit dem Verbot von Frauen in politischen Vertretungen endete. Nun stand unzweifelhaft fest: der französische *Citoyen* war der Bürger, nicht die *Citoyenne*, die Bürgerin. Kinder, Verrückte, Verbrecher, Minderjährige und Frauen waren keine Bürger. Unter Napoleon I. setzte sich diese antifeministische Linie fort und fand ihren deutlichsten Niederschlag 1804 im *Code civil*, der sämtliche juristischen Errungenschaften der Revolutionszeit für Frauen wieder zurücknahm. Frauen wurden von allen Bürgerrechten ausgeschlossen, die Frauenbefreiung wurde auf Jahrzehnte hinaus blockiert.

Während die aktive Frauenbewegung in den nächsten Jahren darniederlag, wurden verschiedene Schriften verfasst, die sich mit der Befreiung der Frau als Schlüssel zur Befreiung der Menschheit auseinandersetzten. Vor allem die utopischen Sozialisten um Charles Fourier und Henri de Saint-Simon beschäftigten sich mit der Gleichheit der Geschlechter, die in den von ihnen angestrebten Assoziationen umgesetzt werden sollte. Sozialer Wandel wurde mit der Frauenfrage verknüpft, und Fourier stellte die These auf, dass der soziale Fortschritt eines Landes an der Befreiung der Frau zu messen sei.

Aus dem Kreis der Frühsozialisten stammten die Feministinnen Jeanne Deroin und Désirée Gay, die zu den Wegbereiterinnen der feministischen Presse in Frankreich gehören. Sie kümmerten sich besonders um die Belange der Arbeiterinnen und waren aktiv in der entstehenden Gewerkschaftsbewegung tätig. 1849 kandidierte Deroin für das französische Parlament mit der bekannten Argumentation, dass Frauen, eben weil sie zwar dem Manne gleich, aber nicht identisch seien, an der Gesetzgebung beteiligt sein müssten. Zu den radikalsten Frauenrechtlerinnen unter den Saint-Simonistinnen gehörte die Journalistin Eugénie Niboyet. Sie prangerte offen die geschlechtliche und ökonomische Unterdrückung der Frau an und bezog auch zu Themen wie Prostitution, herrschende Doppelmoral oder Gewalt in der Ehe Stellung.

Wichtige feministische Vordenkerinnen jener Zeit waren Claire Démar und Flora Tristan. Démar trat vor allem für die Freiheit der Frau in Liebe und Mutterschaft ein. Ausgehend von der natürlichen Ungleichheit der Geschlechter könne allein durch die freiwillige Verbindung von Mann und Frau das freie und gleiche Individuum entstehen. Eine Idee, der die herrschenden Gesetze widersprachen, weshalb Démar die vom *Code civil* eingeforderte Gehorsamsverpflichtung der Ehefrau für illegal hielt.

Flora Tristan warf 1843 in ihrem Manifest *L'Union Ouvrière* (*Arbeiterunion*) die Frage nach der Organisierung von Frauen auf. Sie forderte das Recht auf Arbeit, die moralische, geistige und berufliche Ausbildung von Frauen sowie die grundsätzliche Anerkennung der Gleichheit der Geschlechter vor dem Gesetz. Ihr Aufruf zur Unterstützung der Arbeitervereinigungen richtete sich an Frauen aller Schichten, denn auch die Frauen der Oberschichten seien unterdrückt durch ihr Geschlecht.

Tristan bereitete mit ihren praktischen Organisierungsanleitungen den Boden für die Gründung von Arbeiterinnenvereinen, die unter der sozialistischen Feministin Pauline Roland heftige Auseinandersetzungen mit der Regierung austrugen. Enttäuscht von den Ereignissen des Jahres 1848, die den Frauen erneut keinerlei politische und juristische Verbesserungen gebracht hatten, rief Roland, die auch für die freie Liebe eintrat, 1850 gemeinsam mit Jeanne Deroin die erste sozialistische Näherinnen-, Lehrer- und Lehrerinnenvereinigung ins Leben. Ihr Engagement brachte den beiden Frauen eine sechsmonatige Haftstrafe ein, bevor Roland im Februar 1852 nach Algerien deportiert wurde.

Trotz der erneuten Verfolgung durch den Staat begannen Frauen nun verstärkt damit, ihren Forderungen Nachdruck zu verleihen. Das Frauenwahlrecht, die Abschaffung des *Code civil* sowie die Organisierung von Frauenarbeit wurden zunächst in Streitschriften, dann in verschiedenen Organisationen thematisiert. Als 1868 das Versammlungsverbot für Frauen aufgehoben wurde, kam es in Paris zu ersten Konferenzen, Vorträgen und Diskussionsveranstaltungen zur Frauenfrage. Die neue Idee des Sozialismus brachte der Forderung nach Gleichheitsrechten unter den Geschlechtern neuen Auftrieb. 1869 traten die Lyoner Seidenzwirnerinnen, die sich der I. Internationale angeschlossen hatten, in einen vierwöchigen Streik und erreichten dadurch eine Arbeitszeitverkürzung von 12 auf 10 Stunden ohne Lohnkürzung.

Am 18. März 1871 wurde die Pariser Kommune ins Leben gerufen. Zahlreiche Frauen beteiligten sich am Aufbau dieses neuen Gemeinwesens mit sozialistischen Vorzeichen. Sie organisierten sich in Klubs und losen Verbindungen, die sich weniger auf ideologischen Überlegungen als auf praktischen Erwägungen gründeten. Pragmatismus siegte hierbei über die Theorie. Es entstanden dezentrale Erziehungsprojekte und Verbrauchergenossenschaften, die sich konkreter Problemlösung verschrieben. Allerdings gelang es den Frauen nicht, innerhalb der Pariser Kommune eine entscheidende politische Rolle einzunehmen. Sie erhielten auch hier kein Wahlrecht. Zwei Frauenorganisationen stehen stellvertretend für die widerstreitenden Ideologien, welche sich in der Kommune gegenüberstanden: Anarchismus und Sozialismus. Die *Union des femmes* der russischen Sozialistin Elisabeth Dmitrieff, die als offizielle Repräsentantin der I. Internationale nach Paris geschickt worden war und hier eine Art weibliche Sektion der Internationale gründete, forderte die soziale und politische Gleichstellung ohne Unterschied von Geschlecht, Glaube und Nation. Nachdem die Kommune eine Verordnung erlassen hatte, wonach die Fabriken von nun an durch Kooperativen von Arbeiterinnen und Arbeitern geführt werden sollten, setzte sich die *Union des Femmes* an die Spitze der Arbeiterinnen und versuchte eine Neuorganisation der Frauenerwerbsarbeit nach sozialistischen Grundsätzen. Ihr gegenüber standen die anarchistischen Frauen des Widerstandskomitees Montmartre, dem mit der revolutionären Feministin Louise Michel eine der herausragenden Gestalten dieser Wochen angehörte. Sie leisteten vor allem Nothilfe vor Ort, legten dabei aber auch großen Wert auf inhaltliche Diskussion und Propagandaarbeit. Beide Gruppierungen verweigerten eine Zusammenarbeit. Als die Pariser Kommune im Mai von den Regierungstruppen niedergeschlagen wurde, wurden viele Frauen zum Tode verurteilt, deportiert oder zu Zwangsarbeit verurteilt.

Anders als nach der Französischen Revolution setzte jedoch mit dem Ende der Kommune kein neuer Antifeminismus ein.

Dies ermöglichte den Frauenrechtlerinnen, ihre Arbeit einigermaßen unbehelligt fortzusetzen. 1878 berief die Freidenkerin Maria Deraismes, die bereits 1869 die *Association pour le droit des femmes* (Vereinigung für die Rechte der Frauen) gegründet hatte, in Paris den 1. Internationalen Frauenkongress ein. 1882 wurde sie als erste Frau Mitglied einer Freimaurerloge, und 1893 gründete sie die erste gemischtgeschlechtliche Großloge *Le Droit Humain*, welche in den nächsten Jahren für Logengründungen auf der ganzen Welt verantwortlich zeichnete. Bei den Wahlen 1885 bewarb sich Deraismes symbolisch um ein Mandat, um das Frauenstimmrecht voranzutreiben. Möglich wurde dies durch die Tatsache, dass die Verfassung der Dritten Republik das allgemeine Wahlrecht für jeden Franzosen festgeschrieben hatte. Noch im selben Jahr wurde allerdings gerichtlich festgestellt, dass der Begriff »Franzose« vor allem im Hinblick auf das Wahlrecht die »Französin« nicht miteinschloss. Unterstützt wurde Maria Deraismes bei ihren Aktivitäten zum Frauenstimmrecht von Hubertine Auclert, der Gründerin des ersten Frauenstimmrechtsvereins Frankreichs, *Le Droit des Femmes*. Sie gilt als Frankreichs wichtigste Suffragette.

Auch wenn es bezüglich des Wahlrechts keinerlei Fortschritte gab, wurde 1884 zumindest ein neues Scheidungsrecht verabschiedet, das den *Code civil*, der die Inferiorität der Frau festgelegt hatte, ein wenig abschwächte. Da Frauen noch immer kein Recht auf ihr Einkommen und eigenen Besitz in der Ehe hatten, plädierte Auclert für einen Gütertrennungsvertrag. Erst 1908 erhielten Frauen Verfügungsgewalt über ihr Einkommen.

Um die Jahrhundertwende erreichte die Frauenstimmrechtsbewegung ihren Höhepunkt. 1897 gründete Marguerite Durand die feministische Tageszeitung *La Fronde*, in deren Redaktion nur Frauen arbeiteten. Sie forderte in ihren Artikeln die Zulassung von Frauen zum Militärdienst ebenso wie zu Parlamentsdebatten. Berühmtheit erlangte Marguerite Durand, die als eine der herausragenden Feministinnen der Jahrhundertwende gilt, durch ihre ausgedehnten Spaziergänge durch Paris, bei denen sie von einem zahmen Löwen begleitet wurde. *La Solidarité des femmes* unter Madeleine Pelletier war die radikalste Frauenstimmrechtsorganisation Frankreichs, die enge Verbindungen zu sozialistischen und anarchistischen Gruppen hatte. Pelletier vertrat radikale Ansichten zur Geburtenkontrolle und Abtreibung und war eine der Mitbegründerinnen der sozialistischen Partei Frankreichs. Sie gilt als die bedeutendste französische Feministin vor Simone de Beauvoir.

Obwohl die französische Frauenstimmrechtsbewegung enge Kontakte zu den britischen Suffragetten hielt und sich immer für eine internationale Zusammenarbeit starkmachte, blieb sie, was die Erreichung ihres Zieles anbelangt, weit hinter ihren europäischen Verbündeten zurück. Während in nahezu allen europäischen Ländern nach dem Ersten Weltkrieg die Frauen das Wahlrecht erhielten, wurde die Frage des Frauenstimmrechts von der Nationalversammlung abschlägig beschieden. Zu groß war im laizistischen Frankreich die Angst vor der Beeinflussung der weiblichen Wähler durch den Klerus. Aufgrund dieses immer wieder vorgebrachten Arguments verlor die Frauenstimmrechtsbewegung in den nächsten Jahren weithin an Unterstützung. 1936 ernannte die Regierung Léon Blum drei Frauen zu Unterstaatssekretärinnen, die weder das aktive noch das passive Wahlrecht besaßen. Dieses erhielten die französischen Frauen erst nach dem Zweiten Weltkrieg 1945.

Votes for Women
England: Suffragisten und Suffragetten

Am Beginn der organisierten Frauenbewegung in England stand keine politische Revolution, wohl aber eine Phase tiefgreifender Veränderungen. Als die englischen Frauen die politische Bühne betraten, hatte das Land bereits eine lange Geschichte des gesellschaftlichen, wirtschaftlichen und politischen Liberalismus hinter sich. Die Anfänge der Frauenbewegung fielen hier mit der Erweiterung des Parlamentarismus in den 30er Jahren des 19. Jahrhunderts zusammen.

Es war das Zeitalter Queen Victorias, der Hüterin der *Pax Britannica*, das den Briten angesichts der Katastrophen des 20. Jahrhunderts als die »gute alte Zeit« gilt. Dabei war die mehr als sechzig Jahre dauernde Regentschaft Victorias geprägt von zahlreichen Widersprüchen. Einerseits führte die industrielle Revolution zu immensem Wohlstand und immenser Machterweiterung, andererseits brachte sie ein Massenelend ungeahnten Ausmaßes hervor.

Dennoch kam es im Mutterland der industriellen Revolution anders als auf dem Kontinent nicht zu einer politischen Revolution. Dank einer klugen Reformpolitik wurde das Bürgertum hier sukzessive politisch emanzipiert, wodurch das in Kontinentaleuropa zu beobachtende Aufbegehren gegen die Ständeordnung ausblieb.

Großbritannien konnte auf eine parlamentarische Tradition zurückblicken und schickte sich im Verlauf des 19. Jahrhunderts an, das Wahlrecht auszuweiten. Während das Oberhaus stetig an Einfluss verlor, stieg das Parlament zur wichtigsten politischen Institution des Landes auf. Mit der ersten Wahlrechtsreform erhielten zahlreiche Männer 1832 nach dem Zensus das Wahlrecht. 1867, nach dem zweiten Reformgesetz, das weiteren Männern das Wahlrecht zugestand, blieben nur Bedienstete, Soldaten und Söhne, die nicht zu Hause lebten, sowie Frauen von der Wahl ausgeschlossen. 1884 erhielten zwei Drittel aller Männer das Wahlrecht, einzig Frauen, Kriminelle und Geisteskranke gingen leer aus.

Die Beschränkung der Reformen allein auf männliche Bürger wurde jedoch angesichts der gesellschaftlichen Neuerungen im Zuge der Industrialisierung zunehmend als ungerecht empfunden. Als sie sahen, wie ernst die Belange derjenigen, die im Parlament vertreten waren, genommen wurden, erkannten die englischen Frauen, wie wichtig es war, nicht nur die Zusammensetzung des Parlaments mitzubestimmen, sondern auch selbst Teil dieses Gremiums zu werden. Aufgrund der großen Bedeutung, die weibliche und männliche Reformer dem Parlamentarismus zumaßen, war die englische Frauenbewegung des 19. Jahrhunderts vor allem ein Kampf um das Frauenstimmrecht. Auch wenn die englische Frauenbewegung sich ebenfalls für Bildung und die freie Berufswahl für Frauen einsetzte, blieben diese Themenfelder stets zweitrangig gegenüber dem alles dominierenden Komplex Wahlrecht.

Der Beginn der Frauenstimmrechtsbewegung ist schwer zu datieren. Einigen gilt das Jahr 1832, als Henry Hunt die erste Petition zum Frauenwahlrecht im Unterhaus einbrachte, als Ausgangspunkt. Andere sahen in den Flugblättern zum Frauenstimmrecht von Anne Knight aus dem Jahre 1846 oder in der Gründung der *Sheffield Female Political Association* 1851 den Start. Vielen gilt aber auch erst das Jahr 1867, in dem John Stuart Mill als Unterhausabgeordneter ein Amendment zum *Second Reform Bill* einbrachte, das den Frauen das Stimmrecht zubilligen sollte, als Ausgangspunkt.

Voraus ging diesen ersten Aktionen eine jahrzehntelange Theoriedebatte um die Stellung der Frau in Gesellschaft und Familie. Dafür sorgten Klassiker der feministischen Literatur wie Mary Wallstonecrafts *Ein Plädoyer für die Rechte der Frau*

(1793) oder William Thompsons *Appeal of One Half of the Human Race, Women, Against the Pretension of the Other Half, Men, to Retain Them in Political, and thence in Civil and Domestic Slavery* (1826).

Mitte des 18. Jahrhunderts entstanden zudem erste private Salons, in denen Frauen sich, wenn auch verhalten, zu Wort meldeten. Eine erste Gruppierung, die sich noch innerhalb der gesellschaftlichen Grenzen zu verwirklichen suchte, waren die *Blue Stocking Ladies*, denen vor allem Frauen aus dem gehobenen Bürgertum und der Aristokratie angehörten. Die *Queen of the Blues* Elizabeth Montagu war umschwärmter Mittelpunkt eines literarischen Salons nach französischem Vorbild. Obwohl nicht an der vermeintlichen Unterlegenheit der Frau rüttelnd, ebneten die Diskussionsrunden der *Blue Stockings* den Weg für radikaleres feministisches Denken.

Auch in England begann der Kampf um die Befreiung der Frau mit der Einforderung besserer Bildungschancen – ein Engagement, das schon bald Früchte trug. Mit dem *Education Act* von 1870 wurden erste Ausbildungsstätten für Lehrerinnen geschaffen, die Mädchen an den neugegründeten Mädchenschulen unterrichteten. Die Lehrpläne wurden reformiert, und Schulen wie die 1850 von Frances Mary Buss und Dorothea Beale gegründete *North London Collegiate School for Girls* wurden zu Vorbildschulen für die Mädchenerziehung im ganzen Land. Der Staat übernahm die Bildungshoheit und ermöglichte nun auch Mädchen aus bildungsfernen Schichten eine gewisse Allgemeinbildung. Ergebnis dieser staatlichen Förderung war, dass gegen Ende des 19. Jahrhunderts 97 Prozent aller Kinder in England lesen und schreiben konnten und bis zum Jahr 1918 ein einheitlicher Schulbesuch bis zum 13. Lebensjahr vorgeschrieben war. Doch auch die staatliche Erziehung behielt das Erziehungsideal vom »Heimchen am Herd« bei. Dies zeigen nicht zuletzt die Unterrichtsfächer für Mädchen, in denen großer Wert auf Fähigkeiten wie Kochen und Nähen gelegt wurde. 1878 wurde für alle Mädchen das Fach Hauswirtschaft verpflichtend eingeführt.

Noch schwieriger gestaltete sich die Durchsetzung von akademischen Weihen für Frauen. Im Mai 1848 eröffnete Prof. Frederick Maurice vom *Kings College* in London das *Queens College for Women*, an dem Frauen kostenlose Abendkurse in Mathematik, Latein, Geschichte und Philosophie belegen konnten. Erst in den 1870er Jahren nahm die *University of London* Frauen auf, ab 1878 konnten sie dort einen akademischen Grad erwerben. Oxford akzeptierte ab 1878 Frauen, Cambridge tat dies bereits seit 1869. Hier gründeten Barbara Bodichon und Emily Davies 1873 mit dem *Girton College* das erste Frauencollege Großbritanniens. Für Angehörige der Arbeiterklasse jedoch blieb dieser Weg trotz Eröffnung des *Working Women's College* in London 1860 ein kaum gangbarer Weg.

Nachdem die ersten Erfolge bezüglich Frauenbildung erzielt werden konnten, richtete sich der Fokus der Aktivistinnen auf das Frauenstimmrecht. Das Parlament erschien ihnen als Hebel für alle weiteren Reformvorhaben. 1865 vereinigten sich Barbara Bodichon, Emily Davies, Frances Mary Buss, Dorothea Beale, Elizabeth Garrett und Helen Taylor, die Stieftochter von John Stuart Mill, zur *Kensington Society*. Die Frauen übergaben den Abgeordneten John Stuart Mill und Henry Fawcett eine Petition, in der sie verlangten, dass zeitgleich mit der anstehenden Wahlrechtsreform das Frauenstimmrecht eingeführt werde. Der Antrag scheiterte, doch die Debatte war damit eröffnet.

Nachdem Mill seinen Unterhaussitz verloren hatte, veröffentlichte er 1869 seinen Essay *The Subjection of Women*, in dem er die angebliche »Natur der Frauen« als etwas Unnatürliches geißelte, das einzig der Aufrechterhaltung des patriarchalen Systems diene.

1866 wurde in Manchester, das neben London zur Hauptstadt der Frauenstimmrechtsbewegung wurde, das *Manchester Women's Suffrage Committee* gegründet, welches schon bald überall im Land Nachahmer fand. Als die Notwendigkeit eines nationalen Zentralverbandes deutlich wurde, rief 1868 Lydia Becker, zwischen 1860 und 1890 die führende Persönlichkeit der Frauenstimmrechtsbewegung, die *National Society for Women's Suffrage* (NSWS) ins Leben. Nach jahrzehntelanger Diskussionsphase begann damit der organisierte Kampf für das Frauenstimmrecht. Begleitet wurde er von Lydia Beckers *Women's Suffrage Journal,* der ersten Zeitschrift zum Frauenwahlrecht.

Am 14. April 1868 fand in der Free Trade Hall in Manchester die erste öffentliche Versammlung für das Frauenstimmrecht in der Geschichte Englands statt. Schockierend auf die Öffentlichkeit wirkte vor allem die Tatsache, dass mit Lydia Becker eine Frau am Rednerpult stand und die Anwesenden dazu brachte, eine Resolution zum Frauenstimmrecht zu unterschreiben. Unter ihrer Federführung wurde in den 1870er Jahren nahezu jährlich ein Gesetzentwurf zum Frauenstimmrecht im Unterhaus eingebracht.

1871 kam es auf Grund der Kampagne gegen die *Contagious Diseases Acts* (CDA) zu einem Zerwürfnis innerhalb der NSWS. Dieses Gesetz, das zur Vermeidung von Geschlechtskrankheiten die zwangsmäßige Untersuchung von Prostituierten oder Frauen, die man dafür hielt, erlaubte, wurde vor allem von der *Ladies National Association* (LNA) unter der Führung von Josephine Butler bekämpft. Deren Kampf gegen Prostitution und sexuelle Doppelmoral wurde jedoch nicht von allen Frauen der NSWS mitgetragen. Butler forderte das Frauenstimmrecht, weil sie an die Differenz der Geschlechter glaubte. Aufgabe der Frau sei es, die Schwachen zu beschützen, weshalb das Wahlrecht unverzichtbar für die moralische Hebung der Nation sei. Feministinnen wie Emily Davies wollten hingegen Frauen den Männern gleichstellen und betonten die Gleichheit der Geschlechter. Ihrer Ansicht nach musste der Kampf um das Frauenstimmrecht von allen anderen politischen Programmpunkten, wie dem Kampf gegen die CDA, abtrennt werden. Die Debatte führte schließlich zur Spaltung der NSWS in zwei eigenständige Organisationen, die sich erst 1877 unter dem Dach des *New Central Committee of National Society for Women's Suffrage* wiedervereinigten.

Auf lokaler Ebene konnten die Frauen in jenen Jahren erste Erfolge verbuchen. Ab 1869 durften alleinstehende oder verwitwete Steuerzahlerinnen an Gemeindewahlen teilnehmen. Von 1870 an konnten Frauen in lokale Schulaufsichtsbehörden gewählt werden. 1875 wurde die erste Frau Mitglied eines Ausschusses für Armenrechtspflege.

Mitte der 1880er Jahre entdeckten auch die politischen Parteien die Frauen als zukünftige Klientel. Die Konservativen gründeten 1883 die Frauenorganisation *Primrose League,* die Liberalen 1887 die *Women's Liberal Federation.* Die Ursache für dieses Engagement lag in erster Linie darin, dass mit den Wahlrechtsreformen immer mehr Menschen das Wahlrecht erlangten und die Parteien, selbst wenn sie Vorbehalte gegen das Frauenstimmrecht hatten, sich schon jetzt bemühten, künftige Wählerinnen an sich zu binden.

Ende 1888 spaltete sich die Bewegung erneut. Diesmal zerbrach die Einheit der Frauenstimmrechtsbewegung an den nicht kompatiblen Vorstellungen über Strategie und Mittel der Auseinandersetzung. Aus ihren Trümmern gingen die radikale *Central National Society for Women's Suffrage* (CNSWS) und das *Central Committee of the National Society for Women's Suffrage* (CCNWS) hervor.

Innerhalb der CNSWS kam es bald erneut zu Spannungen, nachdem führende Mitglieder das Wahlrecht auf ledige Frauen beschränken wollten, weil ein derart reduziertes Wahlrecht leichter durchsetzbar schien. Damit stießen sie auf den erbitterten Widerstand derjenigen, die darin eine weitere Verschlechterung des Status der Ehefrau sahen. In letzter Konsequenz würde eine Frau bei Heirat ihr Wahlrecht verlieren. Die Diskussion führte 1890 zur Gründung der *Women's Franchise League* (WFrL), der ersten Frauenstimmrechtsorganisation, die ausdrücklich verheiratete Frauen in ihre Forderungen miteinschloss. 1894 verfügte der *Local Government Act,* dass sich jede Frau, ob ledig oder verheiratet, an Kommunalwahlen beteiligen durfte, vorausgesetzt, sie besaß den für das Wahlrecht nötigen finanziellen Hintergrund. Einer der großen Streitpunkte innerhalb der Bewegung erübrigte sich damit. Von nun an bezogen alle Frauenstimmrechtsverbände verheiratete Frauen in ihre Forderungen mit ein.

1897 wurde die zersplitterte Bewegung neu organisiert. Unter dem Dach der *National Union of Women's Suffrage Societies* (NUWSS) vereinigten sich siebzehn Frauenstimmrechtsverbände, deren Mitglieder später in Abgrenzung zu den militanten Suffragetten »Suffragisten« genannt wurden. Die NUWSS sah sich nicht nur als Bindeglied zwischen den eigenständigen lokalen Vereinen, sondern auch zwischen den Vereinen und dem Frauenstimmrecht gewogenen Parlamentsabgeordneten. Eine dezentrale Struktur sollte erneute Abspaltungen verhindern, lähmte jedoch die Durchsetzungskraft der NUWSS erheblich. Langjährige Vorsitzende der NUWSS war Millicent Fawcett. Deren politische Überzeugung, dass die NUWSS sich nicht allein um das Frauenstimmrecht bemühen solle, sondern auch um soziale Reformen, prägte den Verband. So bestanden unter anderem enge Kontakte zu Clementina Black, der Vorsitzenden des *Women's Industrial Council*, der sich für die soziale Absicherung von Arbeiterinnen, für Arbeiterrechte und Mindestlöhne einsetzte. Nachdem sich die männlichen Gewerkschaften lange geweigert hatten, Frauen in ihren Reihen aufzunehmen, hatten sich diese in eigenen Gewerkschaften organisiert, allen voran die Textilarbeiterinnen. 1872 wurde nach Vorbild der amerikanischen Frauengewerkschaft der Regenschirmmacherinnen mit der *Upholsterers Sewers Society* in Edinburgh die erste reine Frauengewerkschaft gegründet. 1874 wurden die *Women's Protective and Provident League*, aus der später die *Women's Trade Union League* wurde, die sich für eine nationale Organisation von Arbeiterinnen einsetzte, sowie die *National Union of Working Women* in Bristol ins Leben gerufen. Nachdem die *Women's Protective and Provident League* 1874 einen Streik unorganisierter Wollweberinnen in Dewsbury erfolgreich unterstützt hatte, kam es zur Gründung weiterer Frauengewerkschaften in London. 1891 fand im Hyde Park die erste Arbeiterinnendemonstration statt, bei der mehr als 3000 Wäscherinnen demonstrierten. Von nun an übten die Arbeiterinnen auch einen deutlichen Einfluss auf die Frauenstimmrechtsbewegung aus. Vor allem in den Industriezentren des Nordens, in denen Frauen durch ihre Arbeit eine gewisse Selbständigkeit erreicht hatten, bildeten sich die Zentren der Frauenstimmrechtsbewegungen der Arbeiterinnen. Organisationen wie die *North of England Society for Women's Suffrage* warben gezielt Arbeiterinnen an. Im März 1901 übergab die Nordgruppe der NUWSS dem Unterhaus eine von mehr als 29 000 Arbeiterinnen der Lancashire-Textilfabriken unterzeichnete Petition zur Gleichstellung der Frau. Das verstärkte Engagement bei den Arbeiterinnen vergrößerte zwar den Einflussbereich der NUWSS, brachte aber auch Probleme mit den traditionellen Frauenstimmrechtlerinnen mit sich, die sich für ein Frauenwahlrecht einsetzten, das den gleichen Konditionen unterlag wie das der Männer. Weil Arbeiterinnen davon nicht profitieren konnten und deshalb für ein universelles Wahlrecht eintraten, kam es zu hitzigen Diskussionen und letztlich zur Gründung einer eigenen Organisation der Arbeiterinnen. 1903 gründete Eva Gore Booth mit ihrer Lebensgefährtin Esther Roper das *Lancashire and Cheshire Women's Textile and Other Workers' Representation Committee* (LCWT), das sich ausschließlich um die Belange der Arbeiterinnen kümmerte und eng mit verschiedenen Frauengewerkschaften zusammenarbeitete.

Die Methoden der Suffragisten bestanden vor allem in parlamentarischer Lobbyarbeit. Ihre Mitglieder hielten öffentliche Versammlungen ab, reichten Petitionen ein, schrieben Briefe an Abgeordnete, veröffentlichten Artikel und gaben eigene Zeitschriften heraus. Bis zum Ersten Weltkrieg stieg die NUWSS zur zahlenmäßig größten Frauenstimmrechtsorganisation auf. Mehr als 600 lokale Gruppierungen mit etwa 100 000 Mitgliedern gehörten ihr an.

Die Gründung der berühmtesten englischen Frauenstimmrechtsorganisation und Heimat der militanten Suffragetten war eng verbunden mit der Erfolglosigkeit der legalen Strategie der NUWSS. Am 10. Oktober 1903 gründete Emmeline Pankhurst in Manchester die *Women's Social and Political Union* (WSPU), deren Mitglieder bei ihrem Protest auf bewusste Regelüberschreitung setzten. Hauptstützpunkt der WSPU wurde London. Wenngleich die WSPU auch zu ihren Spitzenzeiten nur etwa 2000 feste Mitglieder zählte, erreichte ihre Zeitschrift *Votes for Women* eine Auflage von 40 000 Stück pro Woche, gegenüber 10 000 Exemplaren des NUWSS-Organs *The Common Cause*.

Obwohl in der WSPU wie in der gesamten Stimmrechtsbewegung die Mittel- und Oberschicht dominierte, fanden sich zumindest am Anfang noch viele Arbeiterinnen in ihren Reihen. Die Verbindungen der WSPU zur *Labour Party* taten ein übriges, um Arbeiterinnen zu integrieren, und in den ersten Jahren leistete die WSPU noch verstärkt Propagandaarbeit in den Industriestädten des Nordens. Erst als mit der Verlegung der Zentrale nach London unter Christabel Pankhurst, der Tochter Emmelines, ein zunehmend elitäres Denken in die Bewegung Einzug hielt, gerieten die Arbeiterinnen ins Abseits.

Die WSPU löste neben Bewunderung und Anerkennung auch heftige Kritik aus. Verbunden war diese vor allem mit dem autoritären Führungsstil von Emmeline und Christabel Pankhurst. Alle Entscheidungen wurden von einem Zentralkomitee getroffen, das nicht aus Wahlen hervorging, sondern von Emmeline Pankhurst eingesetzt wurde. Familiäre und freundschaftliche Beziehungen waren dabei das Hauptkriterium. Möglich wurde ein derartiger Führungsstil durch das große Charisma Emmelines und Christabels, deren Anhängerinnen sie mit schier abgöttischer Hingabe verehrten.

Dennoch kam es dreimal zu Abspaltungen von der WSPU, wobei die letzte im Januar 1914 die spektakulärste war. Die zweite Tochter, Sylvia Pankhurst, eine überzeugte Sozialistin, wurde aufgrund ihres sozialen Engagements für die Arbeiterinnen im Londoner East End aus der WSPU, die sich zu jener Zeit nur mehr als reiner Frauenstimmrechtsverband verstand, ausgeschlossen. Sie gründete daraufhin die *East London Federation of Suffragettes* (ELFS) und wurde von ihren Anhängerinnen ebenfalls wie eine Heilige verehrt

Der spektakuläre Kampf der Suffragetten begann am 13. Oktober 1905, als Christabel Pankhurst eine Parteiversammlung der Liberalen in Manchester durch die Frage nach dem Frauenstimmrecht unterbrach. Noch während die Zwischenruferin des Saales verwiesen wurde, entrollten Frauen ein Transparent, auf dem der zukünftige Slogan der Frauenstimmrechtsbewegung zu lesen war: »Votes for Women«. Als die Unruhestifterinnen zu einer geringen Geldstrafe verurteilt wurden, zogen sie es vor, ins Gefängnis zu gehen. Dies brachte die WSPU landesweit in die Schlagzeilen. Eine einzige gezielte Aktion hatte gereicht, um das Schattendasein der Frauenstimmrechtsbewegung zu beenden. »Taten, nicht Worte« – dieses Motto bestimmte von nun an die Auseinandersetzung.

Die WSPU führte den Kampf ums Frauenstimmrecht mit modernsten Mitteln. In großen Auflagen wurde Wahlrechtsliteratur publiziert, wurden Buttons, Wimpel, Fahnen und Schärpen hergestellt sowie Postkarten, Poster, Spielkarten und Seifen verteilt. Überall in London tauchten ihre Agitatorinnen auf, bimmelten mit einer Glocke, stellten sich auf einen mitgebrachten Stuhl und warben lautstark für das Frauenstimmrecht.

Am 19. Mai 1906 kam es zu einem Treffen zwischen der WSPU und dem liberalen Premierminister Campbell-Bannerman. Dieser erklärte, er sei zwar selbst ein Befürworter des Frauenstimmrechts, große Teile seines Kabinetts seien jedoch strikt dagegen, allen voran Schatzkanzler Henry Herbert Asquith. Die Regierung könne nichts für das Frauenstimmrecht tun. Die jahrzehntelange Unterstützung der Liberalen durch die Frauenstimmrechtsbewegung war vergeudete Liebesmühe gewesen.

Nachdem sie dies erkannt hatten, starteten die Suffragetten eine großangelegte Kampagne gegen die Regierungspartei. Die beste Gelegenheit dafür boten die ganzjährig stattfindenden Nachwahlen zum Parlament, bei denen verwaiste Parlamentssitze neu vergeben wurden. Es gelang den Suffragetten durch gezielte Agitation, eine so negative Stimmung gegen die Kandidaten der Liberalen zu erzeugen, dass mehr als ein Mandat verloren ging.

Parallel zur Eröffnung der neuen Sitzungsperiode des Parlaments fand am 13. Februar 1907 das erste Frauenparlament in *Caxton Hall*, London statt. Damit wurde eine Tradition begründet, die so lange bestehen blieb, bis Frauen als gewählte Abgeordnete an der regulären Parlamentseröffnung teilnehmen konnten. Bei einer anschließenden Demonstration wurden Frauen mit Hilfe berittener Polizei auseinandergetrieben. Es gab zahlreiche Verletzte und 57 Verhaftungen. Am 17. Januar 1908 ketteten sich zwei Suffragetten an das Geländer von Downing Street No. 10, um zu den vorbeieilenden Passanten zu sprechen. Es dauert lange, sie loszueisen und zum Schweigen zu bringen. Die Zellen des Frauengefängnisses Holloway füllten sich.

Im Frühjahr 1908 trat Premierminister Campbell-Bannerman aus gesundheitlichen Gründen zurück. Sein Nachfolger wurde der ärgste Widersacher der Suffragetten: Henry Herbert Asquith. Um in dieser Situation Flagge zu zeigen, organisierten die Suffragetten die größte je da gewesene Demonstration für das Frauenstimmrecht. Am Sonntag, dem 21. Juni 1908, zogen rund 500 000 Frauen, gekleidet in den Farben der Suffragettenbewegung, Weiß, Grün und Violett, durch London. Die Regierung blieb unbeeindruckt, Asquith weigerte sich beharrlich, die Frauen zu empfangen. Als weitere friedliche Aktionen erfolglos blieben, eskalierte die Situation. Im Anschluss an eine von der Polizei aufgelöste Demonstration gingen im Juli 1908 in Downing Street No. 10 die ersten Fensterscheiben zu Bruch. Damit war eine neue Taktik geboren, die noch oft zum Einsatz kommen sollte.

Hunderte von Frauen saßen zu jener Zeit bereits im Gefängnis. Zu ihrer großen Empörung wurden sie nicht als politische Gefangene anerkannt, sondern wie gewöhnliche Kriminelle behandelt. Um ihren Status zu verbessern, traten im Juni 1909 die ersten Frauen in Hungerstreik. Bald war ihre Gesundheit derart angegriffen, dass sie entlassen wurden. Die Öffentlichkeit registrierte entsetzt, in welch schlechter Verfassung sich die Frauen befanden. Erste Kritik an der Regierung wurde laut. Jetzt wurde der Hungerstreik offizielle Politik der WSPU, die damit die vorzeitige Haftentlassung der Inhaftierten erzwang. Um die Frauen dennoch im Gefängnis zu halten, beschloss die Regierung ihre Zwangsernährung. Mehr als 1000 Frauen wurden in den nächsten Jahren zwangsernährt. Fingerdicke, meist nicht sterile Schläuche wurden ihnen gewaltsam durch Nase, Mund oder Mastdarm geschoben. In den Frauengefängnissen Englands begann ein unvorstellbares Leiden.

Doch auch die Schrecken der Zwangsernährung konnten die Suffragetten nicht aufhalten. Im Oktober 1909 attackierte eine Suffragette auf dem Bahnhof in Bristol Winston Churchill mit einer Hundepeitsche. In der Royal Albert Hall sprangen Frauen während einer Parteiversammlung der Liberalen aus der Orgel. Suffragetten in Gymnastikanzügen kletterten auf Dächer, um Reden zu halten, und in Cambridge wurde einem Kandidaten eine tote Katze ins Gesicht geworfen. Neben diesen gezielten Angriffen auf Politiker fanden das ganze Jahr über große Paraden statt, die hoch zu Ross von einer weißgekleideten Suffragette angeführt wurden.

Nachdem sich die militanten Frauen zunehmend zum Problem für das Land entwickelten, beschloss eine Gruppe Parlamentarier, parteiübergreifend ein Gesetz einzubringen, wonach Frauen, gekoppelt an ein bestimmtes Vermögen, das Wahlrecht gewährt werden sollte. Daraufhin stellte die Frauenstimmrechtsbewegung ihre militanten Aktionen ein, in der Hoffnung, einen Etappensieg errungen zu haben. Doch die Regierung Asquith behinderte zwei Jahre lang Lesungen und Abstimmungen zur Gesetzesvorlage, ehe sie für 1912 einen Gesetzesentwurf zum allgemeinen Wahlrecht für Männer ankündigte. Dies war der Todesstoß für das Zensuswahlrecht für Frauen und das Fanal zum Guerilla-Krieg der WSPU.

Am 16. Februar 1912 wurde die Zerstörung von Eigentum offiziell als neue Strategie der WSPU anerkannt. Zwei Wochen später warfen in einer Großaktion Hunderte von Suffragetten in London Schaufensterscheiben ein. Vier Tage später wurde die Führungsriege der WSPU verhaftet. Christabel Pankhurst setzte sich nach Paris ab. Von hier aus koordinierte sie alle weiteren Aktionen. Ende Mai 1912 wurden die Anführer der WSPU, Emmeline Pankhurst und das Ehepaar Pethick-Lawrence, wegen Verschwörung zu einer mehrmonatigen Haftstrafe verurteilt.

Nach ihrer Entlassung trat der Guerilla-Krieg der WSPU in eine neue Phase ein. Bei einer landesweiten Aktion wurden Hunderte von Golfplätzen mit Säure verätzt, Briefkästen samt Inhalt wurden ein Raub der Flammen. Die Telegraphen- und Telefonleitungen zwischen London und Glasgow wurden gekappt. In den vornehmen Londoner Clubs wurden die Fensterscheiben eingeworfen. Das Schloss von Prinz Christian und der Sitz des Erzbischofs von Canterbury wurden überfallen, Sitze in Eisenbahnabteilen aufgeschlitzt und reihenweise Straßenlaternen zerstört. Bootshäuser, Sportstätten und leerstehende Sommerhäuser wurden abgefackelt. Es brannte in Kirchen, U-Bahn-Stationen und Wäldern. Die Bahnhöfe Birmingham, Saunderton und Croxley Green flogen in die Luft und in der Innenstadt von Doncaster explodierten mehrere Bomben.

Als Antwort auf die Gewalttaten verhaftete die Regierung Emmeline Pankhurst erneut. Noch während des Prozesses verabschiedete das Parlament ein Gesetz, das unter dem Namen *Cat and Mouse Act* in die Geschichte einging. Es sah vor, im Hungerstreik befindliche Frauen zwar auf ärztlichen Rat hin zu entlassen, sie jedoch, sobald sie sich erholt hatten, ohne Haftbefehl erneut zu inhaftieren. Es begann ein Katz-und-Maus-Spiel, bestehend aus Haft, Hungerstreik, Zwangsernährung, Entlassung, Rekonvaleszenz, erneuter Haft, erneutem Hungerstreik.

Am 4. Juni 1913 erhielt die Bewegung ihre erste Märtyrerin. Als Fanal für das Frauenstimmrecht warf sich Emily Wilding

Davison beim Derby in Epsom vor das Pferd König Georgs V. und starb. Ihrem heroischen Beispiel folgend traten die durch Hungerstreik schwer gezeichneten Inhaftierten daraufhin in den Durststreik.

Die Situation nahm nun bürgerkriegsähnliche Ausmaße an. Bei den Versammlungen der Suffragetten kam es zu regelrechten Saalschlachten. Am 10. März 1914 attackierte eine Suffragette die *Venus mit dem Spiegel* von Diego Velázquez in der *National Gallery* mit einer Axt, woraufhin zahlreiche Museen Frauen den Zutritt verweigerten.

Mit Ausbruch des Ersten Weltkriegs änderte sich alles. Die WSPU stellte alle Aktionen ein und erklärte ihren Schulterschluss mit der Regierung, die im Gegenzug alle inhaftierten Suffragetten freiließ. Statt des Rechts zu wählen, forderte die WSPU nun das Recht zu dienen. Rüstungsminister Lloyd George konnte voll und ganz auf die ehemaligen Gegnerinnen zählen. Im Gegenzug finanzierte das Rüstungsministerium Demonstrationen der WSPU, in denen diese Frauen aufforderte, sich freiwillig für die Arbeit in den Munitionsbetrieben zu melden.

Doch nicht alle Mitglieder der WSPU waren mit diesem Hurra-Patriotismus einverstanden. Im Oktober 1915 spaltete sich die *Suffragettes of the Women's Social and Political Union* (SWSPU) und im Mai 1916 die *Independent Women's Social and Political Union* (IWSPU) von der WSPU ab. Ihr Einfluss blieb jedoch gering.

Emmeline Pethick-Lawrence hingegen, die die WSPU noch vor Beginn des Krieges verlassen hatte, wurde eine der international anerkanntesten Friedensaktivistinnen. Gemeinsam mit Jane Adams gründete sie in den USA die *Women's International League for Peace and Freedom*. Im April 1915 war sie eine von zwei britischen Delegierten auf der Frauen-Friedenskonferenz in Den Haag.

Sylvia Pankhurst gehörte ebenfalls zu den stimmgewaltigsten Kriegsgegnerinnen Großbritanniens. Feminismus, Pazifismus und Sozialismus verbanden sich in der ELFS, die sich 1916 in *Worker's Suffrage Federation* umbenannte und in unzähligen Hilfsprojekten das Leid an der Heimatfront zu lindern versuchte. In jenen Jahren wurde aus Sylvia Pankhurst endgültig eine radikalsozialistische Revolutionärin, für die nur die sozialistische Umgestaltung der Gesellschaft die Gleichheit der Geschlechter hervorbringen konnte. Die NUWSS folgte zunächst dem patriotischen Aufruf der Suffragetten, doch auch hier zeigten sich bald erste Auflösungserscheinungen. Ein Teil der Verbände unterstützte die Linie der Pankhursts, andere sprachen sich entschieden gegen den Krieg aus.

1915 übernahm eine Koalition aus *Labour* und *Liberals* die Regierung. Damit zogen zum ersten Mal Befürworter des Frauenstimmrechts ins Kabinett ein. Die NUWSS nahm ihre parlamentarische Lobbyarbeit wieder auf. Im August 1916 eröffnete kein Geringerer als Asquith dem Parlament, dass er in die nach dem Krieg geplante Wahlrechtsreform auch Frauen miteinbeziehen würde. Im Januar 1917 empfahl die *Speakers Conference*, in das neue Wahlgesetz das Frauenstimmrecht aufzunehmen – für Frauen über 30. Die Agitation der Frauenstimmrechtsbewegung vor dem Krieg, sowohl die Lobbyarbeit der NUWSS als auch die Militanz der Suffragetten, hatte – verstärkt durch die Unterstützung der britischen Kriegspolitik durch die Frauenstimmrechtlerinnen und den millionenfachen Arbeitseinsatz der Frauen während des Krieges – zu einem Stimmungsumschwung in Bevölkerung und Regierung geführt. Am 6. Februar 1918 erhielten durch den *Representation of the People Act* 8,4 von 21 Millionen Frauen in Großbritannien das Recht zu wählen.

Bei den ersten Parlamentswahlen, an denen Frauen sich beteiligen konnten, bewarben sich im Dezember 1918 17 Frauen, darunter viele ehemalige Aktivistinnen, um ein Mandat. Die einzige Frau, die einen Sitz erringen konnte, war die Kandidatin der irischen *Sinn Féin*, Gräfin Constance Markievicz. Wie alle Abgeordneten von *Sinn Féin* nahm sie jedoch ihr Mandat nicht wahr, so dass auch im neuen Parlament keine Frau vertreten war. Erst am 1. Dezember 1919 zog mit Nancy Astor die erste Frau ins Unterhaus ein.

In den folgenden Jahren wurden zahlreiche Gesetze verabschiedet, die für Frauen von enormer Bedeutung waren. Mit dem *Maternity and Child Welfare Act* (1918) wurde die ärztliche Betreuung Schwangerer verbessert. Von 1919 an verbot der *Sex Disqualification Removal Act* Diskriminierung aufgrund von Geschlecht oder Familienstand im Öffentlichen Dienst und bei der Justiz. 1922 wurde der *Married Women's Maintenance Act* verabschiedet, der Frauen gestattete, 40 Schillinge für sich und 10 Schillinge für ihre Kinder zu beanspruchen. 1923 kam es zum *Matrimonial Causes Act*, in dem Ehebruch als Scheidungsgrund anerkannt wurde und der Frauen bei Scheidungen rechtlich gleichstellte. Noch im selben Jahr verbesserte der *Bastardy Act* die Versorgung lediger Mütter. 1925 übertrug der *Guardianship of Infants Act* die Verfügungsgewalt über die Kinder zu gleichen Teilen beiden Eltern. Der jahrzehntelange Kampf gegen Prostitution und herrschende Doppelmoral errang ebenfalls einen kleinen Etappensieg. Der 1922 verabschiedete *Criminal Law Amendment Act* brach mit dem Grundsatz, dass Männer bei Verführung Minderjähriger nicht belangt werden konnten, wenn sie behaupteten, vom Alter des Mädchens nichts gewusst zu haben. Mit dem *Infanticide Act* wurden ab 1922 Frauen, die ihre Neugeborenen töteten, nicht länger als Mörderinnen behandelt und von der Todesstrafe verschont.

Die Sozialfürsorge für Frauen wurde zum beherrschenden Thema der Frauenbewegung der 1920er Jahre. 1919 benannte sich die NUWSS in *National Union of Societies for Equal Citizenship* (NUSEC) um. Nun ging es nicht mehr um das Wahlrecht, sondern um soziale Reformen. Denn auch wenn das gleiche Wahlrecht für Frauen aufgrund der Altersbegrenzung noch nicht erreicht war, die Frauenstimmrechtsbewegung war zu Ende. Die WSPU formierte sich nach dem Ersten Weltkrieg nicht mehr neu, die Aktivistinnen zerstreuten sich in alle Winde. Ohne großes Aufsehen stellte der *Representation of the People Act* am 2. Juli 1928 Frauen beim Wahlrecht den Männern gleich.

Getrennt marschieren, vereint schlagen
Deutschland: Bürgerliche und Proletarische Frauenbewegung

Gründungsmonat der organisierten Frauenbewegung in Deutschland ist der Oktober 1865. Zwischen dem 16. und 19. Oktober trafen sich in Leipzig Frauen aus dem ganzen Land, um sich zum ersten Mal in der deutschen Geschichte als Frauen in einem Nationalverband zu organisieren und für ihre Rechte einzutreten. Ergebnis dieses Treffens war die Gründung des Allgemeinen Deutschen Frauenvereins (ADF).

Der Aufruf zu dieser Versammlung war von Louise Otto-Peters ausgegangen, einer der Pionierinnen der bürgerlichen Frauenbewegung, die seit Jahren für die Rechte der Frau kämpfte und 1866 das Werk *Das Recht der Frauen auf Erwerb* veröffentlichte. Die revolutionäre Begeisterung von 1848 hatte sie dazu gebracht, über die sozialen und demokratischen Bürgerrechte hinaus Frauenrechte einzufordern. 1849 hatte sie unter dem Motto »Dem Reich der Freiheit werb' ich Bürgerinnen« eine *Frauen-Zeitung* gegründet. Im Geleitwort zur ersten Ausgabe schrieb sie: »Die Geschichte aller Zeiten, und die heutige ganz besonders lehrt: daß diejenigen auch vergessen werden, welche an sich selbst zu denken vergaßen. […] Dieser selbe Erfahrungssatz ist es, welcher mich zur Herausgabe einer Frauenzeitung veranlaßte. Mitten in den großen Umwälzungen, in denen wir uns alle befinden, werden sich Frauen vergessen sehen, wenn sie selbst an sich zu denken vergessen. Wohlauf denn, meine Schwestern, vereinigt Euch mit mir, damit wir nicht zurückbleiben, wo alles um uns und neben uns vorwärts drängt und kämpft« (Otto-Peters, S. 35). Sie war nicht die einzige, die so dachte. Mutige Frauen wie Mathilde-Franziska Anneke, Louise Aston, Johanna Kinkel und Fanny Lewald traten offen für die Rechte der Frau ein und ernteten dafür nicht nur Bewunderung. Im revolutionären Aufbruchsklima entstanden erste Frauenvereine, die sich jedoch weniger um die Befreiung der Frau als um Hilfsleistungen für durch die revolutionären Wirren in Not geratene Frauen kümmerten.

Als mit der Niederschlagung der Revolution die Reaktion triumphierte und Bürger- und Freiheitsrechte erneut beschnitten wurden, wurden auch die Emanzipationsbestrebungen der Frauen unterbunden. 1850 verabschiedete Preußen ein Vereins- und Versammlungsgesetz, nach dessen Vorbild Frauen im ganzen Reich bis 1908 von der Teilnahme am politischen Prozess ausgeschlossen wurden. Das im Dezember gleichen Jahres verabschiedete sächsische Pressegesetz, im Volksmund auch »Lex Otto« genannt, untersagte Frauen nicht nur die Leitung politischer Zeitungen, sondern auch die Tätigkeit als nichtverantwortliche Redakteurinnen. Zwei Jahre später wurde Louise Otto-Peters *Frauen-Zeitung* verboten.

Es ging mehr als ein Jahrzehnt ins Land, ehe Frauen erneut einen Anlauf wagten, diesmal im Zusammenschluss mit anderen Frauen, geeint durch das Geschlecht und die damit verbundene Unterdrückung, ihre Situation zu ändern. Louise Otto-Peters wurde zur ersten Vorsitzenden des ADF ernannt, der vor allem für Mädchenbildung und das Recht auf Erwerbsarbeit eintrat.

In der zweiten Hälfte des 19. Jahrhunderts war die Zahl vermögensloser Frauen der Mittelschicht, die dringend auf Erwerbsarbeit angewiesen waren, kontinuierlich gestiegen. Dennoch propagierte die Gesellschaft weiterhin das Ideal der Hausfrau und Mutter. Hauptanliegen der bürgerlichen Frauenbewegung, deren Mitglieder aus Mittel- und Oberschicht kamen, waren deshalb: gleiche Schulbildung für beide Geschlechter, das Recht auf Ausbildung oder Studium sowie das Recht auf freie Berufswahl und -ausübung. Die Erfüllung dieser Forderungen galt den Aktivistinnen als Schlüssel zur Befreiung der Frau. Dabei suchte die bürgerliche Frauenbewegung die Befreiung der Frau nicht allein um ihrer Selbstverwirklichung willen, sondern zum Wohle der Gesellschaft. In der differenztheoretischen Sichtweise der bürgerlichen Frauenbewegung musste die Frau ihren Beitrag zur Vervollkommnung der Menschheit leisten. Ihre Emanzipation würde auch dem Mann zugutekommen, der eine Welt errichtet habe, die aufgrund des fehlenden Einflusses der weiblichen Hälfte der Menschheit äußerst mangelhaft sei. Zum Wohle der Menschheit müssten sich die Geschlechter ergänzen.

In den nächsten Jahren bemühte sich der ADF um die Einrichtung von Industrie- und Handelsschulen für Mädchen, Mutterschutz, gleichen Lohn für gleiche Arbeit, Gewerbefreiheit für Frauen und nicht zuletzt das Frauenwahlrecht. Er organisierte Vortragsabende, auf denen versucht wurde, die kaum vorhandene Frauenbildung gerade in den unteren Schichten zu verbessern. Innerhalb von nur fünf Jahren wuchs die Mitgliederzahl des ADF durch die Gründung zahlreicher Ortsverbände auf 10 000 an. Männer konnten beim ADF als Berater fungieren, jedoch nicht voll stimmberechtigte Mitglieder werden.

Ein anderer Verein, der sich um die Verbesserung der Berufsmöglichkeit von Frauen aus der Mittelschicht kümmerte, war der 1866 in Berlin gegründete Verein zur Förderung der Erwerbstätigkeit des weiblichen Geschlechts, nach seinem Vorsitzenden Wilhelm Adolf Lette auch Lette-Verein genannt. Obwohl Lette die politische Mitsprache und Gleichberechtigung von Frauen ablehnte, trug der Verein entscheidend zur Besserstellung von Frauen bei. Lette hielt zwar am Ideal der Ehefrau und Mutter fest, hatte jedoch erkannt, dass dies unrealistisch war und es deshalb unabdingbar war, Frauen für eine Berufstätigkeit auszubilden, die ihnen ein menschenwürdiges Auskommen sicherte. Üblicherweise ging man davon aus, dass Frauen nur zeitweise arbeiten und ansonsten von ihren Männern versorgt werden würden. Eine gute Ausbildung für Frauen erschien überflüssig. Im Lette-Verein hingegen wurden Frauen speziell für die im Zuge der Industrialisierung neu entstehenden Berufe ausgebildet, zu denen Frauen, auch durch die Bemühungen von ADF und Lette-Verein in den 1870er Jahren, Zugang bekamen. Landesweit entstanden daraufhin Handelslehrerinstitute für Frauen sowie Gewerbe-, Telegraphen-, Sekretärinnen-, Koch- und Haushaltsschulen.

Unter den zahlreichen neu gegründeten Frauenvereinen jener Jahre befanden sich auch karitative Vereine, die vor allem unter dem Eindruck der Kriege 1864 und 1866 ins Leben gerufen wurden. Diese ab 1871 unter dem Verband der Deutschen Vaterländischen Frauenvereine zusammengefassten Organisationen verfolgten weniger emanzipatorische als nationale Interessen. Sie arbeiteten nicht an der Befreiung der Frau, sondern bildeten eine Art Frauenhilfskorps für pflegerische und wohlfahrtliche Aufgaben in Kriegszeiten, das in Friedenszeiten Wohlfahrtsaufgaben übernahm. Zahlenmäßig war der Deutsche Vaterländische Frauenverein über Jahre hinweg die mitgliederstärkste Frauenorganisation.

Bildung war das beherrschende Thema der ersten Phase der bürgerlichen Frauenbewegung. Herausragende Aktivistin für die Reform der Mädchenbildung und der Lehrerinnenausbildung war die Lehrerin Helene Lange. 1887 übergab sie gemeinsam mit fünf Frauen eine Petition an den preußischen Unterrichtsminister und das preußische Abgeordnetenhaus, in der sie die wissenschaftliche Ausbildung für Lehrerinnen, die an höheren Mädchenschulen unterrichten sollten, forderte. In der Begleitschrift *Die höhere Mädchenschule und ihre Bestimmung,* die auch als »Gelbe Broschüre« bekannt wurde, griff Helene Lange das geltende Erziehungsideal, wonach Frauen alleine deshalb ausgebildet werden sollten, um ihrem Mann eine geistreiche Gesprächspartnerin zu sein, heftig an. Sie wollte Mädchen zu eigenständigen Persönlichkeiten erziehen und ging in ihrem differenzfeministischen Ansatz davon aus, dass einzig weibliche Lehrkräfte eine mädchengerechte Erziehung leisten könnten. Deshalb plädierte sie dafür, die Kontrolle der Mädchenbildung an Frauen zu übertragen. Das erforderte jedoch eine grundlegende Reform der Lehrerinnenausbildung. Diese war qualitativ schlecht und schlecht bezahlt. Frauen durften nur an Privatschulen oder in den unteren Klassen höherer Mädchenschulen unterrichten. Helene Lange ging einen langen Weg der kleinen Schritte, um ihre Ziele zu erreichen. 1890 gründete sie den Allgemeinen Deutschen Lehrerinnen-Verein (ADLV), eine der bedeutendsten Organisationen der bürgerlichen Frauenbewegung. Bereits im Jahr zuvor war es ihr gelungen, zusammen mit Minna Cauer und Franziska Tiburtius erste Realkurse für Mädchen einzurichten, die 1893 in Gymnasialkurse umgewandelt wurden, in denen Mädchen regulär ihr Abitur ablegen konnten. Erst 1908 kam es zur ordentlichen Neuregelung des preußischen Mädchenschulwesens, in der eine 13jährige Schulzeit mit einem Zweig, der zum Abitur führte, das zum Studium an einer Universität berechtigte, festgelegt wurde. Sachsen, Bayern und Hessen folgten diesem Reformbeispiel in den darauffolgenden Jahren.

Obwohl Helene Lange eine adäquate Ausbildung für Mädchen forderte, hielt sie wie die Mehrheit der bürgerlichen Frauenbewegung daran fest, dass Mutterschaft der höchste Beruf jeder Frau sei. Um ihren Anspruch auf die weibliche Kontrolle der Mädchenbildung zu untermauern, berief sie sich auf eine »geistige Mütterlichkeit«, die nicht mehr an die biologische Mutterschaft gebunden war, sondern angeborenes weibliches Verhalten mit erworbenem Wissen verband. Geistige Mütterlichkeit konnte sich nicht nur innerhalb der Familie entfalten, sondern auch in jedweder Form sozialer und pädagogischer Arbeit und Berufstätigkeit.

Dieser von der Nichte des Kindergartengründers Friedrich Fröbel, Henriette Schrader-Breymann, und Henriette Goldschmidt in den 1860er Jahren aufgeworfene Begriff, der auch unter dem Begriff »organisierte Mütterlichkeit« bekannt wurde, verfestigte die Idee von spezifischen an das jeweilige Geschlecht gebundenen natürlichen Eigenschaften und wies den Frauen die Aufgabe der Kulturmission zu. Geistige Mütterlichkeit wurde zum weiblichen Prinzip des sozialen Handelns erklärt, das nicht nur einen emanzipatorischen Charakter hatte, sondern auch die Ergänzung des männlichen Wirkens sein sollte. Helene Lange nutzte das Argument der geistigen Mütterlichkeit, um das besondere pädagogische und erzieherische Talent von Frauen für Mädchenbildung zu betonen. Darin stimmte sie mit der Mehrheit der bürgerlichen Frauenrechtlerinnen überein, die zum Beispiel den Zugang zur Universität nur für bestimmte »frauentypische« Studiengänge wie Medizin einforderten.

Nur wenige Frauen gingen so weit wie die feministische Theoretikerin Hedwig Dohm und erklärten geschlechtsspezifische Verhaltensweisen nicht durch biologische Determination, sondern führten diese auf kulturelle Prägung zurück. So forderte Dohm die gleiche Ausbildung für Frauen und Männer von der Elementarschule bis zur Universität. Sie wollte Frauen nicht auf bestimmte Berufe festlegen, sondern ihnen Zugang zu allen Berufen ermöglichen. Hedwig Dohm lehnte die These von der angeborenen Mutterliebe ab. Auch diese sei anerzogen und werde aus Mangel an alternativen Betätigungsfeldern für Frauen kultiviert. Sie forderte die völlige juristische und politische Gleichstellung der Geschlechter und rief als eine der ersten Frauenrechtlerinnen bereits Mitte der 1870er Jahre zur Gründung von Frauenstimmrechtsvereinen auf. Für Hedwig Dohm, die die nicht sehr populäre Auffassung von der Gleichheit der Geschlechter vertrat, hatten Menschenrechte kein Geschlecht. Ihre Schriften stießen angesichts ihrer Radikalität auf heftige Kritik. Nur wenige Frauenrechtlerinnen waren bereit, ihren Thesen zu folgen.

Dazu gehörten allen voran die Mitglieder des 1888 gegründeten Frauenvereins Reform. Dieser trat für die Errichtung von Mädchengymnasien sowie den generellen Zugang von Frauen zur Universität ein. Nachdem die ersten bei den Kultusministerien der deutschen Bundesstaaten eingereichten Petitionen scheiterten, kam es 1891 und 1892 zu Massenpetitionen für die Zulassung von Frauen zum Medizinstudium. Trotz erneuter Ablehnung wurde das Thema daraufhin zum ersten Mal im Reichstag diskutiert. 1892 wurden die ersten Mädchen in Preußen an staatlichen Knabengymnasien zum Abitur zugelassen. Doch auch die mit 60 000 Unterschriften versehene Petition von 1893 konnte das Frauenstudium nicht erreichen. 1896 wurden an einigen Universitäten Frauen zumindest als Gasthörerinnen akzeptiert. 1899 wurden die ersten Medizinstudentinnen zum Examen zugelassen.

Zwischen 1865 und 1894 fand eine zunehmende Ausweitung der organisierten Frauenbewegung statt. Die verstärkte regionale Vernetzung führte schließlich zur Gründung eines nationalen Dachverbandes. Am 29. März 1894 schlossen sich viele der bestehenden Frauenvereine zum Bund Deutscher Frauenvereine (BDF) zusammen. Damit trat die deutsche Frauenbewegung in eine neue Phase ein. Erste Vorsitzende des neuen Verbandes wurde die Präsidentin des ADF Auguste Schmidt.

Laut Satzung sollten im BDF Frauen unabhängig von Partei- und Weltanschauung gemeinsam an der »Kulturaufgabe der Frau« arbeiten. Obwohl der BDF demnach Frauen jeglicher politischer Richtung offenstehen sollte, entbrannte ein heftiger Streit darüber, ob auch sozialistische Frauenvereine aufgenommen werden sollten. Man entschied sich schließlich, mit Hinweis auf das geltende Vereinsgesetz, dagegen. Der Anschluss sozialdemokratischer Vereine an den Bund sei nicht möglich, da das Vereinsgesetz einen Zusammenschluss politischer Vereine klar untersage. Arbeiterinnenvereine, die eine Verbesserung ihrer Situation innerhalb der bestehenden Gesellschaftsform erstrebten, seien jedoch willkommen. In der Realität kam es nur in Einzelfällen zur Zusammenarbeit mit sozialistischen Frauen, so zum Beispiel bei der Forderung nach Arbeiterinnenschutzgesetzen oder der Einführung von Fabrikinspektorinnen. Forderungen, die im BDF vor allem von Alice Salomon vertreten wurden.

Aber auch ohne die sozialistischen Frauenvereine vergrößerte sich der BDF rasch. Bereits 1905 gehörten ihm 190 Frauenvereine mit rund 100 000 Mitgliedern an. Von 1899 an gab der BDF mit dem *Centralblatt des Bundes Deutscher Frauenvereine* eine eigene Frauenzeitung heraus. Die folgenden Jahre gehörten zu den aktivsten und erfolgreichsten der ersten Frauenbewegung, die jetzt immer mehr politisch wahrgenommen wurde.

Eine der wichtigsten Kampagnen der bürgerlichen Frauenbewegung galt dem neuen Bürgerlichen Gesetzbuch BGB und damit verbunden der Rechtsstellung vor allem der verheirateten Frau. Nach der Gründung des deutschen Kaiserreiches 1871 sollte durch das neue BGB eine Rechtsvereinheitlichung geschaffen werden. Die Frauen erhofften sich von dieser Kodifikation vor allem eine rechtliche Verbesserung ihrer Situation. Bereits 1876 hatte der ADF in einer Petition an den Reichstag verlangt, die Stellung der Frau im neuen Familienrecht gleichberechtigt zu verankern. Die Frauen lehnten vor allem das bisherige eheliche Güterrecht, die Beschränkung der Handlungsfähigkeit der Ehefrau sowie das alleinige Erziehungsrecht des Vaters ab. Der Zugang zur Erwerbstätigkeit konnte keine Freiheit bringen, solange die Frau keine selbständige Rechtsperson war und weder ein Konto eröffnen noch über ihr Einkommen verfügen durfte. Der BDF organisierte über Jahre hinweg Info- und Protestveranstaltungen, verteilte Broschüren und sammelte Unterschriften. Doch letztlich erwiesen sich alle Mühen als vergebens. Bei seiner Verabschiedung zementierte das BGB die Abhängigkeit der Ehefrau vom Ehemann. So musste dieser mit der Erwerbstätigkeit seiner Ehefrau einverstanden sein und durfte ihr Arbeitsverhältnis ohne Angabe von Gründen jederzeit kündigen. Vermögende Frauen wurden durch das eheliche Güterrecht stark benachteiligt. Ohne vereinbarte Gütertrennung verfügte der Ehemann automatisch über das gesamte Vermögen seiner Frau, mit Ausnahme ihres Einkommens. Im Falle einer Scheidung behielt er alle Rechte über die Kinder sowie die Nutznießung ihres Vermögens. Bitter enttäuscht über die Missachtung ihrer Rechte blieb den Frauenrechtlerinnen zunächst nur übrig, nach einem 1894 in Dresden entstandenen Vorbild Rechtsberatungsstellen für Frauen einzurichten, in denen kostenlos Rechtsauskunft erteilt und Mustereheverträge verteilt wurden.

Um die Jahrhundertwende verbreiterte sich die Frauenbewegung zahlenmäßig enorm. Dies führte jedoch nicht nur zur Vergrößerung ihres Einflusses, sondern auch zu ersten Differenzierungsansätzen. So gründeten sich konfessionelle Frauenorganisationen wie der Deutsch-Evangelische Frauenbund (1899), der Katholische Frauenbund (1903) und der Jüdische Frauenbund (1904). Dazu kamen zahlreiche Frauenberufsverbände wie der von Minna Cauer geleitete Kaufmännische Verband für weibliche Angestellte, die Rechtsschutz und finanzielle Unterstützung für in Not geratene Kolleginnen boten und für bessere Angestelltenverträge eintraten.

Doch nicht nur die Frauenbewegung an sich differenzierte sich, auch innerhalb des BDF kam es zur Fraktionsbildung. Bis zur Jahrhundertwende bildeten sich drei Flügel heraus: ein gemäßigter, ein radikaler und ein konservativer. Letzterer wurde vor allem durch die Landfrauenvereine und den Deutsch-Evangelischen Frauenbund bestimmt und war für die ab 1910 immer nationalistischeren Töne innerhalb des BDF verantwortlich.

Die Mehrheit der Frauenrechtlerinnen gehörte dem gemäßigten Flügel an, zu dem sowohl der ADF als auch der ADLV zählten. Sie standen für die Forderung nach höherer Bildung, Berufsfreiheit, Gleichberechtigung in Ehe und Familie, Staat und Gesellschaft. Ihrem Frauenbild entsprach sowohl die gut ausgebildete berufstätige Frau als auch die gut ausgebildete Ehefrau und Mutter. Denn auch wenn sie die singuläre Festlegung auf die häusliche Sphäre für Frauen ablehnten, blieb Mutterschaft doch der Grundmaßstab ihres Denkens.

Die radikalen Frauenrechtlerinnen hingegen suchten die Emanzipation der Frau jenseits ihrer Rolle als Mutter und Ehefrau. Sie organisierten sich im Verein Frauenwohl, der 1888 von Minna Cauer in Berlin gegründet worden war. Leiterin des Hamburger Vereins Frauenwohl war Lida Gustava Heymann, die in ihrer Heimatstadt ein Frauenzentrum gründete, in dem es einen Mittagstisch, Rechtsberatung und einen Kinderhort gab. 1899 schlossen sich die radikalen Vereine unter dem Vorsitz von Minna Cauer und Anita Augspurg zum Verband Fortschrittlicher Frauenvereine zusammen. In ihrer Satzung hielten sie fest, dass sie im Gegensatz zum BDF, dem sie weiterhin angehörten, eng mit den Organisationen der Arbeiterinnen zusammenarbeiten wollten.

Wichtigstes Anliegen des radikalen Flügels war die Durchsetzung des Frauenstimmrechts. Während es den gemäßigten Frauen als ein Fernziel unter vielen galt, war es für die Radikalen der Schlüssel zur Befreiung der Frau. 1902 gründeten Anita Augspurg und ihre Lebensgefährtin Lida Gustava Heymann in Hamburg den Deutschen Verein für Frauenstimmrecht, der ein Jahr später in Deutscher Verband für Frauenstimmrecht umbenannt wurde und der für ein allgemeines und gleiches Wahlrecht eintrat. Er war maßgeblich an der Gründung des Weltbundes für Frauenstimmrecht 1904 in Berlin beteiligt. Seine erste Vizepräsidentin war Anita Augspurg. Nach dem Fall des Vereinsgesetzes 1908 bemühten sich auch die Parteien um die Mitarbeit von Frauen, doch außer der SPD und der Demokratischen Vereinigung nahm keine Partei die Forderung nach staatsbürgerlicher Gleichheit der Geschlechter in ihr Programm auf. In der Folgezeit gründeten sich zahlreiche Frauenstimmrechtsvereine, die jedoch nicht alle für ein allgemeines und gleiches Wahlrecht eintraten, sondern sich zum Teil auch mit einem Dreiklassenwahlrecht zufriedengeben wollten. Dies führte zur Zersplitterung der Frauenstimmrechtsbewegung. Erst während des Kriegs kam es zu einer Annäherung der verschiedenen Verbände, die sich im März 1916 unter dem Vorsitz von Marie Stritt zum Deutschen Reichsverband für Frauenstimmrecht zusammenschlossen. Innerhalb des BDF kam es ebenfalls zu heftigen Kontroversen über die Art des Wahlrechts, die erst im Dezember 1917 mit einer Erklärung zur Akzeptanz des demokratischen Wahlrechts gelöst werden konnten.

Die Radikalen beschäftigten sich zum Entsetzen vieler gemäßigter Frauenrechtlerinnen auch mit der gesellschaftlichen Bedeutung von Sexualität. Sie enttabuisierten so umstrittene Fragen wie die Stellung der Prostituierten, kämpften gegen die herrschende Doppelmoral und für eine Verbesserung der Stellung lediger Mütter. So gehörten zu den Vereinen der radikalen Frauenbewegung die Abolitionistinnen, die sich im deutschen Ableger der Internationalen Föderation zur Bekämpfung der staatlich reglementierten Prostitution zusammenfanden. Sie waren empört über eine Doppelmoral, durch die Prostituierte zum gesellschaftlichen Abschaum erklärt wurden und Bordellbesuche von Männern als Selbstverständlichkeit erachtet wurden. Die Abolitionistinnen sahen in den Prostituierten Opfer der Verhältnisse und lehnten ihre Bestrafung ab. Zudem versuchten sie durch die Bereitstellung kostenloser ärztlicher Behandlung die Ausbreitung von Geschlechtskrankheiten zu verhindern. Damit unterschieden sie sich klar von der Sittlichkeitsbewegung um die gemäßigte Frauenrechtlerin Hanna Bieber-Böhm, die Prostitution durch Hebung der Sittlichkeit abschaffen wollte. Der von ihr gegründete Verein Jugendschutz setzte auf Bestrafung von Prostituierten und Freiern, Anzeigepflicht von Ärzten bei Geschlechtskrankheiten, Keuschheit für Jungen und Mädchen bis zur Ehe, Alkoholverbot für Jugendliche, Überwachung von Lokalen und Freizeitveranstaltungen und ähnliches. Die Diskussion um Prostitution und Sittlichkeit erfasste damals, ausgelöst durch die Einführung der Sittlichkeitsparagraphen ins Reichsstrafgesetzbuch, im Volksmund auch »Lex Heinze« genannt, das ganze Kaiserreich.

Für radikale Frauenrechtlerinnen war Sexualität aber auch jenseits der Prostitutionsproblematik ein Thema. Der 1905 gegründete Bund für Mutterschutz und Sexualreform (BfMS) trat unter Helene Stöcker für eine »Neue Ethik« ein und verlangte, die Sexualität von der Fortpflanzung zu lösen und Frauen die Selbstbestimmung über ihren Körper und ihre Sexualität zuzugestehen. Helene Stöcker setzte sich für die Vereinfachung der Ehescheidung, Ehe auf Zeit und freie Liebe ein. Sie plädierte für Geburtenregelung und Sexualaufklärung, Streichung des Abtreibungsparagraphen, Homosexualität sowie die Gleichstellung nichtehelicher Kinder und nichtehelicher Lebensgemeinschaften. Allein die Liebe, nicht die Ehe könne Basis einer erfüllten sexuellen Beziehung sein. Unter den Mitgliedern im BfMS waren ein Drittel Männer, darunter Max Weber, Ernst Haeckel und August Bebel. Helene Stöcker verband in ihrer Arbeit Aufklärung mit Sozialarbeit. Praktisches Hauptanliegen des Bundes war die Unterstützung von ledigen Müttern und deren Kindern. 1908 richtete der BfMS in Berlin und Frankfurt die ersten Mütterheime für in Not geratene Schwangere, Mütter und Kinder ein. Während die radikalen Frauenrechtlerinnen um Augspurg und Cauer diese Ideen unterstützten, lehnten die gemäßigten um Helene Lange und ihre Lebensgefährtin Gertrud Bäumer die Neue Ethik rundweg ab und verweigerten dem BfMS 1910 die Aufnahme in den BDF. Das offene Eintreten der radikalen Frauenrechtlerinnen für freie Liebe, sexuelle Selbstbestimmung, das Recht auf Empfängnisverhütung und Abtreibung führte zu heftigen Kontroversen innerhalb der Frauenbewegung. Die Ansicht, dass auch das Private politisch und Ausdruck der Geschlechterverhältnisse sei, teilten die Gemäßigten nicht. Die BDF-Vorsitzende Marie Stritt, die offen für die Streichung des Abtreibungsparagraphen 218 eintrat, verlor darum 1910 ihren Posten an Gertrud Bäumer.

Mit dem Amtsantritt Gertrud Bäumers setzte sich im BDF der konservative Flügel durch. Vor allem der Deutsch-Evangelische Frauenbund (DEF) sorgte dafür, dass die Politik des BDF zunehmend nationalistischer und auf Integration mit der herrschenden politischen Linie hin ausgerichtet wurde. Mit seinem Beitritt zum BDF 1908 gewann der DEF, der sich offen gegen das Frauenstimmrecht aussprach, unaufhörlich an Einfluss. Im DEF sammelten sich die staatstragenden Kreise des Kaiserreichs – die weiblichen Angehörigen der preußischen Junker und der oberen Beamten. Um den Einfluss der Radikalen im BDF zurückzudrängen, hatten die Gemäßigten den DEF mit Sonderkonditionen zum Eintritt bewogen. Nun wurden demokratisches Wahlrecht, Neue Ethik und Abolitionismus zugunsten einer konservativen nationalistischen Strömung verdrängt. Als im Mai 1915 der BDF den Verband Deutscher Hausfrauenvereine ins Leben rief, erhöhte sich sprunghaft die Anzahl der Frauen, die nichts von Emanzipation, umso mehr aber von traditioneller Rollenverteilung hielten. Statt die Hausfrauen für die Emanzipation zu gewinnen, vermehrten sich die antiemanzipatorischen Kräfte innerhalb des BDF. Zusammen mit den ländlichen Hausfrauenvereinen bildete der Verband deutscher Hausfrauen eine mächtige Gruppierung im BDF, die sich unter anderem explizit gegen das Frauenstimmrecht aussprach. Die letzten Jahre des BDF waren so vor allem ein Lavieren zwischen emanzipatorischen Ansprüchen der alten Frauenverbände und konservativen Ansichten der Neulinge.

Bei Kriegsausbruch stimmte die Mehrheit der Frauenrechtlerinnen in den nationalistischen Jubel mit ein. Daran konnten auch die zum Teil sehr intensiven Kontakte zur internationalen Frauenbewegung nichts ändern. Der BDF erwies sich als absolut staatsloyal und rief im August 1914 den Nationalen Frauendienst (NFD) ins Leben, der den Einsatz von Frauen an der Heimatfront regeln sollte. Er kümmerte sich um die Verteilung von Lebensmitteln, um Fürsorge für Familien, deren Ernährer an der Front waren, sammelte Geld und Kleidung, vermittelte Arbeit für Frauen oder soziale Hilfsdienste und tat, was in seinen Kräften stand, um die Kriegspolitik des Deutschen Reiches zu unterstützen. Auch dem BDF nicht angeschlossene Frauenvereine und Frauen beteiligten sich am Einsatz für den NFD, darunter auch viele Sozialdemokratinnen. Hauptaufgabe der Frauenverbände war nun soziale Wohlfahrt, Frauenpolitik wurde zurückgestellt. Ende 1916 wurde die Frauenarbeitszentrale im Kriegsamt eingerichtet, die weibliche Arbeitskräfte zur Produktionssteigerung rekrutieren sollte. Die Leitung oblag Marie Elisabeth Lüders, ihre Mitarbeiterinnen rekrutierten sich unmittelbar aus der Führungsspitze des BDF.

Einzig die Radikalen sprachen sich in der überwiegenden Mehrheit gegen den Krieg aus und verweigerten jegliche kriegsverlängernde Hilfsmaßnahme. Minna Cauer und Anita Augspurg nahmen 1915 an der internationalen Frauenfriedenskonferenz in Den Haag teil. Dafür ernteten sie vom BDF, der die Konferenz scharf verurteilte, heftige Kritik. Augspurg und Heymann gründeten daraufhin in München den Deutschen Frauenausschuss für einen dauernden Frieden, der in vielen Städten Nachahmung fand. Dafür wurden sie gemeinsam mit Helene Stöcker aus dem BDF ausgeschlossen. Nachdem der Kaiser 1917 in seiner Osterbotschaft die volle politische Mitbestimmung seiner Untertanen in Aussicht gestellt, Frauen aber unerwähnt gelassen hatte, nahm der BDF seine Agitation für das Frauenstimmrecht wieder auf. Daraufhin trat der DEF aus dem Verband aus. Im Zuge der Novemberrevolution 1918 erhielten die Frauen schließlich das Wahlrecht, die Stimmrechtsvereine lösten sich auf. Die neue Zeit öffnete neue Schauplätze für politisch engagierte Frauen.

So groß der Riss auch war, der durch die bürgerliche Frauenbewegung ging, so gering war diese Differenz im Vergleich zu dem Graben, der zwischen bürgerlicher und proletarischer Frauenbewegung verlief. Die proletarische Frauenbewegung als eigenständige Frauenbewegung der Arbeiterinnen entstand, als im Zuge der Industrialisierung immer mehr Frauen in die Fabriken drängten. Während die bürgerliche Frauenbewegung die Gleichberechtigung der Frauen innerhalb des kapitalistischen Systems durchsetzen wollte, setzte die proletarische Frauenbewegung auf die Befreiung der Frau durch die sozialistische Revolution. Setzten die einen auf Reformen, hofften die anderen auf die Revolution. Für die proletarischen Frauenrechtlerinnen war die Frauenfrage Teil der sozialen Frage und nur durch eine vollständige Systemtransformation lösbar. So blieben sie im Gegensatz zur bürgerlichen Frauenbewegung, die eigenständige feministische Organisationen schuf, organisatorisch stets eng mit der Arbeiterbewegung verbunden. Proletarische Frauen kämpften an zwei Fronten: Zum einen versuchten sie die Forderungen der Arbeiterbewegung durchzusetzen, zum anderen wollten sie innerhalb der Arbeiterbewegung die Forderungen der Frauen thematisieren. Dies war alles andere als einfach, denn für die meisten Genossen war die Frauenfrage nur ein Nebenwiderspruch im Klassenkampf.

In der Entstehungsphase der Frauenbewegung hatte sich die bürgerliche Frauenbewegung zunächst auch der Belange der Arbeiterinnen angenommen. Louise Otto-Peters hatte in ihrer *Frauen-Zeitung* Probleme wie schlechte Arbeitsbedingungen und Lohndiskriminierung thematisiert. Auch die verschiedenen Frauenbildungs- und Erwerbsvereine widmeten sich schon früh diesen Themen. Ganz anders die organisierte Arbeiterbewegung. Hier galten Frauen vor allem als unliebsame ›Schmutzkonkurrenten‹. Ferdinand Lassalles 1863 gegründeter Allgemeiner Deutscher Arbeiterverein (ADAV) praktizierte einen – wie Werner Thönnies bemerkte – offenen »proletarischen Antifeminismus«.

Frauen waren billige Arbeitskräfte und verdrängten in vielen Bereichen ihre besser bezahlten männlichen Kollegen. Das von den bürgerlichen Frauenorganisationen geforderte Recht auf Arbeit war für Frauen aus den unteren Schichten ein notwendiger Zwang, um die Ernährung ihrer Familien sicherzustellen. In den Augen vieler Arbeiter und ihrer Organisationen waren die Frauen schuld daran, dass auch die männlichen Löhne sanken. Darum wurde vielfach ein Fabrikarbeitsverbot für Frauen gefordert. Auf dem Allgemeinen Deutschen Sozialdemokratischen Arbeiterkongress in Eisenach versuchten 1869 die Mitglieder des ADAV die Abschaffung von Frauenarbeit ins Programm aufzunehmen. Eine Forderung, die mit knapper Mehrheit mit dem Hinweis, dass Frauen sich ansonsten zwangsläufig prostituieren müssten, um ihr Auskommen zu sichern, abgelehnt wurde.

Am 10. Februar 1869 wurde im sächsischen Crimmitschau unter Führung des späteren SPD-Reichstagsabgeordneten Julius Motteler die Internationale Gewerksgenossenschaft der Manufaktur-, Fabrik- und Handarbeiter beiderlei Geschlechts gegründet. Hier waren die Arbeiterinnen zum ersten Mal gleichberechtigte Mitglieder und besaßen ein aktives und passives Stimmrecht. Ursächlich dafür war zum einen, dass die sächsische Textilindustrie vor allem durch Frauen geprägt war, und zum anderen, dass hier mit Motteler und August Bebel führende Sozialisten der Frauenfrage offen gegenüberstanden.

Dagegen beschloss der Gewerkschaftskongress 1872 in Erfurt, für die Abschaffung der Frauenarbeit in Fabriken und Werkstätten einzutreten. Neben der befürchteten Konkurrenz kam hinzu, dass auch in proletarischen Kreisen das kaum erreichbare Ideal der bürgerlichen Familie mit dem Mann als Ernährer und der Frau als Hüterin des Hauses galt.

Nur sehr langsam setzte sich die Auffassung durch, dass Frauen nicht Konkurrentinnen, sondern Genossinnen waren, die als Teil der Arbeiterorganisationen in den Arbeitskampf miteinbezogen werden sollten. Zu diesem Meinungsumschwung trug vor allem das 1878 erschienene Buch von August Bebel *Die Frau und der Sozialismus* bei. Bebel sah die Frauenunterdrückung eng mit der Entstehung des Privateigentums verknüpft. Dadurch sei der Ausschluss der Frau von der produktiven Arbeit begünstigt worden und sie selbst in ökonomische Abhängigkeit geraten. Die ökonomische Befreiung der Frau sei jedoch die Voraussetzung für die Befreiung von der Geschlechtsunterdrückung. Allerdings brächte nur der gemeinsame Kampf beider Geschlechter gegen den Kapitalismus die völlige rechtliche und soziale Gleichstellung der Frau. Die Lösung der sozialen Frage sei auch die Lösung der Frauenfrage. Sein Buch wurde ein Bestseller und beeinflusste die proletarische Frauenbewegung enorm, auch wenn es nur einen Monat nach Erscheinen verboten wurde.

Ein weiterer Umstand, der die Einstellung der Arbeiterbewegung zur Frauenfrage beeinflusste, waren die Jahre der Sozialistengesetze. Nachdem 1875 auf dem Gothaer Einigungskongress die Sozialistische Arbeiterpartei Deutschlands gegründet worden war, wurden von 1878 bis 1890 alle sozialdemokratischen Umtriebe per Gesetz verboten. Da von der politischen Verfolgung auch die Arbeiterinnenvereine betroffen waren, kam es nicht nur zum Schulterschluss zwischen sozialistischen Frauen und Männern, sondern auch zur Gründung eigener Frauenorganisationen der Arbeiterinnen.

Es entstanden zahlreiche lokale Frauenvereine, die sich bemühten, Frauen zu organisieren. In Berlin riefen im März 1885 Gräfin Gertrud Guillaume-Schack und Emma Ihrer den Verein zur Wahrung der Interessen der Arbeiterinnen ins Leben. Guillaume-Schack war ein führendes Mitglied der Abolitionistischen Bewegung gewesen und hatte 1880 den Deutschen Kulturbund gegründet, der sich gegen die vorherrschende Doppelmoral und die damit verbundene sexuelle Unterdrückung und Ausbeutung von Frauen wehrte. Durch ihre Arbeit hatte sie alsbald den Zusammenhang zwischen Lohnniveau und Prostitution erkannt. Ziel des neuen Vereins war die Aufklärung und bessere Bildung der Arbeiterinnen, Hilfe bei Lohnstreitigkeiten sowie eine Neuregelung der Lohnverhältnisse. In zahlreichen deutschen Großstädten bildeten sich daraufhin ähnliche Frauenvereine. 1885 entstand in Berlin die erste gewerkschaftliche Arbeiterinnenorganisation: der Fachverein der Berliner Mantelnäherinnen. 1886 erschien zum ersten Mal das Wochenblatt *Die Staatsbürgerin* unter der Ägide von Gertrud Guillaume-Schack.

All diese neuen Vereine hatten regen Zulauf und schrieben sich alsbald auch politische Ziele wie das Frauenstimmrecht auf die Fahnen. Die staatliche Ordnung sah sich von den immer stärker werdenden Frauenorganisationen derart bedroht, dass sie 1887 mit Hinweis auf das für Frauen geltende Versammlungs- und Vereinigungsrecht verboten wurden. Viele ihrer Mitglieder rückten daraufhin noch näher an die im Untergrund agierende SPD heran, die der Frauenfrage zunehmend Beachtung schenkte und dies auch in ihren Beschlüssen und Organisationsstrukturen zeigte.

Wichtigste Vordenkerin und Politikerin der proletarischen Frauenbewegung war Clara Zetkin. 1889 hielt sie auf dem Internationalen Sozialistenkongress in Paris ihre erste Rede zur Arbeiterinnenfrage. In einer Resolution zum Frauen- und Kinderschutz wurden zum ersten Mal Forderungen von Frauen zur Verbesserung der Lage der Arbeiterinnen festgehalten.

Clara Zetkin entwickelte in der Folgezeit eine marxistische Emanzipationstheorie, in der sie Frauenarbeit als gesellschaftliche Notwendigkeit und ökonomische Unabhängigkeit als Schlüssel zur Freiheit verstand. Einzig wirtschaftlich unabhängige Frauen seien auch sozial nicht mehr von ihrem Mann abhängig. Für Clara Zetkin war die Erwerbstätigkeit der Frau ein wesentliches Moment der Emanzipation. Diese Emanzipation hing jedoch unmittelbar mit der sozialistischen Systemtransformation zusammen. Die Frage der Gleichberechtigung der Geschlechter war für sie trotz ihrer unzweifelhaften Bedeutung ein Nebenwiderspruch der herrschenden sozialen und ökonomischen Bedingungen und blieb dem Hauptwiderspruch zwischen Kapital und Arbeit untergeordnet. Die Frauenfrage war für Clara Zetkin immer Teil der Klassenfrage.

Dies war in ihren Augen auch das trennende Element zur bürgerlichen Frauenbewegung. Die proletarische Frauenbewegung war in erster Linie sozialistisch. Aus diesem Grund lehnte sie eine Zusammenarbeit mit der bürgerlichen Frauenbewegung ab. Hauptgegensatz war ihrer Ansicht nach die Tatsache, dass die bürgerlichen Frauen gegen die Männer der eigenen Klasse kämpften, während die Proletarierinnen Seite an Seite mit den Männern ihrer Klasse gegen den Kapitalismus für die Revolution eintraten. Nicht alle proletarischen Frauenrechtlerinnen betonten diesen Unterschied so stark wie Clara Zetkin. So trat Lily Braun für eine Zusammenarbeit mit der bürgerlichen Frauenbewegung ein, weshalb es immer wieder zu heftigen Auseinandersetzungen mit Clara Zetkin kam, die mit dem Ausschluss von Lily Braun aus der proletarischen Frauenbewegung endeten.

Abgesehen von den radikalen Frauenrechtlerinnen, die sich um Verständigung bemühten, legten auch die bürgerlichen Frauen nur wenig Wert auf eine Zusammenarbeit. Zwar herrschte beim Ziel der politischen Gleichberechtigung der Frauen und dem Recht auf Arbeit durchaus Einigkeit, doch spätestens, nachdem der BDF bei seiner Gründung den sozialistischen Frauenorganisationen die Mitgliedschaft verweigert hatte, war die Kluft zementiert. Die Mehrheit der bürgerlichen Frauenorganisationen war politisch liberal bis konservativ und fürchtete den Verbalradikalismus der sozialistischen Organisationen. 1896 kam es schließlich zum offenen Bruch. Zeitgleich zum in Berlin stattfindenden Internationalen Kongress der Frauenbewegung fand ein sozialdemokratischer Frauenkongress statt. Obwohl die Sozialistinnen vom BDF eingeladen wurden, auf dem Kongress über die Arbeiterinnenfrage zu sprechen, lehnten sie ab, da ihnen ihrer Ansicht nach zu wenig Redezeit für dieses essentielle Thema zur Verfügung stand. Damit war das Tischtuch bis auf weiteres zerschnitten.

Nach dem Sozialistenkongresses in Paris 1889 waren erste Frauen-Agitationskommissionen gegründet worden, mit denen Frauen das Vereinsverbot zu umgehen suchten. 1890 fiel das Sozialistengesetz, und um die Frauen verstärkt an der politischen Bewegung zu beteiligen, beschloss die SPD das System der Vertrauensmänner auf die Frauen zu übertragen. Frauen konnten nun in Frauenversammlungen gewählte weibliche Vertreter auf sozialistische Parteitage entsenden. Noch im selben Jahr entstand das erste publizistische Organ der proletarischen Frauenbewegung, die von Emma Ihrer geleitete Zeitschrift *Die Arbeiterin*. Im Dezember 1891 wurde sie von Clara Zetkin übernommen und in *Die Gleichheit* umbenannt. Unmittelbar nach dem Ende der Sozialistengesetze schrieb die SPD in ihrem »Erfurter Programm« 1891 die Forderung nach dem allgemeinen und gleichen Stimmrecht nieder. Die Arbeiterbewegung als Ganzes stellte von jetzt an auch Frauenforderungen auf und verlangte gleichen Lohn für gleiche Arbeit, Arbeiterinnenschutzgesetze, allgemeines und gleiches Wahlrecht, gleiche Bildungschancen, Beseitigung der Gesindeordnung und vieles andere mehr. Trotzdem darf nicht übersehen werden, dass es in der Arbeiterbewegung auch weiterhin klare misogyne Tendenzen gab.

Ab 1900 erweiterte sich die proletarische Frauenbewegung ständig. Um diesem Umstand Rechnung zu tragen, wurden ab 1900 im zweijährigen Turnus Frauenkonferenzen einberufen. Diese beschäftigten sich jedoch häufiger mit tagespolitischen

Themen als mit Frauenemanzipation. Im Unterschied zu den Frauenbewegungen anderer Länder, die in Arbeitsschutzgesetzen Diskriminierungsmaßnahmen für erwerbstätige Frauen sahen, setzte sich die deutsche proletarische Frauenbewegung für Arbeitsschutzmaßnahmen ein. Nicht durch den Ausschluss aus der kapitalistischen Produktion konnten Frauen vor deren Folgen geschützt werden, sondern nur durch Arbeitsschutzgesetze. So wurden unter anderem ein Arbeitsverbot für Frauen in gesundheitsschädlichen Industrien, Schutzgesetze für Mütter, Wöchnerinnenurlaub, Stillpausen, Halbtagsarbeit, Mutterschaftsversicherungen und ähnliches gefordert. Fragen des Geschlechterverhältnisses, Sexualität, Abtreibung, Geburtenkontrolle oder Gewalt blieben hier Marginalien, die nicht als politisch erachtet und darum kaum diskutiert wurden.

Nachdem sich in der SPD die Bernsteinsche Revisionismusthese sukzessive durchsetzte, verlor Clara Zetkin, die weiter an der revolutionären Aufgabe der SPD festhielt, zunehmend an Einfluss in der Partei und in der proletarischen Frauenbewegung. Mit dem Fall des Vereinsgesetzes 1908 wurde die proletarische Frauenbewegung sukzessive integriert und zu einer Parteiorganisation der SPD. Dennoch war es Clara Zetkin, die 1910 gemeinsam mit Käthe Dunker auf der II. Internationalen Sozialistischen Frauenkonferenz in Kopenhagen den Internationalen Frauentag ins Leben rief. Nur ein Jahr später sprach sie sich auf dem Internationalen Frauentag gegen den Krieg und gegen die Bernsteinschen Thesen für die Revolution aus. Bei Ausbruch des Ersten Weltkriegs schloss sich die Mehrheit der sozialdemokratischen Frauen der Burgfriedenpolitik ihrer Partei an und übernahm kriegsverlängernde Wohlfahrtsaufgaben. Aktiv blieben viele Gewerkschaftsfrauen, die sich trotz der Unterstützung des Krieges durch die Gewerkschaftsführung während des Krieges an zahlreichen Streiks beteiligten.

Nur eine Minderheit der sozialistischen Frauen agitierte gegen den Krieg, darunter Käthe Dunker und Clara Zetkin. 1915 wurde letztere deswegen verhaftet und nach ihrer Entlassung gezwungen, die Leitung der *Gleichheit* abzugeben. Damit verlor sie die Agitationsbühne für ihre Thesen zur Befreiung der Frau. 1919 wurde sie Mitglied der neu gegründeten KPD. Obwohl sie versuchte, nach der massenhaften Entlassung von Frauen bei Ende des Krieges Hausfrauen organisatorisch in Hausfrauenräten zu erfassen sowie eine prozentuale Vertretung der Geschlechter in den Betriebsräten durchzusetzen, konnte Clara Zetkin ebenso wenig wie die KPD jemals einen nennenswerten Einfluss auf die proletarische Frauenbewegung der Weimarer Zeit ausüben.

Von der Neuen Frau zur Deutschen Mutter
Zwischenkriegszeit und Nationalsozialismus

Mit der Revolution vom November 1918 erhielten Frauen in Deutschland das aktive und passive Wahlrecht. Am 19. Januar 1919 gaben 19 Millionen Wählerinnen ihre Stimme zur Weimarer Nationalversammlung ab. Die Wahlbeteiligung von Frauen lag bei 82,3 Prozent. Schon bei dieser ersten Wahl zeigte sich, dass Frauen vorwiegend konservativ und konfessionell gebunden wählten. 37 Frauen zogen in die Weimarer Nationalversammlung ein. Rechnet man die vier Nachrückerinnen hinzu, so lag die Frauenquote damals bei 9,6 Prozent, eine Quote, die erst 1983 wieder erreicht wurde.

Mit Art. 109 der Weimarer Verfassung erhielten Frauen und Männer »grundsätzlich« die gleichen staatsbürgerlichen Rechte und Pflichten. Diese »grundsätzliche« Gleichstellung ermöglichte in der Realität zahlreiche Sonderregelungen, die die Gleichstellung der Frau in vielen Bereichen ad absurdum führten. Art. 119 legte die »Gleichberechtigung der Geschlechter« innerhalb der Ehe fest. Da jedoch zugleich das Familienrecht des BGB unverändert beibehalten wurde, war dies eine rein formale Gleichberechtigung ohne praktische Konsequenzen. Frauen hatten nun prinzipiell freien Zugang zu allen Berufen. 1918 habilitierte sich die Ärztin Adele Hartmann als erste Frau in Deutschland an der LMU München. Das generelle Habilitationsrecht für Frauen wurde erst 1920 eingeführt. Die erste preußische Medizin-Professorin Rahel Hirsch hatte zuvor 16 Jahre lang ohne Bezahlung an der Charité in Berlin gearbeitet, selbst nachdem ihr 1913 für ihre wissenschaftlichen Leistungen der Professorentitel verliehen worden war. Eine Dozentur oder gar ein Lehrstuhl blieben ihr zeitlebens verwehrt. 1923 wurde die Agrikulturchemikerin Margarete von Wrangell zur ersten ordentlichen Professorin an einer deutschen Hochschule ernannt. Ihr folgte noch im selben Jahr Mathilde Vaerting als erste Ordinaria für Pädagogik an der Universität Jena. Zehn Jahre später gab es in Deutschland 24 Professorinnen. Ab 1922 konnten Frauen auch Richterinnen werden.

Doch die Anzahl der Frauen, die es zu einer derartigen Karriere brachten, war angesichts der großen Masse von unqualifizierten Arbeiterinnen verschwindend gering. Deren Situation blieb auch weiterhin schwierig. Mit Ende des Ersten Weltkrieges wurden die vormals so dringend benötigten Frauen in Massen entlassen. Eine Entwicklung, die der BDF durchaus unterstützte, wie eine in den letzten Kriegsmonaten von ihm in Auftrag gegebene Studie zeigt, in der die Entlassung von Frauen ausdrücklich begrüßt wurde. Gemäß der Demobilisierungsverordnung sollten »nicht erwerbsbedürftige« Frauen von ihren Arbeitsplätzen entfernt werden. Dies traf vor allem verheiratete Frauen. Mehr als drei Millionen Frauen verloren ihren Arbeitsplatz. Die wenigen Frauen, die Arbeitslosenunterstützung erhielten, mussten sich mit zwei Dritteln der männlichen Arbeitslosenunterstützung begnügen. Dennoch blieb die Zahl der erwerbstätigen Frauen höher als vor dem Ersten Weltkrieg, auch wenn sie nun wieder in den »typischen« Berufen, in Land- und Hauswirtschaft oder bei der Heimarbeit, zu finden waren.

Die Weltwirtschaftskrise der 1920er Jahre traf einmal mehr die Frauen. Berufstätige Frauen wurden für die herrschende Massenarbeitslosigkeit verantwortlich gemacht, und es setzte eine wahre Propagandaschlacht gegen erwerbstätige Frauen ein, auch gegen höher qualifizierte. Ab 1923 konnten verheiratete Beamtinnen entlassen werden, wenn ihr Unterhalt gewährleistet war. Der freie Zugang zum Richter- oder Anwaltsberuf für Frauen wurde wieder eingeschränkt.

Frauenerwerbsarbeit und Frauenemanzipation wurden zur

Hauptursache aller Probleme der modernen Gesellschaft erklärt. Vor allem die sinkende Geburtenrate wurde damit in Verbindung gebracht. Statt das Dilemma in der Doppelbelastung zu erkennen, wurde der Egoismus der Frau beklagt. Um dem befürchteten Zerfall der Familie entgegenzuwirken, setzte bereits in der Weimarer Republik eine rege Familienpolitik ein, die mit dem Machtantritt der Nationalsozialisten perfektioniert wurde.

Zum Schreckgespenst der patriarchalen Gesellschaft wurde eine kleine Gruppe junger gebildeter Frauen, denen die 1920er Jahre die Möglichkeit eines anderen Lebenskozepts jenseits überkommener Moralvorstellungen und Traditionen boten. Mit Bubikopf, langer weiter Hose, knielangem Rock und Zigarette betrat die »Neue Frau« in Großstädten wie Berlin die Bühne. Sie verkörperte ein neues Selbstbewusstsein, war geistig und finanziell unabhängig und führte ein sexuell selbstbestimmtes Leben. Diese Frauen brachen mit tradierten Normen und suchten Erfüllung im Beruf oder in einer gleichberechtigten Partnerschaft. Die »Neue Frau« wurde in den Goldenen Zwanzigern bald eine Art Modeerscheinung, der vor allem weibliche Angestellte nachzueifern suchten. Auch die Werbung entdeckte dieses Potential, und neue Magazine wie *Die Dame* oder *Die elegante Welt* wurden zu wichtigen Ratgebern in puncto neuen Lebensstils. Vicki Baums 1928 veröffentlichter Roman *Stud. chem. Helene Willfüer* über das Lebensgefühl der modernen Frau wurde zum meistgelesenen Buch zur Thematik »Neue Frau« und verkaufte sich bis 1931 über 100 000 Mal. Die »Neue Frau« hatte weniger politischen als kulturellen Einfluss und trug zu einem neuen Selbstverständnis der Frau in der Weimarer Republik bei.

So modern sich die »Neue Frau« gab, so konservativ war der Großteil der organisierten Frauenbewegung nach dem Ersten Weltkrieg. Mit der Einführung des Wahlrechts ging eines der

Hauptanliegen der Bewegung in Erfüllung. Für viele Frauen hatte sich die Frauenbewegung damit erledigt. Diejenigen, die sich weiter engagierten, waren zutiefst gespalten über der Frage, was zum Wohle der Frau nun getan werden sollte.

Derjenige Teil der bürgerlichen Frauenbewegung, der den Krieg unterstützt hatte, war von der Niederlage des Deutschen Reiches ebenso geschockt wie der Rest der Bevölkerung. Auch in diesen Kreisen empfand man den Versailler Vertrag als ungerechten Diktatfrieden, der die internationale Zusammenarbeit der Frauenverbände enorm erschweren würde, und forderte dessen Revision. 1920 verweigerte der BDF die Teilnahme an der Konferenz des *International Council of Women* (ICW) in Oslo. Alice Salomon, die deshalb aus dem engeren Vorstand des BDF ausschied, wurde bei dieser Konferenz in Abwesenheit zur Vizepräsidentin des ICW ernannt. Erst nach heftigen innerverbandlichen Diskussionen wurde diese Wahl vom BDF abgesegnet. Damit war der Weg des BDF zurück in die internationale Frauenbewegung frei. Bei den internationalen Kongressen des ICW und der *International Alliance of Women* (IAW) 1922 war der BDF wieder vertreten und übernahm auch Führungsaufgaben. So gehörte Gertrud Bäumer von 1921 bis 1928 dem Gesamtvorstand des ICW an. In den Folgejahren war der BDF bei allen großen internationalen Frauenkonferenzen vertreten.

Hatte die Mehrheit der bürgerlichen Frauenbewegung schon während des Ersten Weltkrieges ihre konservative Haltung zum Ausdruck gebracht, so verstärkte sich diese Tendenz nun zusehends. Die Gleichberechtigung der Frau geriet in den Hintergrund, Kinder, Küche und Kirche wurden zentrale Aspekte der bürgerlichen Frauenorganisationen, die sich vehement gegen die Freizügigkeit der 20er Jahre zur Wehr setzten.

Der BDF verfolgte in jener Zeit eine weitgehend regierungskonforme Politik. Entscheidenden Anteil daran hatte seine langjährige Vorsitzende Gertrud Bäumer, die auch nach ihrem offiziellen Rückzug aus dem Amt 1919 die Fäden in der Hand behielt. Bäumer war lange Jahre Reichsministerialrätin im Ministerium des Innern, Reichstagsabgeordnete und stellvertretende DDP-Vorsitzende. 1926 wurde sie als Delegierte in die Kommission für soziale und humanitäre Fragen des Völkerbundes entsandt.

Bedingt durch den Wegfall wichtiger Themen wie Frauenstimmrecht und freie Berufswahl, kam es in diesen Jahren zu einer stärkeren Auseinanderdifferenzierung der bürgerlichen Frauenbewegung. Es gab heftige Diskussionen über neue Ziele und Aufgaben. Der DEF war ja bereits vor Kriegsende aus dem BDF ausgetreten und weigerte sich trotz aller Bemühungen vonseiten des BDF beharrlich, wieder einzutreten. Stattdessen schlossen sich die evangelischen Frauenvereine im Juni 1918 zur Vereinigung Evangelischer Frauenverbände Deutschlands (VEFD) zusammen. 1920 gründete sich der Ring Nationaler Frauen als konservatives Gegengewicht zum BDF.

Es gab jedoch auch Eintritte in den BDF. Von großer Bedeutung war 1920 der Eintritt des konservativen Reichsverbandes Landwirtschaftlicher Hausfrauenvereine (RLHV). Dieser wollte den Einfluss der eher liberalen städtischen Frauenbewegung zurückdrängen und brachte reaktionäres und nationalistisches Gedankengut in den BDF mit ein.

Die radikalen Frauen der bürgerlichen Frauenbewegung trafen sich in der deutschen Sektion der Internationalen Frauenliga für Frieden und Freiheit (IFFF) um Lida Gustava Heymann, oder im Bund für Mutterschutz von Helene Stöcker. Hier wurden emanzipatorische mit pazifistischen Forderungen verknüpft und wurde unter anderem die Gleichstellung unehelicher Kinder gefordert. Über 400 Beratungsstellen für Empfängnisverhütung und Sexualität wurden in jener Zeit ins

Leben gerufen, Aktionen, die von der Mehrheit der bürgerlichen Frauenbewegung strikt abgelehnt wurden. Die Organisationen der radikalen Frauenrechtlerinnen waren es auch, die sich später vehement gegen faschistische Tendenzen innerhalb der Frauenbewegung zur Wehr setzten und weder der Gleichschaltung noch der Aufforderung zur Selbstauflösung nachkamen.

Die parteipolitisch gebundene Frauenbewegung reihte sich verstärkt in die Parteien ein. Die sozialdemokratische Frauenbewegung glaubte, mit der Erlangung des Wahlrechts den endgültigen Schritt zur Gleichberechtigung getan zu haben, und entfaltete innerhalb der SPD nur mehr selten frauenspezifische Aktivitäten. Und das, obwohl die SPD in vielen Fällen von ihren vormals emanzipatorischen Forderungen stillschweigend Abstand nahm. Die proletarische Frauenbewegung organisierte sich vorwiegend in der KPD, die die völlige Gleichstellung der Geschlechter, gleichen Lohn sowie Schwangeren- und Mutterschutz forderte. Im Frühjahr 1919 entstand ein Sekretariat für Frauenorganisation, Ende 1920 fand die erste Reichsfrauenkonferenz der KPD statt. Clara Zetkin übernahm die Herausgabe der parteieigenen Frauenzeitschrift *Die Kommunistin.* Der Kampf um die Befreiung der Frau wurde auch weiterhin als wichtige Komponente im Klassenkampf verstanden. Die Abwehrmechanismen, welche die Weimarer Republik gegen die Kommunisten ins Feld führte, trafen auch die kommunistischen Frauen. 1921 wurden alle Veranstaltungen zum Internationalen Frauentag verboten. 1925 gründet die KPD eine eigenständige Frauenorganisation, den Roten Frauen- und Mädchenbund, eine Schwesterorganisation des Roten Frontkämpferbundes. Dieser sollte die ideologische Auseinandersetzung mit der bürgerlichen Frauenbewegung vorantreiben. Er war aktiv an der Kampagne gegen die Entschädigung der deutschen Fürsten sowie an der Kampagne gegen § 218 beteiligt. Entgegen allen Hoffnungen entwickelte er sich jedoch nicht zu einer Massenorganisation.

Obwohl der BDF die mitgliederstärkste Frauenorganisation blieb, wurde er im Laufe der Zeit durch diverse Austritte geschwächt. 1922 trat der Verband der Weiblichen Handels- und Büroangestellten aus. Berufsverbände wie er sahen sich als rein berufliche Interessenvertretung und wollten darüber hinaus keinerlei emanzipatorische Forderungen unterstützen. 1932 traten der Reichsverband Deutscher Hausfrauenvereine (RDHV) und der RLHV aus, die deutlich antiemanzipatorische Züge entwickelt hatten.

Die Machtergreifung der Nationalsozialisten 1933 bedeutete das Ende aller unabhängigen Frauenorganisationen. Gleichschaltung unter dem Dach des Deutschen Frauenwerks (DFW) oder Selbstauflösung war die Wahl, vor die sich die Frauen gestellt sahen. Das DFW war zwar offiziell ein eigenständiger Verein, personell jedoch eng mit der NS-Frauenschaft verbunden. An der Spitze beider Organisationen stand Gertrud Scholtz-Klink. Mit ihrer hochgeschlossenen Hemdbluse und dem strengen Haarkranz war die Mutter von elf Kindern die personifizierte Mutterschaft und avancierte zur Vorzeigefrau der Nazis. 1934 wurde sie zur Reichsfrauenführerin ernannt und blieb bis 1945 die ranghöchste Frau im Dritten Reich.

Lange Jahre hatten die Nationalsozialisten den Frauen nur wenig Interesse entgegengebracht. Die NSDAP war ein Männerbund, in dem nur Männer in führender Position tätig sein konnten. Sie verzeichnete ihre größten Erfolg gerade bei Bevölkerungsgruppen, in denen Frauenfeindlichkeit vorherrschte: bei Mittelständlern, die auf die Mitarbeit ihrer Frauen angewiesen waren, und kleinen Beamten und Angestellten, welche die Konkurrenz fürchteten, die ihnen aus der Frauenerwerbsarbeit erwuchs. Bis 1933 war weniger als ein Prozent der weiblichen Bevölkerung Mitglied der NSDAP. Erst 1931 war aus dem Zusammenschluss mehrerer nationaler und nationalsozialistischer Frauenverbände die NS-Frauenschaft (NSF), die Parteiorganisation für Frauen, entstanden. Dem lag die Erkenntnis zugrunde, dass sich auch viele Frauen für den Nationalsozialismus begeisterten und ihr Potential als Wählerinnen und Unterstützerinnen erkannt wurde.

Etwa 1,7 Millionen Frauen waren im DFW organisiert, der NS-Frauenschaft gehörten etwa 2,3 Millionen an. Die Hausfrauen- und Mütterideologie der Nationalsozialisten wurde innerhalb dieser Organisationen vehement vertreten. Die alte Frauenbewegung wurde ganz auf Linie Hitlers als Ausdruck jüdisch-marxistischer Dekadenz gebrandmarkt, welche die Gesellschaft systematisch untergraben hatte und gestoppt werden musste. Emanzipation von der Emanzipation war die Losung der nationalsozialistischen antifeministischen Frauenbewegung.

In der NS-Frauenschaft waren vor allem Haus- und Landfrauen organisiert. Ihr Einfluss auf die Politik tendierte gegen null. Mädchen unter 21 waren im Bund Deutscher Mädel (BDM) zusammengefasst und wechselten anschließend zum Reichsarbeitsdienst (RAD). Für erwerbstätige Frauen war jetzt das Frauenamt der Deutschen Arbeitsfront (DAF) zuständig. Die Verbesserung der Arbeitsbedingungen für Frauen gehörte jedoch nicht zu den Anliegen der NS-Frauenorganisationen. Ihre Aufgabe war es, die NS-Ideologie von der Frau als Ehefrau und Mutter innerhalb der Bevölkerung zu fördern. Dazu wurden Bräute- und Mütterschulungen, Hausfrauen- und Kinderpflegekurse angeboten. Soziale Hilfsdienste wie das Winterhilfswerk konnten sich stets auf die Mitarbeit der Frauen verlassen.

Die bereits in der Weimarer Republik begonnene Familienpolitik zur Steigerung der Geburtenrate wurde nun, da der

Führer zur Umsetzung seiner Weltmachtsphantasien Soldaten brauchte, perfektioniert. Im Rahmen des »Gesetzes zur Verminderung der Arbeitslosigkeit« wurde ein Ehestandsdarlehen ins Leben gerufen. Zwischen 1933 und 1937 beanspruchten rund 800 000 Brautpaare jeweils bis zu 1000 Reichsmark, was ein Vielfaches des durchschnittlichen Monatslohns bedeutete. Finanziert wurde dieses Projekt durch die »Ehestandshilfe«, auch »Junggesellensteuer« genannt, die 1933 für Ledige eingeführt wurde. Bedingung für das Darlehen war jedoch, dass die vormals erwerbstätige Ehefrau ihren Beruf aufgab. Auf diese Weise sollten Frauen aus dem Erwerbsleben verdrängt werden, obwohl es viele Arbeitsplätze gab, die so gering entlohnt waren, dass Männer gar kein Interesse daran hatten, sie zu übernehmen. Dennoch sollten Frauen zu reinen Gebärmaschinen degradiert werden. Jedes gesund geborene Kind verminderte die Darlehensschuld um ein Viertel. Es wurden Kindergelder und Kinderbeihilfen, Steuerfreibeträge sowie andererseits Strafsteuern für kinderlose Ehepaare eingeführt. Verhütung stand ebenso wie Abtreibung unter Strafe. Aus der deutschen Frau wurde die deutsche Mutter, der je nach Kinderzahl das Mutterkreuz in Bronze, Silber oder Gold verliehen wurde. Ab dem 9. Kind übernahm ein hoher NS-Funktionär die Patenschaft, in vielen Fällen sogar Adolf Hitler persönlich. Propagandistische Feierlichkeiten zum Muttertag machten aus der Mutterschaft ein Politikum und eine öffentliche Aufgabe.

Im Gegenzug dazu wurden höhere Beamtinnen und Akademikerinnen systematisch aus ihren Berufen gedrängt. Es wurde eine Versetzungssperre für Frauen auf höhere Positionen eingeführt, Frauen, die solche Positionen besetzt hielten, wurden entlassen oder zurückgestuft.

Schuldirektorinnen verloren ihre Stellung ebenso wie Ärztinnen ihre kassenärztliche Zulassung. Richterinnen und Anwältinnen erhielten Berufsverbot, die Habilitation war nicht mehr möglich. 1933 wurde ein Numerus clausus für Frauen erlassen, der den Anteil weiblicher Studenten auf 10 Prozent beschränken sollte. 1934 durften von 10 000 Abiturientinnen nur mehr 1500 studieren. Erst als während des Krieges die Hörsäle immer leerer wurden, stieg der Anteil der Studentinnen wieder.

Die Einstellung der Führung zur Frauenerwerbsarbeit änderte sich bedingt durch die Kriegspläne ab 1937. In den Rüstungsfabriken fehlten die Arbeiter, und man beschloss, auf die zuvor verdrängten Arbeiterinnen zurückzugreifen. Von diesem Zeitpunkt an entfiel beim Ehestandsdarlehen die Bedingung der Nichterwerbstätigkeit der Frau. Als sich auch in der Landwirtschaft ein Arbeitskräftemangel abzeichnete, wurde 1938 ein land- oder hauswirtschaftliches Pflichtjahr für ledige Frauen eingeführt. Dieses musste abgeleistet werden, ehe die Frau sich um eine Festanstellung bewerben konnte.

Während des Krieges verschlechterte sich diese Situation noch, und die Führung erließ immer wieder Appelle an erwerbsfähige Frauen, sich freiwillig zur Kriegsarbeit zu melden. Doch da gerade verheiratete Frauen unabhängig von der Kinderzahl mit einer relativ hohen staatlichen Unterstützung rechnen konnten, dachten die wenigsten daran, dieser Aufforderung nachzukommen, und ersparten sich die harte und gefährliche Arbeit in der Rüstungsindustrie. Die von führenden Stellen immer wieder geforderte allgemeine Dienstpflicht für Frauen scheiterte am Widerstand Hitlers, der sich weigerte, die NS-Ideologie der Mutterschaft preiszugeben, und stattdessen auf Zwangsarbeiter setzte. Erst 1943 wurde eine Meldepflicht für Frauen zwischen 17 und 45 Jahren eingeführt, die nicht arbeiteten.

Die Haltung der organisierten bürgerlichen Frauenbewegung zum Dritten Reich ist umstritten. 1933 löste sich der BDF selbst auf. Seine Vertreterinnen schieden aus allen internationalen Organisationen aus. Auch ADLV und ADF (nun Deutscher Staatsbürgerinnen-Verband) lösten sich auf. Gertrud Bäumer befürwortete den Anschluss der übrig gebliebenen Splittergruppen des BDF an das Deutsche Frauenwerk. Sie erklärte, dass die Staatsform für Frauenpolitik im Grunde bedeutungslos sei. Eine Staatsform, die Frauen umgehend das passive Wahlrecht entzog! Bäumers Haltung in jener Zeit war durchaus ambivalent. Deshalb gilt sie den einen bis heute als aufrechte Frauenrechtlerin, die versuchte, ihren Einfluss zum Wohle der Frauen zu bewahren, und den anderen als opportunistische Mitläuferin. 1933 wurde sie aufgrund des Gesetzes zur Wiederherstellung des Berufsbeamtentums als Ministerialrätin im Reichsministerium des Innern entlassen. Trotzdem konnte sie bis 1944 unbehelligt ihre Zeitschrift *Die Frau* herausgeben. Bereits zur Weimarer Zeit fanden sich in ihren Schriften durchaus antisemitische Töne, andererseits war sie Mitglied im Verein zur Abwehr des Antisemitismus. 1930 unterzeichnete sie als einzige Frau den Aufruf der Deutschen Liga für Menschenrechte gegen die »Kulturschande des Antisemitismus«.

Doch nicht nur Bäumers Rolle bietet Diskussionsstoff. Nachdem Frauen jahrzehntelang prinzipiell als Opfer der Diktatur gesehen wurden, begann in den 1980er Jahren eine Diskussion um die Mittäterinnenschaft auch von Frauenrechtlerinnen, die schließlich zum Streit zwischen der US-amerikanischen Historikerin Claudia Koonz und der deutschen Historikerin Gisela Bock führte. Koonz attestierte in ihrer Arbeit *Mütter im Vaterland* den deutschen Frauen eine große Nähe zum Nationalsozialismus und leitete daraus eine enorme Mitverantwortung ab, während Bock in ihrer Habilitationsschrift diesem Pauschalurteil vehement widersprach.

Nationalismus, Antisemitismus, Antikommunismus und Rassismus finden sich tatsächlich in vielen Texten der bürgerlichen Frauenbewegung. Die nationalsozialistische Überhöhung der Mutterschaft traf auf das Modell der organisierten Mütterlichkeit und korrespondierte mit der differenzfeministischen Annahme von der Höherwertigkeit der Frau. Dass die bürgerliche Frauenbewegung in den letzten Jahren der Weimarer Republik immer stärker die Betonung auf die Hausfrauen- und Mutterrolle legte, kam den Nationalsozialisten, die die Frau schließlich eindimensional darauf reduzierten, entgegen. Und auch die Neue Ethik der Radikalen hatte nicht nur befreiende Aspekte, sondern wies deutlich rassehygienische Ansätze auf.

Des weiteren gab es innerhalb der Frauenbewegung selbst rechtsextremistische Organisationen wie den Königin-Luise-Bund (die Schwesterorganisation des Stahlhelms), den Ring Nationaler Frauen, den Bund Deutscher Offiziersfrauen oder den Frauenbund für vaterländische Ziele, welche die antisemitischen, antikommunistischen und antifeministischen Thesen der Nazis begeistert begrüßten.

Trotzdem darf man nicht vergessen, dass sich unzählige Frauen dem Widerstand anschlossen: politische Frauen oder Frauen, die sich aus religiösen oder humanitären Überzeugungen dem Regime entgegenstellten. Es gab keinen organisierten Frauenwiderstand, aber Frauen beteiligten sich an den verschiedenen Widerstandsgruppen der Arbeiterbewegung, im christlichen Widerstand, im bürgerlichen Widerstand, im studentischen und im Jugendwiderstand sowie an der Verschwörung des 20. Juli.

Zahlreiche Frauenrechtlerinnen wurden aufgrund ihrer oppositionellen Haltung ins Exil getrieben, etwa Anita Augspurg, Lida Gustava Heymann, Helene Stöcker, Alice Salomon und Clara Zetkin. Der deutsche Zweig der IFFF wurde im Februar 1933 verboten, die Frauenorganisationen der Parteien fielen unter das Parteienverbot. Ihre Mitglieder wollten und konnten sich nicht den Frauenorganisationen des Nationalsozialismus unterordnen. Die, die es taten, verloren mit einem Schlag ihre Eigenständigkeit. Die erste organisierte Frauenbewegung endete mit der Machtübernahme der Nationalsozialisten.

Feminismus

Man wird nicht als Frau geboren,
man wird dazu gemacht.

Simone de Beauvoir

Trümmerfrauen und Hausmütterchen
Die soziale Lage der Frau nach dem Zweiten Weltkrieg

Mit dem Ende des Zweiten Weltkriegs schwiegen zwar die Waffen, doch der Kampf ums Überleben ging weiter. Frauen waren in unterschiedlicher Weise von den Folgen des Krieges betroffen. In den Gebieten, die von der Roten Armee besetzt wurden, traf die Rache der Sieger Frauen in besonderem Maß. Es kam vielfach zu Übergriffen und Vergewaltigungen. Als die Vertreibung der deutschen Bewohner der Ostgebiete einsetzte, mussten Frauen unter Einsatz ihres Lebens für ihre Familien die Flucht organisieren.

Auch dort, wo Frauen nicht misshandelt oder vertrieben wurden, war das Leben hart. Viele Frauen blieben auch nach Ende des Krieges auf sich allein gestellt. Millionen Männer waren gefallen, galten als vermisst oder traten den Marsch in die Gefangenschaft an. Am Ende des Krieges gab es in Deutschland einen Frauenüberschuss von sieben Millionen. Vier Millionen Frauen ernährten sich und ihre Familien allein, zweieinhalb davon waren Kriegswitwen. Die Literatur spricht hier von einem »erzwungenen Matriarchat«. Waren zu Beginn des Krieges noch 50 Prozent der Erwerbstätigen Frauen, ging ihre Zahl in den 50er Jahren auf knapp 30 Prozent zurück. Noch aber waren männliche Arbeitskräfte knapp und Frauen sicherten in den ersten Nachkriegsjahren den Fortbestand der Produktion – mit einem Lohnunterschied zu ihren männlichen Kollegen, der bis zu 50 Prozent betragen konnte! Dazu oblag den Frauen auch weiterhin die Hauptverantwortung für die Familie.

Doch Frauen sicherten nicht nur das Überleben ihrer Familien, sie trugen auch zu einem großen Teil zum Wiederaufbau des Staates bei. Die Trümmerfrau wurde zum Symbol für den Wiederaufbau des Landes und zum Beweis dafür, was Frauen psychisch und physisch zu leisten in der Lage waren.

Mit dem Ende des Nationalsozialismus hofften viele Frauenrechtlerinnen auf eine juristische und gesellschaftliche Gleichstellung der Frau im Zuge der Demokratisierung. Bereits 1945 entstanden erste Frauenverbände, die zunächst regional begrenzt oder Nachfolgeorganisationen von Gruppierungen vor 1933 waren. Ihre Gründung unterlag der Zustimmung der jeweiligen Besatzungsmacht.

In vielen Städten bildeten sich Frauenausschüsse zur Selbsthilfe, die sich mit den dringendsten Problemen der Frauen befassten. Sie waren überparteilich und überkonfessionell und leisteten in erster Linie Hilfestellung bei den Fragen des täglichen Überlebens wie Nahrungsmittel-, Wohnraum- und Kleidungsbeschaffung. Zudem bemühten sie sich, im Zuge der Gleichheitsüberlegungen vergangener Jahre Frauen in die aktive Politik mit einzubinden. Vielfach hatten diese Vereinigungen einen pazifistischen Anstrich.

Mit der 1948 in der amerikanischen Besatzungszone gegründeten *Women's Affairs Section* wurde versucht, eine zonenübergreifende Zusammenarbeit unter den Frauenausschüssen herzustellen. Bereits ab 1947 fanden regelmäßig Frauenkonferenzen statt, die im Oktober 1949, als sich die Besatzungszonen politisch immer weiter auseinanderdividierten, für die drei westlichen Besatzungszonen und Westberlin in Bad Pyrmont zur Gründung des Deutschen Frauenrings (DFR) als Dachverband der verschiedenen Frauenverbände führten. Die erste Vorsitzende dieser Nachfolgeorganisation des Bundes Deutscher Frauenvereine wurde Theanolte Bänisch, zweite Vorsitzende war die ehemalige Vorsitzende des BDF Agnes von Zahn-Harnack. Von Anfang an lag ein Schwerpunkt des DFR auf internationalen Beziehungen. 1951 wurde der Verein Mitglied im *International Council of Women* (IWC) und 1952 in der *International Alliance of Women* (IAW). Der DFR verstand sich als Lobby der Frauen bei den im Bundestag vertretenen Parteien und legte sein Hauptaugenmerk auf Resolutionen und Eingaben.

1951 gründeten Vertreterinnen von 14 Frauenorganisationen den Informationsdienst für Frauenfragen, der heute den Namen Deutscher Frauenrat – Bundesvereinigung deutscher Frauenverbände und Frauengruppen gemischter Verbände trägt und sich die staatsbürgerliche Bildung der Frauen auf die Fahnen schrieb. Die amerikanische Militärregierung unterstützte den Verein nicht nur ideell, sondern auch materiell. Eine Infragestellung der neubelebten Geschlechterhierarchie blieb in beiden Organisationen aus.

Im März 1951 gründete sich nach dem Vorbild des DFD in der DDR im Westen der Demokratische Frauenbund Deutschlands (DFD), der sich Friedenserhaltung, die Einheit Deutschlands und den Kampf gegen die Remilitarisierung auf die Fahnen schrieb. Im Zuge des immer stärker werdenden Antikommunismus der Adenauer-Ära gerieten die Frauen des DFD jedoch bald ins Visier der Behörden. Mitglieder wie die erste Vorsitzende Lilly Wächter (SPD) wurden aufgrund einer diagnostizierten Nähe des DFD zur SED vor Gericht gestellt und wegen der »staatsfeindlichen geheimen Zwecke« des DFD zu Haftstrafen verurteilt. Nachdem sich der DFD gegen die Ratifizierung der »Pariser Verträge« 1955 und die damit verbundene Aufnahme der Bundesrepublik Deutschland in die NATO sowie die Möglichkeit der atomaren Bewaffnung bundesdeutscher Truppen starkmachte und eine Volksbefragung zur Wehrpflicht anstrebte, wurde der Verband am 10. April 1957 als verfassungswidrige und staatsgefährdende Organisation verboten und teilte damit das Schicksal der bereits ein Jahr zuvor verbotenen KPD.

Viele seiner rund 28 000 Mitglieder traten daraufhin in die Westdeutsche Frauenfriedensbewegung (WFFB) ein, einen der großen Frauenverbände der Nachkriegszeit. Auch die 1952 in Göttingen gegründete WFFB kämpfte gegen die Wiederbewaffnung, für die deutsche Einheit und den Frieden. In der WFFB arbeiteten Frauen verschiedener Konfessionen, Professionen und politischer Richtungen zunächst Hand in Hand. DFD und WFFB hatten bei vielen Aktionen zusammengearbeitet und gleichermaßen das Misstrauen der Behörden auf sich gezogen. Eine der Gründungsfrauen der WFFB war die bekannte Friedensaktivistin Klara Marie Fassbinder, Professorin für Geschichtspädagogik in Bonn. 1953 wurde sie suspendiert und zwei Jahre später in den vorzeitigen Ruhestand versetzt. 1955 wurde der WFFB in Rheinland-Pfalz als kommunistische Tarnorganisation verboten. Anwaltlich vertreten durch Gustav Heinemann und Diether Posser klagte der Verband und erreichte nach über vierjährigem Prozess seine Wiederzulassung. In den 1960er Jahren kämpfte der WFFB gegen die geplante Notstandsgesetzgebung, trat in der Anti-Atomtod-Bewegung und bei den Ostermärschen auf. Obwohl DFD und WFFB auch für Frauenrechte eintraten, versäumten auch sie es, die Geschlechterhierarchie infrage zu stellen und explizit Frauenpolitik zu betreiben. Vielen erschienen die beiden Verbände aufgrund ihres politischen Engagements eher als verlängerter Arm der KPD denn als eigenständige Frauenorganisationen. Als Ende der 1960er Jahre Frauenthemen politisch in den Vordergrund rückten, kam das Engagement der WFFB zum Erliegen. Die Frauenfrage schob die Friedensfrage in den Hintergrund.

Die lang erwartete rechtliche Gleichstellung der Frau nahm in den Nachkriegsjahren einen neuerlichen Anlauf. Nach Ende des Zweiten Weltkrieges wurden im Zuge der Demokratisierung Gesetze erlassen, die den neuen Verhältnissen entsprechen sollten. Dazu gehörten auch Gesetze, die der sich verändernden Wirklichkeit zwischen den Geschlechtern Rechnung tragen sollten. Ihre Durchsetzung war ein langwieriger Kampf, der von einigen mutigen und unbeirrbaren Frauen ausgefochten wurde. 1948 traf sich auf Herrenchiemsee der Parlamentarische Rat, um das Grundgesetz auszuarbeiten. Unter seinen 65 Mitgliedern waren nur vier Frauen: Elisabeth Selbert (SPD), Friederike Nadig (SPD), Helene Wessel (Zentrum) und Helene Weber (CDU). Sie gelten heute zu Recht als die Mütter des Grundgesetzes. Vor allem Elisabeth Selbert ist es zu verdanken, dass die Gleichberechtigung als Verfassungsgrundsatz in das neue Gesetz aufgenommen wurde. Zunächst fand sich im Hauptausschuss des Parlamentarischen Rates keine Mehrheit für diese Idee. Erst nachdem Elisabeth Selbert die Öffentlichkeit mobilisiert hatte, gelang es ihr, gegen den Widerstand der CDU in Art. 3, Abs. 2 den Satz »Männer und Frauen sind gleichberechtigt« durchzusetzen. Damit wurde formal der Gleichberechtigungsgrundsatz für die komplette Rechtsordnung eingeführt und die Regierung dazu verpflichtet, die familienrechtlichen Bestimmungen des BGB, die der Verfassung widersprachen, zu überarbeiten. Für die Änderung aller davon betroffenen Gesetze wurde eine Übergangsregelung geschaffen. In Art. 117 wurde eine Frist bis 31. März 1953 festgelegt, innerhalb derer die gesetzlichen Bestimmungen, die Frauen benachteiligten, aufgehoben werden sollten. Doch die Zeit verstrich ungenutzt. 1953 erklärte das Bundesverfassungsgericht die Gleichstellung zur Rechtsnorm, und erst von da an wurde sukzessive mit der Aufhebung der Ungleichheit in den Gesetzestexten begonnen. Es sollten noch weitere vier Jahre ins Land gehen, bis am 3. Mai 1957 der Bundestag das Gesetz über die Gleichberechtigung von Mann und Frau auf dem Gebiet des bürgerlichen Rechts verabschiedete.

Bis dahin galt weiterhin das Ehe- und Familienrecht des

BGB mit seinem Gehorsamsparagraphen, wonach der Ehemann in allen das gemeinschaftliche eheliche Leben betreffenden Angelegenheiten zu bestimmen hatte. Dies umfasste auch die eheliche Pflicht zum Geschlechtsverkehr. Die Rechte des Mannes waren allumfassend. So konnte er den Wohnort der Familie bestimmen und seine Frau zwingen, mit ihm umzuziehen. Ihm unterlag Verwaltung und Nutzung des Vermögens seiner Frau, die darüber ohne sein Einverständnis nicht verfügen durfte. Erst mit dem 1957 verabschiedeten Gleichberechtigungsgesetz wurde der gesetzliche Güterstand der Zugewinngemeinschaft eingeführt, wonach das Vermögen der beiden Partner nichtgemeinschaftliches Vermögen wird.

Nur mit Zustimmung ihres Mannes konnte eine Frau erwerbstätig sein, der Mann konnte ein bestehendes Arbeitsverhältnis seiner Frau jederzeit und ohne ihr Einverständnis kündigen, wenn sie seiner Ansicht nach ihre häuslichen Pflichten vernachlässigte. Der Ehemann hatte den Stichentscheid, sprich das letzte Entscheidungsrecht in allen Angelegenheiten, während die Ehefrau der Folgepflicht unterlag. In der Reform des BGB 1957 wurde dieser Stichentscheid nach heftigen Debatten in weiten Teilen abgeschafft. Die Parlamentarier legten jedoch fest, dass Väter die letztendliche Entscheidung über Erziehung und Ausbildung der Kinder behielten sowie die gesetzlichen Vertreter ihrer minderjährigen Kinder blieben. Erst das Bundesverfassungsgericht beschied 1959, dass dies dem Gleichberechtigungsgrundsatz diametral zuwiderlief. Dafür unterstrich es die gesetzlich festgeschriebene Pflicht der Frau zur Haushaltsführung und schrieb damit die weibliche Doppelbelastung fest. Das gesetzliche Leitbild der Hausfrauenehe blieb auch nach den Reformen bestehen. Zwar durften Männer nicht mehr die Arbeitsverträge ihrer Frauen kündigen, doch eine Frau durfte nur dann erwerbstätig sein, wenn dies mit ihren häuslichen Pflichten zu vereinbaren war.

Erst von 1977 an wurde mit dem »Ersten Gesetz zur Reform des Ehe- und Familienrechts« die Arbeitsteilung privat geregelt und die vorrangige Pflicht zur Hausarbeit für Frauen abgeschafft. Erwerbsarbeit, Haushaltsführung und Kindererziehung wurden zu Aufgaben beider Partner erklärt, mit individueller Arbeitsteilung.

Die gesellschaftliche Entwicklung in der Bundesrepublik lief der Schaffung gesetzlicher Rahmenbedingungen für die Gleichberechtigung zunächst fundamental zuwider. Zwar beschloss die Bundesregierung 1950 mit Zustimmung aller Parteien die Schaffung eines Frauenreferats im Bundesinnenministerium, dessen Aufgabe es sein sollte, die praktische Verwirklichung der Gleichberechtigung durchzusetzen, doch zugleich setzte die Regierung auf die traditionelle Rollenverteilung. Trotz des Gleichberechtigungsparagraphen blieb die patriarchale Familienstruktur bestimmend für die bürgerliche Kleinfamilie. Ein Umstand, für den nicht zuletzt die Kirchen verantwortlich waren.

In der bundesrepublikanischen Wirklichkeit wurde nach dem Zweiten Weltkrieg das Ideal der Ehefrau und Mutter restauriert, die alte Geschlechterhierarchie wiederhergestellt. Erneut wurde Mutterschaft zum wichtigsten Beruf einer Frau erklärt. Die erwerbstätige Frau sollte die Ausnahme, nicht die Regel sein. 1960 waren weniger als 25 Prozent eines Studienjahrgangs weiblich. Mit ihrem Frauenleitbild fiel die junge Republik weit hinter die 1920er Jahre zurück. Das Klischeebild des Ewigweiblichen wurde erneut aus der Mottenkiste hervorgeholt.

Noch im Jahr 1966 schrieb eine Enquete-Kommission der Bundesregierung, dass Frauen körperlich und geistig von Natur aus auf Mutterschaft angelegt seien. Doch dieser »natürlichen Aufgabe« zum Trotz ging die Kinderzahl in der Bundesrepublik sukzessive zurück. Auch die Einführung des Kindergeldgesetzes 1955 und zusätzliche Steuererleichterungen änderten daran nichts. Öffentliche Betreuung gab es nicht und wurde auch nicht in Erwägung gezogen, Kindergärten und Kinderhorte wurden nicht weiter ausgebaut. 1953 war ein Familienministerium eingerichtet und einem Mann übertragen worden: Franz Josef Wuermeling (CDU). Auf die naheliegende Idee, dieses Ministerium einer Frau zu übertragen, kam man nicht. Erst 1961 wurde Elisabeth Schwarzhaupt (CDU) die erste Bundesministerin für Gesundheit. Wuermeling prägte mit seinen traditionellen Ansichten vom Ideal der Hausfrau und Mutter sein Ministerium. Er galt als entschiedener Gegner der Frauenerwerbsarbeit und prangerte diese als familienzerstörend an.

Erst als offensichtlich wurde, dass aufgrund eines eklatanten Arbeitskräftemangels auf Frauen in der Produktion nicht gänzlich verzichtet werden konnte, setzte sich in den 1960er Jahren das Drei-Phasen-Modell durch, wodurch Mutterschaft und Erwerbstätigkeit in Einklang gebracht werden sollten. Der Doppelbelastung von Frauen, die sich mit der zunehmenden Frauenerwerbsarbeit zeigte, begegnete man nicht durch die Verteilung der Belastung zwischen den Geschlechtern, sondern damit, dass man Frauen diese Doppelbelastung ermöglichte und ermöglicht. In der ersten Phase sollten junge kinderlose Frauen nach einer guten Ausbildung ins Erwerbsleben einsteigen. Sobald sie Kinder bekommen würden, träten sie in Phase zwei ein und schieden aus dem Arbeitsmarkt aus, um sich ausschließlich um Kinder und Familie zu kümmern. Erst wenn die Kinder ab einem gewissen Alter der Betreuung durch die Mutter nicht länger bedürften, könnten sie in Phase drei wieder in den Arbeitsmarkt einsteigen. Dabei wurde die Phase der nötigen Betreuung vor vierzig Jahren als ungleich länger definiert, als dies heute der Fall ist. Dass der rasche Wandel der Arbeitswelt einen Wiedereinstieg für Frauen ins Erwerbsleben schwierig machte und macht, ist offensichtlich. Vor allem für gut ausgebildete Frauen war und ist dieses Modell kaum umzusetzen. So waren 1964 90 Prozent aller erwerbstätigen Frauen ungelernte Arbeitskräfte. Trotzdem wird dieses Modell, dass sich in der Realität kaum umsetzen ließ, bis heute in konservativen Kreisen vertreten. Zudem ging es auch in das Bewusstsein vieler Frauen über und prägt noch immer die Vorstellung vom Zusammenspiel zwischen Familie und Erwerbsarbeit. Das Drei-Phasen-Modell ermöglicht der Wirtschaft den Rückgriff auf eine ungeheuer große industrielle Reservearmee, die je nach Konjunkturlage wieder in den Arbeitsmarkt integriert werden kann. So liegt der Schwerpunkt von Frauenpolitik je nach Bedarf der Wirtschaft einmal auf der emanzipatorischen Seite der Erwerbsarbeit, einmal auf den psychologischen Vorteilen einer engen Mutter-Kind-Bindung.

Was für die Bundesrepublik Deutschland galt, galt im weitesten Sinne auch für die USA und Westeuropa. In allen kriegsteilnehmenden Ländern waren es die Frauen, die dafür sorgten, dass das Leben wieder an Fahrt gewann, dass eine wie auch immer geartete Normalität zurückkehren konnte. Überall halfen Frauen beim Wiederaufbau mit, waren aus der Arbeitswelt nicht mehr wegzudenken. Doch nirgends führte diese Teilnahme am Arbeitsprozess zu einer gesellschaftlichen Gleichstellung. Die Bezahlung von Frauenarbeit hinkte der von Männerarbeit meilenweit hinterher. Frauen verrichteten vor allem ungelernte Tätigkeiten ohne Chance, die Karriereleiter zu erklimmen. Fabrikarbeit, Fließband, Dienstleistung, das waren die Tätigkeiten, in die man Frauen nach der Rückkehr der Männer zurückdrängte. Dabei hatte die UNO 1948 mit der »Allgemeinen Erklärung der Menschenrechte« auch die Gleichstellung der Geschlechter verabschiedet. Doch die damit verbundene Lohn- und eheliche Rechtsgleichheit blieben Lippenbekenntnisse, da sie mit dem Nichteinmischungsgrundsatz in die internen Angelegenheiten der Staaten kollidierten und es keinerlei Möglichkeiten gab, diese durchzusetzen. Ähnliches galt auch für die Konvention der UN-Vollversammlung über die politischen Rechte der Frau von 1952, die zu keinerlei tatsächlichen Veränderungen führte.

Die formale rechtliche Gleichstellung brachte nirgends die soziale und gesellschaftliche Gleichstellung. Stattdessen erfuhr die patriarchale Familie nach Kriegsende eine Renaissance, ganz so, als wären Frauen nicht jahrelang alleiniges Familienoberhaupt gewesen; ganz so, als ob nicht Millionen Kriegswitwen dies auch weiterhin sein mussten. Das Ideal der heiligen Familie erstand auf den Trümmern der Städte neu. Den größten Einfluss aller Frauenvereine erlangten die Hausfrauenverbände, die das Heimchen am Herd propagierten und mit ihren Ansichten hinter den Frauenrechtlerinnen vergangener Jahrzehnte weit zurückfielen. Abgesehen von den vielen Frauenfriedensinitiativen fand Frauenpolitik unter restaurativen Rahmenbedingungen statt, die kaum Gestaltungsmöglichkeiten ließen.

Erst Mitte der 1960er Jahre betrat eine neue Generation von Frauen, die gänzlich andere Erfahrungen aufzuweisen hatten als ihre Mütter, die politische Bühne. Sie kamen aus den geburtenstarken Nachkriegsjahrgängen und wuchsen in eine Zeit relativen Wohlstandes hinein, in der gerade Angehörige der Mittelschicht Wert darauf legten, ihren Töchtern eine gute Ausbildung zukommen zu lassen. Der Frauenanteil an den Universitäten stieg. Diese gut ausgebildeten Frauen drängten verstärkt auf den Arbeitsmarkt. Hinzu kamen erste Möglichkeiten zur Teilzeitarbeit. Mit dem sukzessiven Übergang zur Dienstleistungsgesellschaft entstanden viele neue Arbeitsplätze, auch für Frauen. Die Zeit, in der Frauen ihre Erfüllung in Haushalt und Erziehung zu finden glaubten, neigte sich dem Ende zu.

Die juristische Gleichstellung, die sich nach und nach in allen Ländern durchsetzte, führte schließlich dazu, dass der Wunsch nach Umsetzung dieser rein formalen Rechte wuchs. Die Fräuleins, aus denen nun auch im offiziellen Sprachgebrauch Frauen wurden, forderten den längst überfälligen frauenpolitischen Neuanfang. Das Versäumnis dieses Neuanfangs führte nach mehr als 20 Jahren zur zweiten Welle der Frauenbewegung.

Sisterhood is powerful
Die Entstehung der neuen Frauenbewegung

So wie die erste Welle der Frauenbewegung im Zusammenhang mit den bürgerlichen Revolutionen zu sehen war, so war auch die zweite Welle der Frauenbewegung zunächst Teil einer weltweiten Protestwelle, die nach dem Zweiten Weltkrieg die Industrienationen erfasste. Die Entstehung der neuen Frauenbewegung hing unmittelbar mit der von den USA ausgehenden Studenten- und Bürgerrechtsbewegung der 1960er Jahre zusammen, die ein Ende der Rassendiskriminierung, die Beendigung des Vietnamkrieges sowie eine generelle Demokratisierung der Strukturen einforderte. Sie schwappte mit diesen Forderungen über den Atlantik und erfasste die Länder in Westeuropa etwa zur selben Zeit. Schon Mitte der 1950er Jahre fanden in den USA verstärkt Aktionen gegen den dort herrschenden alltäglichen Rassismus statt. Mit der Ausweitung der Proteste formierte sich eine Bürgerrechtsbewegung aus schwarzen und weißen US-Amerikanern, an deren Spitze der Baptistenprediger Dr. Martin Luther King stand. Die von den Aktivisten angewandten Aktionsformen des gewaltlosen Widerstandes wurden exemplarisch für den erfolgreichen passiven Widerstand inmitten einer repressiven Umgebung und als solche auch von der internationalen Studentenbewegung der 1960er Jahre übernommen. In den Reihen der Bürgerrechtsbewegung fanden sich liberales Bürgertum, Studenten und vor allem viele Frauen. Gerade für sie wurde im Laufe der Zeit, wie bereits zur Zeit der Sklavenbefreiung, der Zusammenhang zwischen rassischer und geschlechtlicher Diskriminierung sichtbar. Die Geschichte schien sich zu wiederholen. Erneut traten Frauen für die Rechte von Minderheiten ein und erkannten dabei, dass sie selbst ebenfalls eine benachteiligte Gruppe waren. Zahlreiche Aktivistinnen der neuen Frauenbewegung wurden vor allem durch ihr Engagement in der Bürgerrechtsbewegung politisiert.

Zunächst marschierten dort weiße und schwarze Bürger Seite an Seite. Doch im Laufe der Zeit wurden die Aktionen militanter und die Differenzen überwogen die Gemeinsamkeiten. Vor allem junge schwarze Aktivisten traten für eine unabhängige schwarze Bewegung unter dem Slogan *Black Power* ein. Sie forderten die Rückbesinnung auf die eigenen Wurzeln und eine autonome, allein von Schwarzen getragene Bewegung. Diese Rückbesinnung auf die eigenen Wurzeln wurde später von der im studentischen Milieu entstandenen radikalen Frauenbewegung übernommen. Wenn Frauen später darauf bestanden, sich vollständig aus der Abhängigkeit des Mannes zu lösen, so fanden sie ihr Vorbild in den Schwarzen, die sich aus der Abhängigkeit der Weißen zu befreien suchten. Die Idee eines eigenen Bewusstseins und der Wunsch, eine eigene Identität zu entwickeln, reichten bald über die *Black-Power*-Bewegung hinaus. Auch die Versuche, eine eigene schwarze Kultur zu begründen, wurden später von den Frauen in Form eines rein weiblichen Kulturideals übernommen. Ähnlich den *Black-Power*-Aktivisten glaubten die Feministinnen, dass jeder politischen Revolution eine kulturelle vorausgehen müsse und ohne ein weibliches Bewusstsein, ähnlich dem schwarzen Bewusstsein, jeglicher Versuch zur Veränderung des Systems zum Scheitern verurteilt sei. Die radikalen Feministinnen, die eine weibliche Kultur forderten, übernahmen dann auch Aktionsformen der militanten *Black-Power*-Bewegung, die für eine schwarze Kultur kämpfte. Die Übernahme der hochgereckten geballten Faust der *Black-Power*-Aktivisten als Zeichen des Widerstandes symbolisiert diese Kontinuitätslinie zu den Radikalfeministinnen der zweiten Welle der Frauenbewegung. Doch auch andere Dinge machen dies deutlich, wie zum Beispiel die Einrichtung von *Women's Studies* analog zu den *Black Studies* oder den *Women's Liberation Schools* in der Entsprechung der *Black Liberation Schools*. Gerade diese Einrichtungen zeigen, dass Frauen vor allem im Bildungsbereich den entscheidenden Faktor zur Veränderung der Verhältnisse sahen.

Unter den Aktivistinnen der Bürgerrechtsbewegung waren viele Studentinnen, die sich in der *Students for a Democratic Society* (SDS) oder im *Student's Nonviolent Coordinating Committee* (SNCC) engagierten. Ebenso wie ihre Genossinnen im deutschen SDS oder in der französischen Studentenbewegung stritten sie Seite an Seite mit ihren männlichen Kommilitonen für eine gesellschaftliche Veränderung. Bald jedoch mussten sie erkennen, dass diese Veränderungen nur die Klassenunterschiede, nicht aber die Geschlechterunterschiede ändern würden. Nachdem sie dies als Missstand erkannt hatten, bemühten sie sich, die Frauenfrage neben der Klassenfrage in der Theorie der Neuen Linken zu verankern. Sie versuchten zunächst, innerhalb der bestehenden studentischen Organisationen die Frauenfrage zu thematisieren. Doch sie stießen auf den erbitterten Widerstand ihrer männlichen Genossen. Die studentischen Gruppen waren ein Abziehbild der Gesellschaft. Frauen ergriffen hier nur selten das Wort, traten kaum in der Öffentlichkeit auf. Die studentischen Organisationen und Debattierclubs waren Männerbünde, in denen Frauen als Freundinnen oder Ehefrauen und damit als schmückendes Beiwerk Hilfsdienste für die Revolution leisten durften. Die nach außen zur Schau getragene antiautoritäre Haltung der Genossen setzte sich im Umgang mit Frauen ins Unrecht. Die Studentinnen mussten feststellen, dass ihre männlichen Kommilitonen dieselben patriarchalen Verhaltensmuster an den Tag legten wie die Autoritäten, die sie bekämpften.

Für die männerdominierten linken Gruppen war die Frauenfrage als Nebenwiderspruch im Klassenkampf kaum von Interesse. Ganz gleich, in welchem Land und bei welcher studentischen Organisation Frauen bei Konferenzen die Frauenfrage auf die Tagesordnung setzen wollten, stets wiederholte sich dasselbe Schauspiel: Die Genossinnen wurden nicht ernstgenommen, verlacht, in den Hintergrund gedrängt. In allen Diskussionen überlagerte der Klassenantagonismus immer die Geschlechterdifferenz.

Die Frage, wie die Frauenfrage unter diesen Bedingungen doch noch zu thematisieren sei, drängte sich nun mehr und mehr in den Vordergrund. Da die Mitarbeit in den noch bestehenden alten Organisationen der Frauenbewegung aufgrund der dortigen Überalterung der Mitglieder für die meisten jungen Frauen nicht in Frage kam, gründeten sie zunächst vor allem im studentischen Milieu eigene Gruppierungen. Dies war alles andere als einfach, da sie sich dem Vorwurf der Spaltung ausgesetzt sahen und aus Solidarität zu den Genossen Rücksicht nehmen wollten. Vor allem sozialistische Feministinnen hatten diesen Konflikt auszuhalten. Erst die Entstehung des Radikalfeminismus erlaubte eine autonome Frauenbewegung und die singuläre Konzentration auf die Frauenfrage. Neue dezentrale Kommunikationsstrukturen entstanden und lösten die alten Organisationen ab.

Dass aus den vielen einzelnen Gruppen eine derart gewaltige Massenbewegung werden konnte, verdankt sich der Tatsache, dass es der Frauenbewegung in den 1970er Jahren gelang, frauenspezifische Gemeinsamkeiten über politische Grenzen hinweg zu postulieren und bürgerliche und linke Frauen jenseits der politischen Lager zusammenzubringen. Von Vorteil erwiesen sich auch die guten Kontakte der neuen Frauenbewegung zu anderen sozialen Bewegungen wie der Friedensbewegung, der Schwulen- und Lesbenbewegung oder der Antirassismusbewegung.

Interessanterweise verlief die zweite Welle der Frauenbewegung in den USA und Westeuropa nicht nur zeitgleich, sondern auch in ihrem Ablauf relativ ähnlich. Dem Beginn zu Ende der 1960er Jahre folgte ein Mobilisierungsschub bis Mitte der 70er Jahre, in denen die neue Frauenbewegung ihren Höhepunkt erreichte. Gegen Ende der 70er Jahre ließen die Aktivitäten nach, und es kam zu einer Vermischung mit anderen Themen wie Frieden und Ökologie. Die sich anschließend vollziehende Institutionalisierung von Frauenpolitik zeigte sich in allen Beispielländern gleich.

Auch wenn die neue Frauenbewegung im Zuge der Bürgerrechts- und Studentenbewegung entstand, hat sie diese doch weit überdauert und thematisch hinter sich gelassen. Sie hat sich theoretisch und praktisch emanzipiert und wurde zu einer eigenständigen Bewegung, welche die Gesellschaften in den USA und Westeuropa entscheidend veränderte.

Mein Bauch gehört mir
Die Ziele der neuen Frauenbewegung

Die neue Frauenbewegung verstand sich im internationalen Zusammenhang der Befreiungsbewegungen der 1960er Jahre als Frauenbefreiungsbewegung und definierte sich im Gegensatz zu weiten Teilen der alten Frauenbewegung als revolutionäre Bewegung. Zwar existierte keine internationale Organisation, doch es gab neben einer globalen Identifikation mit der Bewegung viele gemeinsame Themen und Ziele, welche die länderspezifischen Unterschiede nivellierten.

Die neue Frauenbewegung erweiterte die Forderungen der alten Frauenbewegung. Nach der formaljuristischen Gleichstellung der Frauen stand nun der Wunsch nach einer alles umfassenden Selbstbestimmung im Mittelpunkt. Dazu gehörten neben der körperlichen auch die psychische sowie die intellektuelle und kulturelle Selbstbestimmung.

Die Verfügungsgewalt über den eigenen Körper stand in unmittelbarem Zusammenhang mit einer der wichtigsten Forderungen der neuen Frauenbewegung: der Straffreiheit der Abtreibung. Auch in der alten Frauenbewegung hatte es vereinzelt Bestrebungen für die Abschaffung des Abtreibungsparagraphen gegeben, doch waren diese nicht aus Überlegungen zum Selbstbestimmungsrecht der Frau heraus erfolgt, sondern aus der Not geboren. Die kinderreichen Familien waren vielfach arme Proletarierfamilien gewesen, die das Überleben so vieler Kinder nicht sicherstellen konnten. Doch alle armutspolitischen Überlegungen hatten nichts am gesellschaftlich sanktionierten Gebärzwang für Frauen geändert. Da den meisten Menschen Verhütungsmittel nicht zur Verfügung standen, entschieden sich viele Frauen für einen Abbruch. Schätzungen gehen dahin, dass zwischen 1900 und 1940 jede vierte

Schwangerschaft in Westeuropa und den USA unterbrochen wurde. Tausende von Frauen starben an den Folgen dieser oftmals barbarischen illegalen Eingriffe.

Auch nach dem Zweiten Weltkrieg blieb Abtreibung in Westeuropa und den USA verboten und wurde mit Gefängnisstrafe geahndet. Staat und Kirche waren sich bei der Bevormundung der Frau und der damit verbundenen Beschneidung ihres Selbstbestimmungsrechtes weitgehend einig. Dass trotzdem in der Bundesrepublik jährlich rund eine Million Frauen abtrieben, also auf jede Geburt drei Schwangerschaftsabbrüche kamen, und ihr Leben statt Fachärzten Kurpfuschern anvertrauen mussten, focht diese Selbstgerechtigkeit nicht an. Dass jährlich Hunderte zu Tode kamen und Tausende ob der Behandlung schwere physische und psychische Schäden zurückbehielten, änderte nichts an der Gesetzeslage: Frauen konnten per Gesetz zur Mutterschaft gezwungen werden.

Ende der 1960er Jahre begannen sie sich gegen diese Form der Entmündigung zu wehren und forderten das Selbstbestimmungsrecht über ihren Körper zurück. »Mein Bauch gehört mir« wurde ihr Slogan. Es begann eine lange Auseinandersetzung mit Rückschlägen, Resignation und Stagnation, welche die neue Frauenbewegung entscheidend prägte.

Das Bewusstsein der eigenen Körperlichkeit ging einher mit einem generell neuen gesellschaftlichen Umgang mit der Sexualität. Die Verbreitung der Anti-Baby-Pille ermöglichte eine vom Zeugungsakt unabhängige Sexualität und brachte vor allem für Frauen neue Freiheiten. Allerdings barg die Pille neben all ihren Vorteilen auch die Gefahr der ständigen sexuellen Verfügbarkeit von Frauen in sich, von den gesundheitlichen Risiken der hormonellen Verhütung ganz zu schweigen. Doch nicht zuletzt die neue sexuelle Freiheit durch die neue Verhütung führte dazu, dass die 1960er Jahre zur Dekade der sexuellen Aufklärung werden konnten. Ob der amerikanische

Kinsey-Report oder Oswald Kolles Aufklärungsfilme, all dies trug zu einem vermeintlich freieren Umgang mit Sexualität bei – der vor allem von Männern genossen wurde. Der viel zitierte Satz »Wer zweimal mit derselben pennt, gehört schon zum Establishment« macht dies deutlich. Trotzdem fanden viele Frauen in diesen Jahren zu einer freieren Sexualität. Sie erforschten ihren Körper und begannen ihre eigenen Wünsche und Bedürfnisse zu artikulieren. Die neue Frauenbewegung verteidigte die verschiedensten Spielarten der Sexualität. So forderte sie unter anderem die freie Entscheidung bei der sexuellen Orientierung und damit einhergehend die gesellschaftliche Anerkennung von Homosexualität. Frauen suchten sexuelle Erfüllung jenseits von Mutterschaft und Ehe und fanden diese vielfach bei ihresgleichen. Der Lesbianismus leistete einem neuen weiblichen Selbstverständnis Vorschub, in dem Frauen sich nicht länger über ihre Beziehung zu einem Mann definierten. So erlangten Frauen nicht nur die ökonomische, sondern auch die emotionale und sexuelle Unabhängigkeit vom Mann. Vielen galt der Lesbianismus deshalb als höchste Form des Feminismus. »Feminismus ist die Theorie – Lesbianismus die Praxis!« wurde zum gängigen Slogan. Lesbischsein war mehr als eine andere Lebens- und Liebesform, es wurde als politische Alternative betrachtet, als Negation des patriarchalen Systems.

In jenen Jahren wurden jedoch nicht nur die Befreiungschancen der Sexualität thematisiert, sondern auch lange im Verborgenen blühende Missstände angeprangert. Es liefen aufsehenerregende Kampagnen gegen Vergewaltigung in der Ehe, sexuelle Belästigung am Arbeitsplatz und Inzest. Männliche Gewalt gegen Frauen in ihren verschiedenen Formen rückte ins Licht der Öffentlichkeit. Häusliche Gewalt wurde der Tabuzone entrissen und sichtbar gemacht. So entstanden erste Frauennotrufe und Frauenhäuser, die misshandelten Frauen

Zuflucht boten. Frauen begriffen es als ihr Recht, sich gegen männliche Übergriffe in jedweder Form zur Wehr zu setzen.

Mit dem Entdecken einer eigenen Körperlichkeit erwachte ein lange vernachlässigtes weibliches Selbstwertgefühl. Es folgte ein psychologischer Befreiungsprozess der Frau aus der Identifikation mit dem Mann, der zu einer Neubeurteilung der Gesellschaft führte. Gingen die Frauen der ersten Frauenbewegung noch von einem angeborenen weiblichen Wesen aus, so glaubte die Mehrzahl der Feministinnen der 1960er und 70er Jahre nicht mehr an eine angeborene Weiblichkeit, sondern daran, dass bestimmte Verhaltensweisen durch einen weiblichen Lebenszusammenhang entstanden waren und somit ein Produkt der patriarchalen Gesellschaft waren. Frauen entdeckten nun eine eigene Weiblichkeit und versuchten, die Weiblichkeit, die ihnen von Männern über Jahrhunderte ansozialisiert worden war, abzulegen.

Zu Beginn der neuen Frauenbewegung überwog ideologisch der Gleichheitsansatz, der sich vor allem mit der Diskriminierung von Frauen in den verschiedensten Bereichen auseinandersetzte. Nur durch die Abschaffung der Geschlechterrollendifferenzierung schien ein Ende der Frauenunterdrückung möglich. Die vorherrschende Trennung von privat und öffentlich sollte aufgehoben, geschlechtsbedingte Hierarchien sollten in allen Bereichen abgebaut werden. »Das Private ist politisch« – diese Losung aus dem gleichnamigen Essay der amerikanischen Radikalfeministin Carol Hanisch von 1969 wurde zum Credo der neuen Frauenbewegung. Gerade im Privatbereich lagen nach Ansicht vieler Feministinnen die eigentlichen Wurzeln der Frauenunterdrückung. Die rechtliche und politische Angleichung hatte nicht, wie von ihren Vorkämpferinnen erhofft, zu einer umfassenden Gleichstellung der Geschlechter geführt. Die herrschenden Machtbeziehungen zwischen den Geschlechtern existierten unverändert und mussten erst in einem aktiven Befreiungsprozess umgestürzt werden. Die versteckten Mechanismen der Machtausübung, wie sie sich unter anderem in Erziehung, Kultur und Sprache verbargen, mussten entlarvt werden. Mit ihrer Forderung nach Abschaffung der geschlechtsspezifischen Arbeitsteilung in Haushalt und Kindererziehung einerseits und Erwerbsarbeit andererseits sprach die neue Frauenbewegung Millionen Frauen aus dem Herzen und entwickelte sich zur Massenbewegung.

Die Forderung nach einem autonomen weiblichen Milieu führte zur Gründung von Frauenteestuben, Frauenbuchläden, Frauenzeitungen, Frauenberatungsstellen, Frauenverlagen, Frauenreisebüros, Frauenkommunen, Frauenkalendern und vielem anderem mehr. Hier konnten Frauen unter sich bleiben, zusammen arbeiten, reden, leben und lieben. Die neue Frauenbewegung entwickelte sich zu einer neuen weiblichen Lebensform.

Die Diskussionen jener Jahre beschränkten sich nicht auf eine vorherrschende feministische Theorie, sondern wiesen auf verschiedene Positionen hin, unter denen liberaler Feminismus, sozialistischer Feminismus und radikaler Feminismus die Hauptströmungen darstellten. Sie alle waren Handlungsanweisungen und Zielsetzung. Sozialistische Feministinnen begründeten die Unterdrückung der Frau aus Klassen-, Produktions- und Geschlechterverhältnissen zugleich. Marxistische Feministinnen maßen dabei der Kategorie Klasse eine größere Bedeutung bei als dem Geschlecht. Beiden Theorien gemeinsam war, dass sie nicht nur auf den gesellschaftlichen Unterschied zwischen den Geschlechtern verwiesen, sondern den Zusammenhang von Patriarchat, Kolonialismus und Kapitalismus herstellten und sich stark an der internationalen Studentenbewegung orientierten. Eine der bekanntesten Theoretikerinnen der sozialistischen Feministinnen war die britische Feministin Juliet Mitchell, die 1966 in ihrem Artikel *Women.*

The Longest Revolution dazu aufrief, die Frauenbefreiung als festen Bestandteil in die sozialistische Theorie zu integrieren.

Liberale Feministinnen hingegen traten für Gleichstellung in Erziehung, Bildung und Bürgerschaft ein. Zwar akzeptierten auch sie das biologische Geschlecht, gingen jedoch davon aus, dass Frauen und Männer von Natur aus mit den gleichen Fähigkeiten ausgestattet waren und sich vorgeblich geschlechtsspezifische Unterschiede erst durch eine differente Sozialisation entwickelt hatten. Ihrer Ansicht nach gründete die Benachteiligung von Frauen auf struktureller Ungleichheit, Vorurteilen und gesellschaftlicher Herstellung von Unterschieden durch Erziehung und Umgebung. Eine durch Sozialisation bestimmte Geschlechterrolle war durch eine gegenteilige Verhaltungsweise veränderbar.

Während es sozialistische und liberale Positionen schon in der alten Frauenbewegung gegeben hatte, brachte der in den USA entstandene Radikalfeminismus neue Denkanstöße in die Debatte mit ein. Dieser ging von einer generellen Unterdrückung der Frau durch den Mann aus. Alle Männer würden alle Frauen unterdrücken. Radikalfeministinnen forderten deshalb die psychologische und bewusstseinsmäßige Befreiung vom Mann und die gleichzeitige Hinwendung zu weiblichen Leitfiguren. Weil Sexualität eine wichtige Dimension psychologischer Identifikation darstellte, traten viele radikale Feministinnen für weibliche Homosexualität oder Bisexualität ein. Der Kampf gegen das Patriarchat sollte auf der Ebene der Sexualität begonnen werden.

Diese unterschiedlichen Akzente führten zu zahlreichen Verständigungsschwierigkeiten zwischen den Gruppierungen. Während liberale Feministinnen Gleichberechtigung innerhalb der Strukturen des herrschenden Systems verwirklichen wollten, suchten sozialistische und radikale Feministinnen eine Systemtransformation. Sozialistische Feministinnen gingen davon aus, dass sich mit der Einführung des Sozialismus die Gleichberechtigung einstellen würde und es innerhalb des kapitalistischen Systems keine Gleichberechtigung geben könne. Allerdings glaubten sie nicht an einen Automatismus und betonten die Bedeutung einer unabhängigen Frauenbewegung im sozialistischen System. Radikale Feministinnen sahen den Fehler nicht im ökonomischen System, sondern im Patriarchat oder in der männlichen Psyche und deren Willen zu herrschen. Sie waren nicht der Ansicht, dass die Frauenbefreiung Teil eines langen Kampfes für den Sozialismus sein sollte, sondern sahen in der Frauenpolitik das wichtigste und einzige Anliegen der Frauenbewegung. Während radikale Feministinnen durch Bewusstseinserweiterung zu einer eigenen feministischen Theorie gelangen wollten, hatten sozialistische Feministinnen mit Marx' und vor allem Engels' *Ursprung der heiligen Familie* bereits eine passende Theorie an der Hand. Doch auch wenn die Radikalfeministinnen politisch links beheimatet waren, lehnten sie die Dominanz der Ökonomie bei Marx ab und stellten stattdessen die gesellschaftliche und private Unterdrückung der Frau in den Vordergrund.

So versuchten die radikalen Feministinnen auch, neue Organisationsformen zu finden, die keinerlei Hierarchien mehr zuließen, während sozialistische Feministinnen oftmals Organisationsformen der Neuen Linken, zu der sie sich zugehörig fühlten, übernahmen. Sie blieben als Feministinnen im Milieu der Neuen Linken verhaftet und arbeiteten ebenso wie liberale Feministinnen mit Männern zusammen. Radikalfeministische Gruppierungen lehnten Männer und deren Verhaltensmuster strikt ab und bemühten sich verstärkt um den Aufbau einer weiblichen Gegenkultur. Dies brachte ihnen wiederholt den Vorwurf der Männerfeindlichkeit ein. Innerhalb des Radikalfeminismus beherrschte der erst in den 1980er Jahren innerhalb der allgemeinen Frauenbewegung wieder an Fahrt gewinnende Differenzfeminismus die Diskussion. Die Unterschiede zwischen Frau und Mann wurden hier betont und vermeintlich angeborene weibliche Eigenschaften als höherwertig betrachtet. Aus biologischen Geschlechterunterschieden wurden erneut geistige abgeleitet. Radikalfeministinnen forderten nicht die Hälfte der Welt, sondern eine neue Weltordnung, die sie auf dem Wege der Veränderung des Bewusstseins zu erreichen suchten.

Im Gegensatz zur alten Frauenbewegung war die neue Frauenbewegung weitaus weniger straff organisiert, sondern bestand aus vielen dezentralen Einheiten. Meist handelte es sich dabei um autonome Projektgruppen, die ad hoc entstanden, oft äußerst kurzlebig und durch eine hohe Fluktuation gekennzeichnet waren. Da sie keine formale Organisationsstruktur begründete, gibt es auch keine genauen Mitgliederzahlen der neuen Frauenbewegung. Herausragendes Organisationsmerkmal war die autonome Organisierung von Frauen. Die neue Frauenbewegung wurde ausschließlich von Frauen getragen. Zwar gab es Kontakte mit anderen revolutionären Gruppen, doch die Abgrenzung auch zur sozialistischen Bewegung blieb bestehen. Die Mitglieder der neuen Frauenbewegung rekrutierten sich, ähnlich der alten Frauenbewegung, vorwiegend aus der Mittelklasse der Großstädte. Zumeist waren die Frauen Studentinnen oder höherqualifizierte Berufstätige. Die vorherrschende Altersstruktur war hingegen deutlich jünger als in der ersten Frauenbewegung. Die Mehrzahl der Frauen unterstützte, auch wenn sie nicht selbst aktiv war, die Ziele der neuen Frauenbewegung. Dennoch gab es vereinzelt auch Gegnerinnen bei den Frauen, die ihr Selbstverständnis in Frage gestellt und ihre Lebenssituation, mit der sie vermeintlich zufrieden waren, durch die neue Frauenbewegung bedroht sahen. Diese wehrten sich gegen die angestrebten Veränderungen und versuchten an traditionellen Rollenklischees festzuhalten. Obwohl sie dabei von vielen Männern unterstützt wurden, blieben diese Frauen in der Minderheit.

Alle anderen trafen sich in der neuen Frauenbewegung und setzten sich unter dem Dach des umfassenden Zieles der physischen, psychischen und kulturellen Selbstbestimmung für unzählige punktuelle Forderungen ein, die so heterogen und vielfältig waren wie die Akteurinnen selbst. Auch wenn es ebenso viele feministische Ansätze und Ziele gab wie autonome Gruppen, allen gemeinsam war die Gegnerschaft zu den herrschenden patriarchalen Verhältnissen und dem einengenden Konservatismus der 1950er und 60er Jahre. Mit den beginnenden 70er Jahren brachen die Frauen in Westeuropa und den USA in eine neue Zeit auf.

Sisterhood is global
Die neue Frauenbewegung im internationalen Vergleich

Weiblichkeitswahn und Vagina-Mythos
USA: Betty Friedan und Women's Lib'

Am Anfang der neuen Frauenbewegung in den USA stand ein Buch. 1963 veröffentlichte die amerikanische Hausfrau und Journalistin Betty Friedan *Der Weiblichkeitswahn* und wurde damit zur Mutter der modernen Frauenbewegung. In ihrem Buch deckte sie die Hintergründe der amerikanischen Ideologie von Mutterschaft und Ehe auf und demontierte den Mythos der glücklichen Vorstadthausfrau, der nach dem Zweiten Weltkrieg vor allem in den Medien verbreitet wurde. Tatsächlich hatte die Diskrepanz zwischen dieser Heile-Welt-Fiktion und der Realität zu diesem Zeitpunkt längst seinen traurigen Höhepunkt erreicht. Frauen, die gezwungen waren, durch Erwerbsarbeit zum Lebensunterhalt der Familie beizutragen, taten dies aufgrund des gesellschaftlichen Drucks mit schlechtem Gewissen. Die Jobs, denen sie nachgingen, waren schlecht bezahlt und ohne jegliche Aufstiegschancen. Daran änderte auch der im Sommer 1963 verabschiedete *Equal Pay Act* nichts, der gleichen Lohn für gleiche Arbeit in Aussicht stellte. Die Frauen der Mittelklasse, die es sich leisten konnten, zu Hause zu bleiben, saßen mit einem College-Abschluss in der Tasche und einer Ausbildung, die sie nicht nutzen konnten, in ihren Vorstadthäusern und waren frustriert. Um im Hausfrauendasein Erfüllung zu finden, waren sie zu gut ausgebildet. Eine Meinungsumfrage von 1962 ergab, dass 90 Prozent aller amerikanischen Hausfrauen nicht wollten, dass ihre Töchter später ein ähnliches Leben führen würden.

Betty Friedan zeigte auf, wie trist das Leben der amerikanischen Mittelklassefrau war. Ein Leben, reduziert auf Kinder und Küche, ein Leben im goldenen Käfig, ideologisch untermauert durch den »Weiblichkeitswahn«, der den höchsten Wert und die einzige Verpflichtung für Frauen in der Erfüllung ihrer Weiblichkeit sah. Die Gesellschaft hatte eine Projektion von der modernen Amerikanerin geschaffen, die nicht mit der erlebten Wirklichkeit von Frauen übereinstimmte. Immer mehr Frauen verzweifelten an der Diskrepanz zwischen dem gesellschaftlichen Ideal, dem sie zu entsprechen suchten, und der tagtäglichen Realität. Friedan kritisierte, dass Frauen den Weiblichkeitswahn so verinnerlicht hätten, dass sie nicht nur von außen, durch Männer oder die Gesellschaft, unterdrückt würden, sondern sich selbst im Wege stünden. Dabei sollten Frauen ihr Glück nur deshalb in Mutterschaft und Ehe suchen, weil dies Arbeitsplätze für Männer frei mache und den Konsum ankurble. Die Bedürfnisse der Frauen nach Selbstverwirklichung würden manipuliert und auf die Konsumebene umgelenkt. In Wahrheit seien die Frauen in ihren Häusern gefangen und würden dort bei lebendigem Leibe langsam den Tod finden. Denn obwohl die Frauen, manipuliert durch Erziehung und Medien, sich freiwillig diesem Weiblichkeitswahn unterwerfen würden, wachse ihre Unzufriedenheit. Nach Betty Friedan entwickelten diese Frauen ein sogenanntes Hausfrauensyndrom und fingen an zu glauben, mit ihnen sei etwas nicht in Ordnung, wenn sie beim Schrubben des Küchenfußbodens keinen Orgasmus bekämen. Um diesem Elend zu entgehen, müssten die Frauen ihr verlorenes Selbstwertgefühl wiederfinden und ihre eigenen Bedürfnisse artikulieren. Mittel zur Befreiung waren nach Friedan Wissen und Bildung, der Wille, die Zukunft zu gestalten, die Entwicklung eigenständiger Zielsetzungen, schöpferische Arbeit und ökonomische Selbständigkeit.

Betty Friedans Buch veränderte das Bewusstsein unzähliger Frauen derart radikal, dass die rechtskonservative US-amerikanische Zeitschrift *Human Events* es auf ihrer Liste der gefährlichsten Bücher des 19. und 20. Jahrhunderts auf Rang 7 einordnete. Dabei war Betty Friedan eine moderate liberale Feministin, welche die Emanzipation mit und nicht gegen den Mann zu verwirklichen suchte. Sie glaubte fest daran, dass Frauen wie Männer eine Verpflichtung sich selbst und ihren Talenten gegenüber hätten und niemand Lebenserfüllung auf Umwegen über Kinder und Ehepartner erreichen könne.

Betty Friedans leidenschaftlicher Appell an ihre Geschlechtsgenossinnen wurde zu einem internationalen Bestseller und legte den Grundstein für eine neue Frauenbewegung, die in den USA den Namen *Women's Liberation* (*Women's Lib'*) erhielt. 1964 konnte die Bewegung mit der Aufnahme der Kategorie »Geschlecht« in den *Civil Rights Act*, der die Diskriminierung einzelner aufgrund von Hautfarbe, Religion, Geschlecht und nationaler Herkunft verbot, einen ersten Erfolg verzeichnen. 1966 gründete Friedan mit 28 Frauen und Männern in Washington D. C. die liberale Frauenorganisation *National Organization for Women* (NOW), deren erste Vorsitzende sie wurde. Die Mitgliedschaft in NOW stand jeder und jedem offen, der sich den Prinzipien der Organisation verpflichtet fühlte, unabhängig vom Geschlecht. Aus diesem Grund hieß die Organisation *National Organization* for *Women* und nicht *National Organization* of *Women*. An der Spitze der Organisation stehen bis heute neben der Präsidentin vier gewählte Vorsitzende, die neben der Koordination der Politik der Basisgruppen auch die jährlich stattfindende Nationalkonferenz der NOW organisieren. Über 550 dezentrale Einheiten verteilen sich inzwischen über das ganze Land.

NOW setzt sich für die Gleichstellung der Frau in allen Bereichen ein und war die erste landesweit operierende Organisation, die die Straffreiheit von Abtreibung forderte. Von Beginn an hatte sich NOW besonders die Gleichstellung von Frauen in der Erwerbsarbeit auf die Fahnen geschrieben. Eine der ersten Kampagnen richtete sich gegen die geschlechtliche Diskriminierung in Stellenanzeigen. Nach heftigen Protesten verpflichteten sich im Mai 1967 fünf Zeitungen inklusive der *New York Times* dazu, Stellenangebote von nun an geschlechtsneutral zu formulieren. 1969 vertrat Sylvia Roberts als Anwältin von NOW im ersten Prozess wegen sexueller Diskriminierung die Sekretärin Lorena Weeks vor Gericht. Weeks war aufgrund eines von ihrer Firma verhängten Hebelimits von 30 Pfund für Frauen von einer Lohnerhöhung ausgeschlossen worden. Vor Gericht erschien Week mit ihrer Schreibmaschine, die sie täglich mehrmals hin und her trug und die deutlich mehr als 30 Pfund wog. Das Gericht kam zu dem Schluss, dass die Hebebeschränkung für Frauen gegen den *Civil Rights Act* verstieß, und brachte diese in vielen Unternehmen angewandte Praxis zu Fall.

1970 initiierte NOW zum 50. Jahrestag des 19. Verfassungszusatzes den *Women's Strike for Equality.* In 90 Städten in über 40 Staaten kam es zu Aktionen. Ein Jahr später begann die Organisation mit einer Kampagne gegen die Diskriminierungspraxis von Frauen beim Telekommunikationsgiganten AT&T, die sich über mehrere Jahre erstreckte und schließlich mit hohen Ausgleichszahlungen an die entlassenen Frauen endete.

Den zähsten Kampf führte und führt NOW jedoch um die Aufnahme des *Equal Rights Amendment* in die Verfassung der Vereinigten Staaten. 1972 wurde dieser Verfassungszusatz vom Kongress verabschiedet und von 28 Staaten unterzeichnet. Um Gesetz zu werden, musste er noch von weiteren zehn Staaten ratifiziert werden. Da begann die konservative Politikerin und Anwältin Phyllis Schlafly eine von konservativen Politikern und Geschäftsleuten finanzierte Kampagne gegen das Gesetz, unter dem Motto »STOP the ERA«. Bis zum Frühjahr 1973 hatten dennoch von den benötigten 38 Staaten bereits 35 unterschrieben. Die verbliebenen West- und Südstaaten verweigerten ihre Unterschrift jedoch konsequent, so dass der neue Verfassungszusatz letztlich scheiterte. Feministinnen warfen Schlafly daraufhin vor, für das Ideal der Vollzeithausfrau und Mutter zu werben, selbst jedoch neben sechs Kindern einen Fulltime-Job als Anwältin, Herausgeberin einer Monatszeitschrift und politische Aktivistin auszuüben. Die Ratifizierung des *Equal Rights Amendments* steht bis heute aus.

Obwohl NOW sich auch weiterhin für die Aufnahme des ERA in die Verfassung starkmacht, entwarf die Organisation zwischenzeitlich mit dem *Constitutional Equality Amendment* (CEA) ein eigenes Amendment, das dem Kongress bisher noch nicht vorgelegt wurde. Darin geht es neben dem bereits im ERA festgelegten Diskriminierungsverbot explizit um gleiche Rechte für Homosexuelle und die Förderung der sexuellen und reproduktiven Gesundheit sowie um die Verwirklichung entsprechender Rechte.

NOW ist heute mit etwa 500 000 Mitgliedern die größte Frauenorganisation der USA. Sie setzt sich für die Straffreiheit von Abtreibung sowie für die Förderung der sexuellen und reproduktiven Gesundheit durch die Verwirklichung entsprechender Rechte ein, tritt gegen Rassismus und für ethnische Vielfalt ein, kämpft gegen Vergewaltigung und häusliche Gewalt, für gleichen Lohn und ökonomische Gerechtigkeit, die Rechte Homosexueller und verfassungsmäßige Gleichheitsrechte. Auf internationaler Ebene kämpft sie für Frauen- und Kinderrechte, vor allem in den Krisengebieten Afrikas.

Während sich in der liberalen NOW vor allem etablierte Mittelschichtfrauen organisierten, gründeten sich im Umfeld der studentischen Gruppen der Neuen Linken radikale Frauengruppen, in denen sich vor allem junge Frauen und Studentinnen engagierten. Sie waren durch Bürgerrechtsbewegung und Studentenbewegung politisiert worden und hatten dabei immer wieder erlebt, dass sie innerhalb der revolutionären Organisationen vor allem als Sekretärinnen, zum Kaffeekochen oder Flugblattverteilen missbraucht worden waren. In dem Aufsatz *Towards a Female Liberation Movement* von Beverly Jones und Judith Brown wurde zum ersten Mal offen formuliert, dass Frauen innerhalb der Neuen Linken ebenso schlecht behandelt wurden wie in traditionellen Verbänden. In den Versammlungen führten Männer das große Wort, frauenpolitische Forderungen wurden als lächerlich abgetan. Bei einer Versammlung der *New Left* in Chicago 1967 wurden Frauen mitsamt ihren politischen Anliegen derart missachtet, dass sich auf lokaler Ebene erste eigenständige radikale Frauenorganisationen bildeten.

Eine der Frauen, die auf der Konferenz in Chicago zugegen waren, war Shulamith Firestone, die zur Galionsfigur der neuen radikalen Frauenbewegung wurde. Im Herbst 1967 gründete sie in New York die *Radical Women*. Als radikaler Teil der legendären *Jeannette Ranking Brigade*, die im Januar 1968 gegen den Vietnamkrieg protestierte, trugen die *New York Radical Women* das traditionelle Frauenbild in einem Fackelzug auf dem nationalen Ehrenfriedhof in Arlington spektakulär zu Grabe.

Die Radikalen stellten vor allem die Symbole der Weiblichkeit in Frage. Mit Protesten gegen die amerikanischen Miss-Wahlen, symbolischen Befreiungsaktionen wie dem Verbrennen von Lockenwicklern und hochhackigen Schuhen machten die Aktivistinnen auf sich aufmerksam. All diese Dinge wurden als patriarchale Einrichtung verstanden, die Frauen zu Sexualobjekten degradierte. Die englische Feministin Germaine Greer landete 1970 mit *Der weibliche Eunuch,* in dem sie die sexuelle Unterdrückung der Frau scharf angriff und für eine selbstbestimmte Sexualität sowie ein neues Körperbewusstsein eintrat, einen feministischen Bestseller: »Die Frau ist eine Puppe: ob sie weint, schmollt oder lacht, läuft oder ruht, sie ist eine Puppe. Sie ist ein Idol, geformt aus der Verknüpfung von Linien und Maßen, ausgestattet mit den Zügen befriedigter Impotenz. Ihre wesentliche Eigenschaft ist Kastriertheit. Sie muss definitiv jung sein, ihr Körper haarlos, ihr Fleisch blühend, und sie darf kein Geschlechtsorgan haben. Die Frau ist zum weiblichen Eunuchen degradiert« (Greer, S. 61).

Greer erklärte öffentlich, dass es keine wirkliche Freiheit für Frauen geben könne, solange Frauen ihre Brüste in Büstenhalter quetschen müssten, die der weiblichen Anatomie widersprachen. Dies sei ein verdecktes Symbol für die männliche Unterdrückung der Frau, dessen sich Frauen entledigen sollten. Das taten diese mit teilweise spektakulären Aktionen. Berühmtestes Beispiel war der Protest gegen die Miss-America-Wahl in Atlantic City im September 1968. 400 Feministinnen protestierten gegen diesen Schönheitswettbewerb, den sie als erniedrigend und als Symbol für die Unterdrückung der Frauen ansahen. Der Wettbewerb sei rassistisch, da noch niemals eine Afroamerikanerin in die Endausscheidung gekommen sei, militaristisch, da die Gewinnerin die Truppen in Vietnam besuchen würde, kommerziell, da die an ihm beteiligten Firmen ihn als Werbeplattform nutzen würden, und unmenschlich, da er die Frauen zu Sexualobjekten degradiere. Am 7. September 1968 warfen die Demonstrantinnen deshalb BHs, High Heels, falsche Wimpern, Lockenwickler, Haarspray, Make-up, Sexmagazine wie den *Playboy* und andere Dinge, die sie als Ausdruck der Unterdrückung verstanden, in eine Blechtonne, den sogenannten *Freedom Trash Can*. Dann kürten sie ein Schaf zur Miss Amerika. Obwohl es an diesem Tag kein Feuer gab, zogen Journalisten Parallelen zur offenen Verbrennung der Einberufungsbescheide nach Vietnam durch junge Männer und erfanden das Schlagwort *bra-burning*. Der Zusammenhang zwischen Frauenbefreiung und BH-Verbrennung war geboren. Von da an trugen viele Feministinnen keine BHs mehr, auch wenn sich nur wenige ihrer Wäsche in öffentlichen Aktionen entledigten.

In diesen Monaten entstanden zahlreiche radikale Gruppen wie die von Robin Morgan mitbegründete Gruppe *Women's International Terrorist Conspiracy from Hell* (W.I.T.C.H), die mit ihrem Namen daran erinnern wollte, dass angebliche Hexen die ersten Frauen waren, die sich gegen patriarchale Unterdrückung zur Wehr gesetzt hätten und für ihren Nonkonformismus auf dem Scheiterhaufen gelandet seien. Landesweit wurden Hunderte dieser Gruppen gegründet, und als Hexen verkleidete Frauen stürmten Banken, Hochzeitsmessen, Schönheitssalons und Diskotheken. 1970 veröffentlichte Robin Morgan *Sisterhood Is Powerful*, die erste Anthologie mit radikalfeministischen Texten. Die Bände *Sisterhood Is Global* und *Sisterhood Is Forever* folgten 1984 und 2003.

Eine Gruppe mit Namen Brot und Rosen kümmerte sich vor allem um tagespolitische Aufgaben und initiierte Selbsthilfeprojekte wie Kinderläden, Sammelküchen, Frauenkommunen etc. Berühmte Organisationen wie die *Stanton-Anthony Brigade* oder Die Feministinnen entstanden und versuchten aus der feministischen Analyse heraus Anleitungen für praktische Aktionen zu gewinnen. Im Januar 1969 stürmten Mitglieder der Feministinnen das *Marriage Licence Bureau* in New York, um gegen die Ehe als Sklaverei zu protestieren. Im Sommer desselben Jahres wurde innerhalb der Gruppe verfügt, dass nur ein Drittel der Mitglieder zeitgleich mit einem Mann zusammenleben dürfe.

Von großer Bedeutung war für die Frauen die Entwicklung neuer Organisationsformen, die keine Hierarchiebildung mehr zuließen. Um dies zu gewährleisten, richteten Die Feministinnen ein rotierendes System ein, wonach jede Frau jede anfallende Aufgabe einmal übernehmen musste und nur einmal übernehmen konnte. Auf diese Weise sollten angenehme und unangenehme Aufgaben paritätisch verteilt werden. Bei Diskussionen wurde eine bestimmte Anzahl Karten ausgegeben und bei jeder Wortmeldung musste eine Karte abgegeben werden. So sollte verhindert werden, dass einzelne die Diskussion dominierten. Beim erstenmal waren bereits nach 15 Minuten alle Karten aufgebraucht, beim zweitenmal herrschte betretenes Schweigen, da niemand seine Karten verschwenden wollte. Das Problem, neue Organisationsstrukturen zu entwickeln, die antihierarchisch und effektiv zugleich waren, ließ sich nicht so einfach lösen.

Ende 1968 wurden auf der ersten nationalen Frauenbefreiungsbewegungs-Konferenz in Chicago zwei wichtige Papiere vorgestellt: *The Myth of the Vaginal Orgasm* von Anne Koedt und *A Program for Feminist Consciousness-Raising* von Kathie Sarachild. Das Konzept des *Consciousness-Raising* wurde später auch von der westeuropäischen Frauenbewegung übernommen und zu einem zentralen Aspekt des Feminismus der 1970er Jahre. Kathie Sarachild ging davon aus, dass Frauen eine politische Gruppe waren und ihre Probleme daher Politik. Frauen müssten das unterdrückte Bewusstsein ihres Seins als Klasse wieder wahrnehmen. Zu lange hätten sie dies unterdrückt, jetzt sollten sie ihre Gefühle bewusst entdecken, sie anderen Frauen gegenüber artikulieren und mit den Empfindungen anderer Frauen in Beziehung setzen. Handlungsanleitung sollte nicht mehr die Theorie, sondern das bewusste Wahrnehmen der Emotionen sein: »Unsere Gefühle sollen uns zu unserer Theorie führen, unsere Theorie zu unserem Handeln, unser Gefühl über unser Handeln zu einer neuen Theorie und diese wieder zu neuem Handeln« (Sarachild in Linnhoff, S. 26).

Die Verhältnisse sollten über das Bewusstsein transformiert werden. Dazu entwickelte Sarachild eine Technik der Bewusstseinserweiterung, die zum Modell für unzählige Gruppen weltweit wurde. Frauen schlossen sich zu lokalen Selbsterfahrungsgruppen zusammen, zu denen Männer keinen Zutritt hatten, tauschten sich aus und erweiterten dadurch ihren Erfahrungsschatz. Über ihre Gefühle gelangten sie zur Analyse. Die dabei gewonnenen Erkenntnisse wurden in Aktion und Handlung umgesetzt. So entstanden neue Organisationen, die dabei helfen sollten, eine weibliche Gegenkultur zu errichten.

Vertreten wurde dieses Konzept in den USA vor allem von den 1969 durch die *New York Radical Women* gegründeten *Redstockings*, die durch ihren radikalen Kampf für die Straffreiheit der Abtreibung bekannt wurden. Im *Redstocking Manifesto*, in dem von einem weiblichen Klassenbewusstsein die Rede war, wurde bereits auf die politische Bedeutung des *Consciousness Raising* hingewiesen. Bekanntestes Mitglied der *Redstockings* war Shulamith Firestone, die in einem der zentralen Texte der amerikanischen Frauenbewegung – *Frauenbefreiung und sexuelle Revolution* (1970) – davon ausging, dass der Schlüssel zur politischen und ökonomischen Befreiung in der sexuellen Befreiung lag. Sie enttarnte in ihrem Buch geschlechtsspezifische Rollenklischees, die in der modernen Industriegesellschaft längst obsolet geworden seien, zur Unterdrückung der Frau aber beibehalten würden. Als materielle Basis der Frauenunterdrückung galt ihr die Tyrannei der Fortpflanzung, die Frauen durch die Biologie aufgezwungen sei und die durch neue technologische Möglichkeiten längst hätte abgeschafft werden können. Die Gentechnik könne die natürliche Geburt ersetzen. Firestone entwickelte Thesen zu einer neuen Gesellschaft, einer androgynen Kultur, in der die Wiedervereinigung des Männlichen und des Weiblichen stattgefunden hat und im kybernetischen Kommunismus die biologischen Unterschiede der Geschlechter aufgehoben sind. Reproduktion und Produktion würden dort simultan, in nicht repressiver Weise, neu organisiert. Sie plädierte für Lebensstile ohne Fortpflanzungszwang, Wohngemeinschaften statt Familien und die Abschaffung der natürlichen Geburt. Der neue geschlechtlich nivellierte Mensch wurde bei ihr zum Grundstein einer herrschaftsfreien Gesellschaft.

Ein Jahr vor Firestone erschien 1969 ein weiterer Klassiker des modernen Feminismus. Kate Millets *Sexus und Herrschaft. Die Tyrannei des Mannes in unserer Gesellschaft* wurde zur Bibel des radikalen Flügels der Frauenbewegung. Die darin enthaltene These, dass der sexuelle Akt einen politischen Aspekt besitze, in dem Machtbeziehungen festgemacht würden, fand großen Anklang in der jungen Bewegung. Organisationsprinzip aller menschlichen Herrschaft war nach Millet nicht wie von den Sozialisten angenommen die Ökonomie, sondern das Patriarchat. Der Klassengegensatz zwischen Mann und Frau sei das entscheidende Kriterium einer Gesellschaft, in der Frauen die unterprivilegierte Klasse, ähnlich dem Proletariat, darstellten. Notwendig sei deshalb ein Klassenkampf der Geschlechter, eine sexuelle Revolution. Radikale Feministinnen griffen diese Thesen begeistert auf, teilten die Gesellschaft in zwei sich bekämpfende Geschlechtsgruppen ein und forderten einen neuen Klassenkampf.

Zur Verbreitung der Idee der sexuellen Befreiung trug auch der zweite auf der Konferenz in Chicago 1968 vorgestellte Text bei: *The Myth of the Vaginal Orgasm* von Anne Koedt. Dieser wurde vor allem in der lesbischen Bewegung zum Klassiker. Koedt stellte darin fest, dass Heterosexualität zwar gesellschaftlicher Zwang sei, aber keineswegs das einzig Mögliche und Vorstellbare, und dass Frauen eben nicht nur dadurch sexuell befriedigt werden könnten. Heterosexualität sei Teil der patriarchalen Sexualkultur, stütze die Institution Familie und damit die Gesellschaft, deren Keimzelle die Familie darstelle. Würde man die Klitoris anstelle der Vagina als wichtigstes sexuelles Organ der Frau anerkennen, würde dies diese Institutionen gefährden. Die Angst der Männer vor dem Verlust der Kontrolle über die Sexualität der Frau zeige sich nicht zuletzt im unmenschlichen Akt der Entfernung der Klitoris, der in vielen Kulturen noch immer gang und gäbe ist.

Obwohl sich Lesbierinnen bereits 1955 in den *Daughters of Bilitis* (DOB) zusammengeschlossen hatten, führten sie innerhalb der Frauenbewegung ein Randgruppendasein. Die Mehrheit der organisierten Frauen fürchtete die Diskriminierung der Frauenbewegung durch die offene Positionierung der Lesbierinnen in vorderster Front. Gerade Betty Friedan wollte NOW davon freihalten. Doch spätestens nachdem sich Kate Millet im Dezember 1970 in einem Zeitungsinterview mit der *New York Times* als bisexuell bekannte, war dies nicht mehr möglich. Die öffentlichen Angriffe, die Kate Millet daraufhin als Sprecherin von *Women's Lib'* diskreditierten, führten zu einem Schulterschluss zwischen der Lesbierinnenbewegung und der Frauenbewegung, die sich kollektiv angegriffen fühlten.

Obwohl thematisch vieles die Radikalfeministinnen von der moderaten NOW trennte, kam es immer wieder zur Zusammenarbeit bei Kongressen und landesweiten Aktionen. Beim *Congress to Unite Women* im November 1969 konnten sich die Frauen sogar auf ein 10-Punkte-Programm einigen, das 24-Stunden-Kinderbetreuung, Regelungen zum Schwangerschaftsabbruch, Gleichstellung von Männern und Frauen und die Einführung von Frauen-Studien an den Colleges umfasste. Im August 1970 nahmen die verschiedenen Gruppen gemeinsam am *Women's Strike for Equality* teil, bei dem Hippies, Studentinnen und Hausfrauen Seite an Seite marschierten. Allerdings blieben die Unterschiede zwischen den Gruppen doch so groß, dass es nicht möglich war, diese Zusammenarbeit auf eine dauerhafte Basis zu stellen. Die Frauen der NOW fürchteten die »Männerhasserinnen« der Radikalen, und die Radikalen verachteten ihrerseits die Kompromissbereitschaft der NOW gegenüber dem Establishment.

Women's Lib' etablierte über die Jahre eine eigene Frauenkultur, an deren Spitze eigene Zeitschriften und Verlage wie *Diana Press* standen. Eine der einflussreichsten Zeitschriften war *Ms*, gegründet von Gloria Steinem, einer der populärsten amerikanischen Feministinnen dieser zweiten Frauenbewegung. Steinem war eine Ikone der Frauenbefreiung, seit sie 1963 verdeckt als *Playboy*-Bunny gearbeitet hatte, um einen Report darüber zu schreiben, wie Frauen in diesen Kreisen behandelt wurden. Der Artikel, der sie im Kostüm eines Bunnys zeigte, wurde zur Sensation. In den 1970er Jahren avancierte sie zum Liebling der Medien und wurde das Gesicht der Frauenbewegung schlechthin. Im Juli 1971 gründete sie zusammen mit Betty Friedan und anderen den *National Women's Political Caucus* (NWPC), eine basisorientierte Organisation, die sich dafür einsetzte, dass der Frauenanteil auf allen Regierungsebenen erhöht wurde. Lokale Einheiten des NWPC wurden in allen Einzelstaaten geschaffen und spielten in den kommenden Jahren aktive Rollen bei den Wahlen. NWPC hatte massiven Anteil daran, dass 1972 bei den Vorwahlen der Demokraten für das Präsidentenamt sich mit NOW-Mitglied Shirley Chisholm die erste Afroamerikanerin ums Weiße Haus bewarb. Die Lobbyarbeit des NWPC stand unter dem Motto, dass Frauen nur dann eine nicht-sexistische Gesellschaft erreichen könnten, wenn sie an der Macht teilhätten.

Obwohl die Frauenbewegung sich als universalistisch verstand, ging dies deutlich an der Wirklichkeit vorbei. Die Heterogenität der US-amerikanischen Gesellschaft führte dazu, dass neben dem Geschlecht bald auch andere Kategorien der Unterdrückung angeführt wurden, etwa Klassenzugehörigkeit und Ethnizität. Kategorien, welche die neue Frauenbewegung als weiße Mittelstandsbewegung zugunsten der Unterdrückung der Frau durch männliche Herrschaftsstrukturen völlig vernachlässigt hatte. Vor allem afroamerikanische und Chicana-Autorinnen kritisierten den weißen Blickwinkel der Frauenbewegung. Die Vernachlässigung von Kategorien wie Klasse, *race* und sexuelle Orientierung sei eine reine Konstruktion weißer, westlicher, heterosexueller Mittelklassefrauen.

Die afroamerikanischen Aktivistinnen kamen zumeist aus der Bürgerrechtsbewegung und der militanten schwarzen Befreiungsbewegung. Innerhalb von deren männlich organisierten Organisationen erlebten sie ähnliches wie ihre Geschlechtsgenossinnen innerhalb der Studentenbewegung. Hier, wo es um den Kampf gegen die rassistischen Strukturen des kapitalistischen Amerikas ging, galt Frauenpolitik als *bourgeois*, und man stellte die Frauen vor die Wahl, ihre Identität entweder aus der Ethnizität oder aus dem Geschlecht heraus zu definieren. Schwarzenbefreiung oder Feminismus, das war die Frage, vor die sich die Frauen gestellt sahen und die viele Frauen aus Solidarität zunächst innerhalb der Schwarzenbewegung bleiben ließ. Die geforderte Gruppensolidarität erwartete die Vernachlässigung jeglicher Emanzipationsinteressen, auch wenn sich bald zeigte, dass die *Black-Power*-Bewegung nur die Befreiung des Mannes anstrebte. Afroamerikanische Frauen erfuhren eine doppelte Unterdrückung: einmal durch ihr Geschlecht, zum anderen durch ihre Hautfarbe. Eine Unterdrückung, die sie auch innerhalb der Bewegung erlebten. Viele Afroamerikaner kritisierten ein angeblich herrschendes schwarzes Matriarchat durch Frauen, die gezwungen waren, hart und stark zu sein, um ihre Familien zu ernähren.

Sie forderten nun von den Frauen, eine untergeordnete Stellung einzunehmen, um den durch die rassistische Gesellschaft schwer beschädigten schwarzen männlichen Stolz wieder aufzurichten. Die Abwertung der schwarzen Frau als Hure und Hexe war keine reine Erfindung der Weißen, gerade schwarze Männer taten sich bei der Missachtung der schwarzen Frau hervor. Hinzu kam, dass viele Mitglieder der schwarzen Befreiungsbewegung Themen wie Verhütung, Geburtenkontrolle und Abtreibung als versuchten Genozid der Weißen interpretierten und strikt ablehnten. Sie forderten die Frauen auf, die Pille zu verweigern und der schwarzen Revolution neue Soldaten zu schenken.

Die weiße Frauenbewegung hingegen thematisierte Dinge, die für schwarze Frauen kein Problem darstellten. Diese forderten nicht das Ende des Hausfrauendaseins. Im Gegenteil, sie hatten immer Erwerbsarbeit geleistet, die schwarze Hausfrau existierte kaum.

Gloria Jean Watkins (gen. bell hooks) wurde eine der größten Kritikerinnen der amerikanischen Frauenbewegung, die ihrer Ansicht nach die Kategorien Klasse und *race* übersah, die Frauen voneinander trennten. In ihrem Buch *Feminist Theory. From Margin to Center* kritisierte sie die Vernachlässigung von Minderheiten in der Bewegung. Sie trat für die grundsätzliche Anerkennung von Unterschieden ein. Erst dadurch würde es möglich, die verschiedenen Unterdrückungsmechanismen der schwarzen Frau mit einzubeziehen. Die Universalität, auf die sich die weiße Frauenbewegung stützte, lehnte sie ab, da sie die speziellen Erfahrungen der schwarzen Frau vernachlässige. Die afroamerikanische Dichterin Audre Lorde, eine der führenden Aktivistinnen des schwarzen Feminismus, stellte fest, dass weiße feministische Theoretikerinnen, die sich nicht mit den Differenzen zwischen Frauen beschäftigten, sich der Tatsache gar nicht bewusst waren, dass die Frauen, die ihre Häuser putzten und ihre Kinder hüteten, während sie selbst Konferenzen über feministische Theorie besuchten, zum Großteil arme schwarze Frauen waren.

Über die Jahre kam es deshalb immer wieder zu offenen Auseinandersetzungen zwischen weißen und schwarzen Feministinnen wie bell hooks, Angela Davis oder Alice Walker. Diese führten jedoch nicht dazu, dass die schwarzen Frauen eine stärkere Lobby innerhalb der weißen Frauenbewegung erhielten, sondern ließen einen eigenständigen schwarzen Feminismus zu einer tragenden Säule der zweiten Welle der Frauenbewegung werden. Denn je mehr schwarze Frauen erkannten, dass sie sich zwischen allen Stühlen befanden, desto mehr reifte in ihnen die Einsicht, dass die Begründung eines schwarzen Feminismus unerlässlich war.

Doch obwohl sich schwarze Frauen weder in der Schwarzenbewegung noch in der Frauenbewegung beheimatet fühlten, zögerten sie lange, ehe sie eigene Organisationen gründeten. Sie wollten nicht spaltend wirken, keine Bewegung an Kraft beschränken. 1969 erschien *An Argument for Black Women's Liberation as a Revolutionary Force* von Maryanne Weathers. 1970 folgte das *Black Women Manifesto*, das für eine eigenständige Organisation plädierte. Doch erst im August 1973 formierte sich die *National Black Feminist Organization* (NBFO), zu der nur schwarze Frauen zugelassen wurden. Die Organisation, deren Mitgliederzahl bis zum Ende des Jahres auf 1000 anstieg, arbeitete sowohl mit der Frauenbewegung als auch mit der schwarzen Befreiungsbewegung zusammen. Die schwarzen Feministinnen gingen davon aus, dass die Befreiung der schwarzen Frau Freiheit für alle Menschen bedeuten würde, da sie das Ende von Sexismus, Rassismus und Klassenunterdrückung sei. 1974 gründete sich in Boston die *Combahee River Collective*, eine radikale schwarze Lesbierinnengruppe. Sie führte einen weiteren Unterdrückungsmechanismus in die Diskussion ein: Homophobie. Damit war nun eine Vierfachdiskriminierung thematisiert, aufgrund von Geschlecht, *race,* Klassenzugehörigkeit und sexueller Orientierung. Bis heute ist der schwarze Feminismus einer der lebendigsten und fruchtbarsten in der feministischen Debatte.

In einer ähnlich gearteten Situation wie die Afroamerikanerinnen befanden sich die Chicana-Frauen (Mexikoamerikanerinnen), die 64 Prozent der in den USA lebenden *hispanics* stellten. Diese sammelten sich unter anderem in der Partei *La Raza Unida*, um dort einen eigenen Chicana-Feminismus zu entwickeln. Auch sie kämpften zugleich gegen Sexismus und Rassismus und fühlten sich durch die traditionelle Frauenbewegung nicht vertreten. Die mexikanische Familienstruktur sowie der herrschende Machismo legten sie fest auf die Rolle einer Dienerin. Zusätzlich fühlten sie sich durch Religion und Erziehung unterdrückt. Chicana-Feministinnen setzen sich vor allem für eine Neubewertung der Rolle der Chicana-Frauen in der Gesellschaft und bei der Erwerbsarbeit ein, für Kinderbetreuung, Erziehung und straffreie Abtreibung. Sie treten ein für die Abschaffung von Klassenschranken und Rassismus und fordern eine stärkere Berücksichtigung der Chicano-Kultur in den USA. Dies alles mit dem feinen Unterschied, dass sie im Gegensatz zu den Bürgerrechtsbewegungen der Chicanos eine Restaurierung der traditionell-konservativen Muster ungleicher Geschlechterverhältnisse verhindern wollen.

Chicana-Feministinnen trugen stark zu einem *Women-of-Color*-Feminismus bei, der in den 1970er Jahren entstand und sich vor allem in der *Third World Women's Alliance* (TWWA) sammelte. Die Wurzeln dieser Organisation gehen zurück auf den *Black Women's Caucus*, der 1968 innerhalb des *Student Nonviolent Coordinating Committee* (SNCC) gegründet worden war. Der *Caucus* wandelte sich später zur unabhängigen *Black Women's Alliance*. 1970 trat der *Alliance* in New York

City eine Gruppe puertoricanischer Frauen bei, und aus der Organisation wurde die TWWA, die sich gegen Sexismus, Rassismus und Imperialismus starkmacht. Allerdings zeigten sich auch hier bald ethnogruppenspezifische Unterschiede, die ein gemeinsames Vorgehen bis heute schwierig machen.

Das andere Geschlecht
Frankreich: Simone de Beauvoir und MLF

Das wichtigste Buch der modernen Frauenbewegung erschien Jahre vor ihrem eigentlichen Beginn in Frankreich. 1949 veröffentlichte Simone de Beauvoir ihre zweiteilige Abhandlung *Le Deuxième Sexe* (*Das andere Geschlecht*). Auf 700 Seiten wies sie die Unterdrückung der Frau in der Gesellschaft nach und übte scharfe Kritik am herrschenden Androzentrismus. Weibliche Unterlegenheit sei nicht naturgemäß, sondern gesellschaftlichen Ursprungs, so lautete ihre provokante These. Mit Hilfe der Biologie, der Psychoanalyse und des historischen Materialismus charakterisierte sie im ersten Teil die Besonderheiten der weiblichen Physis und Psyche. Daran schloss sich eine auf vielfältiges Material aus Historie und Literatur gestützte Analyse des Bildes der Frau an, das sich im Mythos und in der Gesetzgebung über Jahrhunderte hinweg beständig zeigte. Im zweiten Teil ihrer Abhandlung beschrieb de Beauvoir die gelebte Erfahrung von Frauen der westlichen Welt innerhalb ihrer verschiedenen Lebensphasen: die psychische und physische Entwicklung vom Mädchen zur Frau, Kindheit, Pubertät, erste sexuelle Erfahrungen, Ehe, Hausfrau- und Mutterdasein, das Alter. Dabei wies sie auf die spezifischen Probleme hin, die mit der weiblichen Rollenzuschreibung durch die Gesellschaft verbunden waren. Von frühster Kindheit an werde der Frau die Freiheit verweigert, würden ihr Selbstaufgabe und Selbstverstümmelung als Lebensperspektive schmackhaft gemacht. Ergebnis ihrer Untersuchung war, dass Geschlechteridentität nichts angeboren Natürliches sei, sondern anerzogen. Männer seien die Norm, das Absolute – Frauen das Andersartige, das negative Spiegelbild des Männlichen. Männer seien das erste, Frauen, wie es der französische Titel impliziert, das zweite Geschlecht. Während Männer aktiv handelnde Subjekte seien, seien Frauen Objekte, das Andere, das sich nur in Bezug auf den Mann definieren könne. Frauen seien die Ergänzung, das Unwesentliche, das nicht durch sich selbst bestehe. Für de Beauvoir als Existenzialistin war es jedoch nicht hinnehmbar, dass Frauen ihrer Subjektivität, ihrer Autonomie und ihrer Transzendenz, also des freien Willens und der Fähigkeit zur Gestaltung der Zukunft, beraubt wurden: »Es ist eine seltsame Erfahrung für ein Individuum, das sich als Subjekt, als Autonomie und Transzendenz, als ein Absolutes empfindet, in sich eine wesenhaft gegebene Unterlegenheit zu entdecken. Es ist eine seltsame Erfahrung für jemand, der sich selbst für ein Eins-Sein hält, nunmehr auf sein Anders-Sein hingewiesen zu werden« (de Beauvoir, S. 290).

Simone de Beauvoir war eine Verfechterin des Egalitätsgedankens und stellte die herrschenden Geschlechterverhältnisse rigoros infrage. Mit dem zentralen Satz des Buches – »Man wird nicht als Frau geboren, man wird dazu gemacht« – wies sie zugleich auf das Artifizielle der Unterdrückung in den Geschlechterverhältnissen hin und auf die Möglichkeit zur Veränderung. Ihrer Ansicht nach gab es kein Ewigweibliches. Die Frau als das andere Geschlecht war nur das Produkt der patriarchalen Gesellschaft. Auch wenn die sexuelle Zweigeschlechtlichkeit für sie eine biologische Tatsache war, die damit verbundenen wertenden Zuschreibungen und Erwartungen waren veränderlich. Frausein war ein gesellschaftliches, kein biologisches Faktum. Hier klingen bereits die heutigen Bestrebungen an, das Geschlecht als eine soziale Konstruktion zu begreifen. Simone de Beauvoir plädierte dafür, die gängigen Zuschreibungen von »männlich« und »weiblich« abzuschaffen, und forderte Frauen auf, sich als autonome Subjekte zu begreifen. Dabei verkannte sie keineswegs die Furcht vor der Freiheit, die entscheidend dazu beitrug, dass Frauen sich in Abhängigkeit begaben. Sie wusste, welche Anstrengung die freie Entscheidung bedeuten konnte, wie bequem es war, an die Hand genommen zu werden. Dennoch setzte sie darauf, dass die Befreiung der Frau durch Entmythologisierung, die Hingabe an ein großes persönliches Ziel, ökonomische Unabhängigkeit und vor allem die Transformation der Gesellschaft durch eine sozialistische Revolution machbar sei. Erst Anfang der 1970er Jahre rückte sie, ernüchtert durch die faktische Entwicklung in den realsozialistischen Ländern von der Annahme ab, dass die sozialistische Systemtransformation automatisch die Unterdrückung der Frau beenden würde.

Bei seinem Erscheinen löste das Buch aufgrund der Thematik und der schonungslosen Offenheit, mit der dieser Thematik begegnet wurde, in Frankreich einen Skandal aus. Ein Buch, in dem Geburtenkontrolle, Legalisierung von Abtreibung sowie die freie Verbindung der Geschlechter gefordert wurde, war seiner Zeit weit voraus. Außerhalb Frankreichs dauerte es nahezu zwanzig Jahre, bis das Buch seine volle Wirkung entfaltete. Erst Ende der 1960er Jahre entdeckte eine neue Generation von Frauen *Das andere Geschlecht* neu und machte es zu *dem* feministischen Klassiker schlechthin. Der egalitaristisch-universalistische Ansatz Simone de Beauvoirs, der Gründe und Mechanismen der Frauenunterdrückung offenzulegen suchte und sich um die soziale Gleichstellung von Frau und Mann bemühte, wurde später in Frankreich vor allem in der Zeitschrift *Questions Féministes* durch Autorinnen wie Christine Delphy und Monique Wittig vertreten. Beide spielten für die Frauenbewegung in Frankreich eine wichtige Rolle. So kämpfte Monique Wittig gegen Heterosexualität als politisches System und war 1971 aktiv an der Gründung der *Gouines Rouges* beteiligt, der ersten lesbischen Gruppe von Paris. Christine Delphy, von Simone de Beauvoir für die »aufregendste Denkerin Frankreichs« gehalten, wurde Frankreichs wichtigste Theoretikerin des materialistischen Feminismus und definierte das Patriarchat als eigenes ökonomisches Ausbeutungssystem neben dem Kapitalismus. Berühmt wurden vor allem ihre Thesen zur Hausarbeit. Danach stützt sich die Ungleichheit zwischen Männern und Frauen auf dem Arbeitsmarkt auf die Ausbeutung der Hausarbeit der Frauen, die diese zu 90 Prozent leisten würden. Diese Ausbeutung sei Teil der Grundstruktur des sozialen Systems. Hinter der Aufteilung der Hausarbeit verberge sich die patriarchalische Organisation der Gesellschaft.

Als sich die französische Frauenbewegung Ende der 1960er Jahre formierte, hatte die Bedeutung der Frau in der Politik bereits zugenommen. 1962 war ein neuer Wahlmodus eingeführt worden, wonach der Präsident nun direkt vom Volk gewählt wurde. Für die Präsidentschaftswahl 1965 hatten die Parteien deshalb verstärkt um die Gunst der weiblichen Wähler geworben und damit begonnen, erste Ansätze zur Frauenpolitik zu entwickeln. Im Zuge der immer stärkeren Verbreitung der Ideen der *Nouvelle Gauche* konstituierten sich im Raum Paris erste Frauenorganisationen, die vorhandenes Protestpotential bündelten. Mitte der 1960er Jahre gab es mit dem *Mouvement Démocratique Féminin* (MDF) und dem *Club Louise Michel* zwei wichtige Frauenvereinigungen innerhalb der sozialistischen Linken. Im MDF trafen sich bedeutende französische Intellektuelle wie Andrée Michel und Geneviève Texier, die 1964 das Buch *La condition de la Française d'aujourd'hui* (*Die Situation der Frauen in Frankreich heute*) veröffentlichten. Ein Buch, das einer anderen jungen Frau den Anstoß gab, sich intensiv mit der Frauenfrage zu beschäftigen: Anne Zelensky. 1967 gründete sie gemeinsam mit der Naturwissenschaftlerin Jacqueline Hogasen den mit dem MDF eng verbundenen Diskussionszirkel *Féminin, Masculin, Avenir* (FMA).

Die FMA war anders als die traditionellen Frauenverbände eine gemischte Organisation und sprach gezielt Frauen und Männer an. Ihrer Ansicht nach würde die Frauenfrage nicht zwangsläufig im Zuge der gesellschaftlichen Entwicklung gelöst werden, weshalb Frauen explizit für ihre Rechte kämpfen und Männer sich der ihnen von der Gesellschaft aufoktroyierten Rolle des Unterdrückers verweigern müssten. Im Zuge der Massenproteste von Studenten und Arbeitern im Mai 1968 initiierte die FMA an der *Sorbonne* zum ersten Mal eine Debatte zum Thema Frauen in der Revolution. Im Verlauf des französischen Mai änderte die Gruppe ihren Namen in *Féminisme, Marxisme, Action*. Damit wollte sie zum einen ihre Verbundenheit mit der *Nouvelle Gauche* ausdrücken, zum anderen auf eine Änderung in ihrer Programmatik verweisen, welche als Erklärungsmuster für die Unterdrückungsmechanismen in den Geschlechterverhältnissen nun den historischen Materialismus heranzog.

Im Oktober 1968 entstand in Paris eine neue Gruppierung, die ausschließlich Frauen offenstand und autonom vom MDF agierte. Zu ihren Gründungsmitgliedern gehörten Antoinette Fouque und Monique Wittig. Entscheidend für diese Gruppe wurde, dass Fouque im Januar 1969 eine Psychoanalyse bei Jacques Lacan begann, der eine Rückkehr zu Freud sowie dessen Weiterentwicklung verfolgte und einen nicht unerheblichen Einfluss auf die feministische Theorie und Praxis in Frankreich ausübte. Lacan ging von der strukturalistischen Prämisse aus, dass Sprache als System sämtliche Bereiche der menschlichen Wahrnehmung und Aktivität bestimmt, letztlich auch die Gesellschaft durch die Struktur der Sprache geregelt wird. Diese nach Lacan symbolische Ordnung muss jedes

Kind verinnerlichen, um Teil der Gesellschaft zu werden, wobei diese Verinnerlichung dazu führt, dass auch das Unbewusste wie Sprache strukturiert wird. Der Eintritt in diese symbolische Ordnung findet nach Lacan während der kindlichen Entwicklung statt und durchläuft drei Phasen. In der ersten imaginären Phase gibt es für das Kind keine Differenz zwischen »sich selbst« und dem »Anderen«, zwischen dem »Ich« und der Mutter. Erst in der zweiten Phase, dem sogenannten Spiegelstadium, bildet sich beim Kind, beim Blick in den Spiegel, eine erste Vorstellung von »Ich« heraus. Im Spiegel sieht das Kind aber eine körperliche Einheit, die es noch nicht fühlt. Dieses »Ich« ist ein Produkt des Unbewussten und entsteht durch das Missverständnis, dass das »Selbst« mit dem eigenen Spiegelbild, dem »Anderen« gleichgesetzt wird. Erst in der dritten Phase, der ödipalen Phase, kommt es zur endgültigen Unterscheidung von »Ich« und »Nicht-Ich«. Mit der Trennung von der Mutter braucht das Kind ein neues Medium der Kommunikation. Es muss sich der symbolischen Ordnung der Sprache bedienen, um seine Bedürfnisse als Verlangen ausdrücken zu können. Die primäre Mutter-Kind-Beziehung endet durch das »Gesetz des Vaters«, dem alle unterliegen, sobald sie in die symbolische Ordnung eintreten. Diese symbolische Ordnung, die das Individuum prägt, prägt auch die Gesellschaft. Während Jungen sich problemlos mit dem Gesetz des Vaters identifizieren können, bleiben Mädchen von dieser Ordnung entweder ausgeschlossen, oder sie wird ihnen unter Zwang aufoktroyiert. Da es eine männlich bestimmte Sprache ist, also eine männliche Ordnung, können Mädchen sie nicht in gleichem Maße verinnerlichen wie Jungen. Frauen können sich in dieser Sprache, die nicht die ihre ist, nicht ausdrücken. Symbol für das Gesetz des Vaters ist bei Lacan der Phallus, der für die kulturelle Ordnung steht. In dieser phallischen Ordnung bleibt die Frau das »Andere«, das Mangelhafte. Das Weibliche ist von der Kultur und der sozialen Macht ausgeschlossen. Da Männlichkeit und Weiblichkeit aber bei Lacan nicht biologisch festgelegt sind, sondern Identifikationspositionen, sind sie veränderbar. Es gibt bei ihm nicht die Einheit von Signifikant und Signifikat. Die Beziehung zwischen Zeichen und Bezeichnetem ist nicht stabil, sondern Ergebnis eines Diskurses, der sich ändern kann. Lacans Überlegungen zur Mutter-Kind-Beziehung, die ein vorphallisches Begehren zeigen, wurden von feministischen Theoretikerinnen wie Antoinette Fouque als Beweis für eine eigene weibliche Libido herangezogen. Aber auch durch seine Überlegungen zur Sprache und nicht zuletzt durch die mit ihm verbundene Verbreitung psychoanalytischer Methoden beeinflusste Lacan den französischen Feminismus enorm.

Bestärkt durch die Bekanntschaft mit der Lacan-Schülerin Luce Irigaray regte Antoinette Fouque in ihrer Gruppe eine Diskussion über Psychoanalyse und Politik an. Die Frauen trafen sich fortan in der neu gegründeten Universität *Paris VIII* in Vincennes und nannten sich *Groupe de Vincennes*. Die neue Universität war im Zuge der Mai-Auseinandersetzungen zwischen August und Dezember 1968 am Stadtrand von Paris entstanden. An dieser Modellhochschule konnte man auch ohne Abitur nach einer Eignungsprüfung studieren. Es herrschte das Prinzip der Selbstverwaltung, das Fächerangebot war bunt und interdisziplinär. So wurde an der Vincennes, einzigartig in Frankreich, ein von Medizin und Psychologie unabhängiger Studiengang Psychoanalyse angeboten. 1974 gründet Hélène Cixous hier das Zentrum für Frauenforschung, das in seiner Art das erste in Europa war. Studierende und Lehrende waren hochpolitisch, sämtliche Gruppierungen des linken Sektors waren hier vertreten. So auch die maoistische *La Gauche Prolétarienne*, die 1970 vom Innenministerium verboten wurde und deren führender Kopf, der Student Alain Geismar, für achtzehn Monate ins Gefängnis wanderte.

Am 30. März 1970 kam es in Vincennes zu einer Frauenversammlung, an der sich etwa 30 Frauen beteiligten. Sie stellten Material für eine Demonstration zusammen und erfanden ganz nebenbei das Erkennungszeichen der neuen Frauenbewegung, als sie das biologische Symbol für das weibliche Geschlecht durch eine geballte Faust im Innern des Kreises ergänzten. Zwei Monate später traf man sich erneut, um über frauenspezifische Themen zu sprechen. Diesmal kamen auch Männer hinzu, die eine in ihren Augen derart eindimensionale Veranstaltung im Namen der Revolution verhindern wollten. Es entwickelten sich hitzige Wortgefechte zwischen den Anwesenden, auf die einige der teilnehmenden Frauen in der Sommerausgabe der Zeitschrift *L'Idiot International* reagierten. Sie wandten sich in ihren Artikeln gegen diesen »männlichen Terrorismus« und forderten die Frauen auf, eigene Arbeitsgruppen zu bilden und sich der Problematik der Frauenfrage anzunehmen. Damit knüpften sie an einen kurz zuvor in *L'Idiot International* erschienenen Artikel an, der bereits zur Kontaktaufnahme zwischen der FMA und den Mitgliedern der *Groupe de Vincennes* geführt hatte. Darin hatten die Autorinnen die gesellschaftliche Unterdrückung der Frau ins Zentrum ihrer Analyse gerückt und das Geschlecht zur zentralen Kategorie der Unterdrückung erklärt. Ergebnis ihrer Untersuchung war, dass die Befreiung der Frau nur von ihr selbst geleistet werden könne. Damit sprachen sie vielen Frauen aus der Seele. Frauen, die zuvor nur isoliert ihr Unbehagen verspürt hatten, schlossen sich nun zusammen und kämpften gemeinsam für ihre Befreiung.

Im August 1970 gründete sich die französische Frauenbefreiungsbewegung *Mouvement de libération des femmes* (MLF), die dem radikal-feministischen Flügel zuzuordnen war. MLF war eine reine Frauengruppe, die strikte Autonomie gegenüber politischen Parteien wahrte. Mit ihrer dezentralen

Organisationsweise verstand sich die Bewegung als Bewegung aller Frauen, die ihr Leben selbst in die Hand nehmen wollten. Ausdruck dieser Frauenbewegung und zugleich ihr Träger war der MLF. Es gab weder eine Satzung noch eine feste Mitgliedschaft. Autonome Komitees und Arbeitsgruppen bildeten sich spontan unter dem Dach des MLF und lösten sich ebenso spontan wieder auf. Schwerpunkt des MLF blieb Paris, wo sich zahlreiche Stadtteilgruppen bildeten und versuchten, vor Ort die Frauen zu politisieren. Einzelne Gruppen des MLF gaben in lockerer Folge die Zeitschrift *Le torchon brûle* (Das Scheuertuch brennt) als Organ der Frauenbewegung heraus. Der MLF verstand seinen Kampf um die Befreiung der Frau als politisch, da er die Basis der patriarchalen Gesellschaft rigoros infrage stellte. MLF betonte zudem den politischen Charakter der Sexualität in all ihren Formen. Er verband Psychoanalyse mit Ökonomie und versuchte, die Bewusstwerdung des Individuums und der Öffentlichkeit zu erreichen. Dazu wurden einerseits *Consciousness Raising Groups* zur individuellen Bewusstwerdung ins Leben gerufen, andererseits wurde mit Hilfe spektakulärer Provokationen die Öffentlichkeit über Existenz und Ziele der neuen Frauenbewegung informiert.

Der 26. August 1970 gilt gemeinhin als Startschuss der zweiten Welle der Frauenbewegung in Frankreich. An diesem Tag kam es in Paris zur ersten öffentlichen Aktion des MLF. Neun Aktivistinnen unter der Ägide von Monique Wittig trugen einen Kranz zum Denkmal des unbekannten Soldaten unter dem Arc de Triomphe und entrollten dabei ein Transparent, auf dem zu lesen war, dass es jemanden gab, der noch unbekannter war als der unbekannte Soldat, nämlich seine Frau. Bei ihrem Marsch durch die Stadt verteilten die Frauen Flugblätter und forderten umstehende Passantinnen zur Revolte auf. Daraufhin wurden sie von der Polizei festgenommen.

Im Herbst 1970 erschien mit einer 250 Seiten starken Sondernummer des *Partisans – Libération des femmes, année zéro* – der erste Versuch, Positionen, Ziele und Strategien der neuen Bewegung aufzuzeigen und zugleich zur Diskussion zu stellen. Deutlich wurde dabei der hohe Stellenwert der Aktion gegenüber der Organisation. Einzig in der Aktion konnten Frauen eine Identität als Frauenbewegung entwickeln. Zugleich waren Aktionen der Garant dafür, in der Öffentlichkeit wahrgenommen zu werden. Die Aktivistinnen des MLF reagierten mit ihren Aktionen zumeist unmittelbar auf bestimmte Ereignisse, wie zum Beispiel den Prozess gegen Alain Geismar wegen Aufruf zum Widerstand am 19. Oktober 1970. An diesem Tag, der von der Linken zum Kampftag ernannt worden war, demonstrierten Frauen vor dem Frauengefängnis *Petite Roquette*. Sie verteilten ein Flugblatt, auf dem zu lesen stand: »Jedes Mal, wenn wir sind, was wir sind, Hausfrauen, Mütter, Homosexuelle, Heterosexuelle, Demonstrantinnen, Kämpferinnen, befinden wir uns außerhalb des Gesetzes« (Schulz, S. 118 f.).

Mit ihren Aktionen gelang es den Frauen, in der Öffentlichkeit ein bisher nicht vorhandenes Problembewusstsein zu schaffen. Die Solidarität unter den Frauen wuchs. Zur Massenmobilisierung trug jedoch vor allem der Kampf gegen den Abtreibungsparagraphen bei, den der MLF von Beginn an mit großem Einsatz verfolgte. In Frankreich war Abtreibung ebenso verboten wie lange Zeit Werbung für und Verkauf von Mitteln zur Empfängnisverhütung. Mitte der 1950er Jahre hatte sich zum ersten Mal Widerstand gegen diese restriktive Gesetzgebung formiert. Dabei waren zunächst vor allem Aufklärung über Geburtenplanung sowie Legalisierung von und freier Zugang zur Empfängnisverhütung im Vordergrund gestanden. Besondere Verdienste hatte sich hierbei der Verein *La Maternité Heureuse*, später *Mouvement français pour le Planning Familial* (MFPF), erworben, der sich dieses Tabuthemas auch wissenschaftlich angenommen und Anfang der 1960er Jahre ein landesweites Beratungsnetzwerk für Frauen errichtet hatte. Nachdem der öffentliche Druck auf die Gesetzgebung angestiegen war, hatte der sozialistische Präsidentschaftskandidat François Mitterrand 1965 diese Forderungen in sein Wahlprogramm aufgenommen. Im Dezember 1967 wurde mit dem Gesetz *Loi Neuwirth* die Verbreitung von Verhütungsmitteln erlaubt, Werbung dafür war jedoch weiterhin verboten.

Der Abtreibungsparagraph blieb unangetastet, auch wenn die Ärztevereinigung *Association pour l'étude de l'avortement* (ANEA) 1967 einen Gesetzesentwurf vorlegte, der eine Indikationslösung vorsah. Da die konservativen Parteien die Mehrheit in der Nationalversammlung stellten, kam keine parlamentarische Debatte über eine Liberalisierung des Abtreibungsgesetzes zustande. Unterstützung erhielt die parlamentarische Anti-Abtreibungsfront im katholischen Frankreich vor allem von der Kirche sowie von konservativen Ärzten und Juristen. Im März 1970 veröffentlichte die Vereinigung *Laissez-les-Vivre* eine von 100 sogenannten Lebensschützern unterzeichnete Stellungnahme gegen diesen »institutionellen Mord«.

Im Winter 1970/71 startete der MLF seine groß angelegte *campagne avortement,* um den Abtreibungsparagraphen endgültig zu Fall zu bringen. Am 5. April 1971 erschien im *Nouvel Observateur* die Selbstbezichtigungsanzeige von 343 Schauspielerinnen, Schriftstellerinnen und Ärztinnen, die ein vom MLF entworfenes Abtreibungsgeständnis unterschrieben hatten. Unter den Unterzeichnerinnen waren so prominente Frauen wie die Schriftstellerinnen Marguerite Duras und Françoise Sagan sowie der Filmstar Jeanne Moreau und nicht zuletzt Simone de Beauvoir.

Es folgten weitere Unterschriften. 252 Ärzte stellten sich öffentlich gegen das Abtreibungsverbot, 1000 Männer prangerten sich als Komplizen einer Abtreibung an. Die offene Forderung nach der Legalisierung der Abtreibung führte zu einer breiten gesellschaftlichen Diskussion, in deren Verlauf sich zeigte, dass eine Mehrheit der Franzosen die Legalisierung der Abtreibung befürwortete.

Die Kampagne gegen das Abtreibungsverbot führte innerhalb des MLF zur Gründung diverser Gruppen wie des *Mouvement pour la Liberté de l'Avortement* (MLA), der in der Folgezeit zum Koordinationszentrum der verschiedenen Initiativen wurde, oder der *Groupe juridique du MLF*, die Aktivistinnen und Bekennerinnen Rechtsbeistand gewährte. Allerdings blieb die erwartete Strafverfolgung vonseiten der Behörden größtenteils aus.

Am 24. April 1971 versammelten sich über 2000 Menschen im Konzertsaal Salle Pleyel in Paris zu einer Expertendiskussion über Abtreibung. Auf dem Podium saßen auch Mitglieder von MLF und MLA. Noch während der Vorstellung der Teilnehmer kam es zum Eklat, als die Vertreterinnen von MLF und MLA sich weigerten, ihre Redezeit einzuhalten, und den Organisatoren vorwarfen, die gesellschaftlichen Realitäten zu ignorieren. Daraufhin eroberten die Frauen in einer Enteignungsstrategie Podium und Mikrophon und stellten außerplanmäßig ihre praktischen Erfahrungen bezüglich sexueller Aufklärung, Verhütung und Abtreibung zur Diskussion. Obwohl er gerade mit dieser Aktion heftige Kritik erntete, setzte der MLF weiterhin auf Provokation und direkte Aktion.

Nicht alle Frauen waren mit der Strategie des MLF einverstanden. Im Juli 1971 gründete sich deshalb die Organisation *Choisir la cause des femmes*, die für die Abschaffung des Abtreibungsgesetzes von 1920, kostenlose Verteidigung von Frauen, die wegen Abtreibung angeklagt wurden, sowie kostenlose Verteilung von Verhütungsmitteln kämpfte und sich als Instanz für Rechtsfragen zum Thema etablierte. Zu den Gründerinnen gehörten die Anwältin Gisèle Halimi, der Biologe Jean Rostand, die Schriftstellerin Christiane Rochefort und der Medizinnobelpreisträger Jacques Monod. Erste Präsidentin wurde Simone de Beauvoir. Bereits mit ihrer Unterschrift unter das *Manifest der 343* hatte de Beauvoir ihre Hinwendung zum Feminismus und die Abkehr von der Hoffnung auf eine automatische Veränderung durch die sozialistische Revolution öffentlich gemacht. Mit dieser Solidaritätserklärung hatte sie sich in die autonome Frauenbewegung eingereiht. Am 13. und 14. Mai 1972 fand in Paris ein Tribunal verschiedenster Frauengruppen über die alltäglichen Ungerechtigkeiten gegenüber Frauen statt, an dem sich mehr als 4000 Menschen beteiligten. Die Frauen stellten auf phantasievolle Weise mit Hilfe von Theaterstücken, Bildern und Erfahrungsberichten ihre alltägliche Diskriminierung dar und machten der Gesellschaft symbolisch den Prozess. Das Medienecho war gewaltig, dabei hätten die im Vorfeld deutlich zutage getretenen Differenzen zwischen den beiden Hauptakteuren MLF und *Choisir* das Tribunal beinahe gesprengt. Während *Choisir* einen traditionellen Schauprozess als Gerichtsverfahren mit juristischen Vertretern veranstalten wollte, wollte der MLF basisdemokratisch die Frauen selbst zu Wort kommen lassen. Hinter diesen formalen Streitigkeiten steckten unterschiedliche strategische Ansätze, die sich nicht mehr lange zugunsten der gemeinsamen Sache regulieren ließen. So lehnte der MLF als Anti-Organisation die Organisationsstruktur von *Choisir* als eingetragener Verein samt Mitgliederlisten und Aufnahmeanträgen ebenso ab wie Simone de Beauvoir als Präsidentin. Der MLF war strikt dagegen, Prominente als Aushängeschild der Bewegung zu nutzen, für ihn standen die unmittelbar Betroffenen im Mittelpunkt. Dass bei *Choisir* auch Männer mitarbeiten durften, verstieß zudem gegen die Prinzipien der MLF-Frauen. Die Legalisierung der Abtreibung konnte ihrer Meinung nach ebenso wie alle anderen Frauenrechte nur von den Frauen selbst erkämpft werden. Während der MLF weiterhin auf Aktion und Provokation setzte, bemühte sich *Choisir* vor allem um Einflussnahme auf den Gesetzgeber, ging davon aus, dass eine Reform des Abtreibungsparagraphen nur durch Verhandlungen zustande kommen könne. Prominente Mitstreiter waren hierbei von größter Bedeutung, da sie die öffentliche Meinung in hohem Maße mobilisieren konnten. Wie unterschiedlich *Choisir* und MLF agierten, zeigte sich nicht zuletzt bei den Protesten im Zuge des Bobigny-Prozesses. Im Herbst 1972 wurde in Bobigny die 16jährige Marie-Claire Chevalier wegen Abtreibung vor Gericht gestellt. Ihrer Mutter wurde wegen Beihilfe zur Abtreibung der Prozess gemacht, die Frau, welche die illegale Abtreibung durchgeführt hatte, musste sich ebenfalls vor Gericht verantworten. Gisèle Halimi von *Choisir* übernahm die Verteidigung und ließ eine ganze Armada von prominenten Zeugen auffahren, darunter Simone de Beauvoir, Jacques Monod sowie die Schauspielerinnen Françoise Fabian and Delphine Seyrig, die sich selbst für schuldig erklärten, da auch sie abgetrieben hätten. Draußen demonstrierten derweil Hunderte von Frauen für die Legalisierung der Abtreibung. Am 11. Oktober 1972 wurde das Mädchen wegen unzumutbarer moralischer, familiärer und sozialer Zwänge freigesprochen. Die Mutter wurde zu einer geringen Geldstrafe, die »Engelmacherin« zu einer Haftstrafe von einem Jahr auf Bewährung verurteilt. Während *Choisir* die Urteile als Beweis für die Wirksamkeit seiner Strategie wertete, mit Hilfe von Prominenten auf die öffentliche Meinung einzuwirken, ging der MLF davon aus, dass einzig der Druck der Straße zu diesen milden Urteilen geführt habe. Im Folgenden war eine Verständigung nicht mehr möglich. Nach dem Prozess von Bobigny trennten sich die Wege von MLF und *Choisir* endgültig. Der Bobigny-Prozess aber führte in der Öffentlichkeit zu einem Meinungsumschwung, der nicht mehr rückgängig zu machen war und letztlich in die Revision des Gesetzes aus dem Jahr 1920 mündete.

Mit dem Abflauen der Kampagne gegen den Abtreibungsparagraphen begann im MLF die Phase der zunehmenden Fraktionierung. Es entstand eine Vielzahl neuer Gruppierungen wie zum Beispiel eine Gruppe um Antoinette Fouque, die sich nicht länger mit der Sichtbarmachung von systemimmanenter Unterdrückung beschäftigte, sondern sich auf die Suche nach inneren Widersprüchen und unbewussten Persönlichkeitsstrukturen begab. Aus ihr entwickelte sich die Gruppe *Psych et Po* (Psychoanalyse und Politik), welche die Geschlechtergebundenheit der Psyche und deren politische Dimension in den Vordergrund stellte. Ihr unversöhnlich gegenüber standen die *Féministes Révolutionnaires,* die über die Aktionsform der kleinen Gruppe die Herausbildung hierarchischer Machtstrukturen innerhalb der Bewegung verhindern und in diesen kleinen Gruppen Frauen die Möglichkeiten zum Erfahrungsaustausch geben wollten, um so eine Massenbewegung zu initiieren. Dazu kamen die *Gouines Rouges* um Monique Wittig, in der sich die lesbischen Frauen aus dem MLF zusammenfanden, oder der *Cercle Elisabeth Dmitriev*, der die Unterdrückung weniger am Patriarchat als an den Strukturen des kapitalistischen Gesellschaftssystems festmachte. Hatten diese verschiedenen Gruppierungen den MLF zunächst nicht geschwächt, verlor der Verband mit der zunehmenden Institutionalisierung der Abtreibungskampagne sukzessive an Einfluss. Im April 1973 wurde der *Mouvement pour la Liberté de l'Avortement et de la Contraception* (MLAC) ins Leben gerufen, welcher die verschiedenen Initiativen gegen den Abtreibungsparagraphen in einer Organisation zusammenfassen wollte. Der MLA ging bald darauf ganz im MLAC auf, die Organisationen der autonomen Frauenbewegung verloren an Einfluss. Der MLF zog sich daraufhin völlig aus der nationalen

Kampagne zurück und spielte zuletzt in der Kampagne, die er einst initiiert hatte, keine große Rolle mehr. Als die Regierung Mitte der 1970er Jahre eine Kommission einberief, die Experten zur Abtreibung befragen sollte, wurden *Choisir* und MLAC bei der Besetzung berücksichtigt, MLF nicht mehr. 1975 setzte Gesundheitsministerin Simone Veil mutig und unbeirrt gegen die erbitterte Gegnerschaft zahlreicher Parlamentskollegen das Recht auf Abtreibung durch. Mit dem *Loi Veil* erhielten die Französinnen am 17. Januar 1975 das endgültige Entscheidungsrecht zur Abtreibung (nach einer Zwangsberatung) bis zur 10. Schwangerschaftswoche. 25 Jahre später, am 30. Mai 2001, wurde die Zwangsberatung abgeschafft (ausgenommen für Minderjährige) und die Frist auf 12 Wochen verlängert. Zwischenzeitlich wurde 1988 mit Zulassung der Abtreibungspille *Mifegyne* (*RU-486*) der Schwangerschaftsabbruch bis zum 49. Tag ohne chirurgischen Eingriff ermöglicht.

Nach der Verabschiedung des *Loi Veil* richtete die Frauenbewegung ihr Augenmerk auf neue Themen. *Choisir* kämpfte gegen Vergewaltigung, körperliche und moralische Gewalt, Benachteiligung der Frau in verschiedenen Kulturkreisen, für berufliche Gleichheit sowie eine bessere Vertretung der Frauen in der Gesellschaft. 1974 hatte Anne Zelensky die *Ligue du Droit des Femmes* ins Leben gerufen, die 1977 die ersten Frauenhäuser in Paris errichtete. Im MLF traten nach dem endgültigen Wegfall des integrierenden Themas Abtreibung die Differenzen zwischen den einzelnen Gruppen immer deutlicher hervor. Es begann ein Streit darüber, welche Gruppierung nun tatsächlich den MLF vertrat. Eine Auseinandersetzung, die aus ehemaligen Verbündeten erbitterte Gegnerinnen machte und bis heute andauert.

Ebenso wie die amerikanische Frauenbewegung leistete die französische Frauenbewegung auch einen bedeutenden theoretischen Beitrag zum Feminismus, der unter dem Stichwort

French Feminism bekannt wurde. Interessanterweise ist dieser Begriff eine amerikanische Erfindung, die nach der positiven Rezeption dieser Ideen in den 1980er Jahren in den USA einen internationalen Siegeszug antrat.

Unbestrittene Stars des *French Feminism* waren Hélène Cixous, Luce Irigaray und Julia Kristeva, die zur literarisch feministischen Avantgarde der *écriture féminine* gehören. Alle drei versuchten in ihren differenztheoretischen Texten Psychoanalyse, Literaturwissenschaft und Feminismus zu verbinden und weibliche Körpererfahrung direkt in weibliche Textualität zu übersetzen. Sie gelten als Vertreterinnen eines Feminismus, der die Befreiung der Frau in erster Linie durch eine Bewusstseinsveränderung anstrebte und Weiblichkeit neu erforschen wollte. Die Gruppe *Psych et Po* trug mit der Gründung des Verlagshauses *Édition des femmes* zur Verbreitung ihrer Texte in so hohem Maße bei, dass der Standpunkt der *écriture féminine* lange Zeit als der *French Feminism* überhaupt galt.

Die Autorinnen der *écriture féminine* griffen bei ihren Überlegungen vor allem auf die bereits vorgestellte Theorie von Jacques Lacan und die Theorie der Dekonstruktion von Jacques Derrida zurück. Derridas Kritik an der symbolischen Ordnung zielte darauf ab, dass die Welt durch binäre Oppositionen erklärt werde. Binäre Oppositionen wie Wissenschaft/Literatur, Mann/Frau, Geist/Körper, Natur/Kultur, Subjekt/Objekt, Sprache/Schrift würden die Vorstellung einer unüberbrückbaren Differenz zwischen diesen Einheiten prägen, wobei es stets zu einem hierarchischen Verhältnis dieser Oppositionen zueinander komme. Tatsächlich aber seien all diese binären Oppositionen an sich wertfrei und symmetrisch. Derrida plädierte für die Dekonstruktion von Texten, um Lücken und Brüche sowie im Text angelegte Widersprüche aufzuzeigen. Seiner Ansicht nach gab es weder dauerhafte Bedeutungen noch unumstößliche Wahrheiten. Es sei jederzeit möglich, die symbolische Ordnung zu verändern. An diese poststrukturalistische Sichtweise knüpften die feministischen Theoretikerinnen an, indem sie nicht nur nach einem spezifisch weiblichen Schreiben suchten, sondern dieses Schreiben auch als Ziel von Schreibprozessen verstanden. Wenn Sprache tatsächlich die Welt strukturierte, dann musste sie auch in der Lage sein, die Welt zu verändern. Mit Hilfe von Anspielungen, Wortspielen, unkonventioneller Zeichensetzung und einem eigenen Stil versuchten sie die herrschende phallozentristische Logik zu durchbrechen und ein neues oder auch nur vergessenes weibliches Schreiben und Denken zum Leben zu erwecken. Die Literaturwissenschaftlerin Hélène Cixous, eine der Sprecherinnen von *Psych et Po*, unterschied in ihrem Aufsatz *Le Rire de la Méduse* (*Das Lächeln der Medusa*) von 1975 ein weibliches und ein männliches Schreiben. Männliches Schreiben zeichne sich durch die von Derrida kritisierten binären Oppositionen aus, die den Mann mit positiven Attributen wie Aktivität und Kultur, die Frau hingegen mit negativen wie Passivität und Natur belege. Cixous beschrieb die Frau als das Undenkbare, Unaussprechbare. Sie sei die Außenstehende in einem festen Begriffssystem, in einer kulturellen Ordnung. Cixous rief Frauen dazu auf, dieses Unaussprechbare in eine eigene Sprache zu kleiden. Um die herrschenden Dichotomien aufzuheben, brauche es eine weibliche Sprache, die sich allen Regeln der männlichen Sprache entziehe und nicht festlegbar sei. Eine spezifisch weibliche Sprache, die weibliche Erfahrungen miteinbeziehen würde, könne die westliche Welt verändern. Frauen, die sich selbst außerhalb der bestehenden Normen schrieben, könnten diese subversiv unterlaufen und durch ihre eigene Befreiung die patriarchale Herrschaft zum Einsturz bringen.

Zweite im Bunde des berühmten Dreigestirns des *French Feminism* ist die Lacan-Schülerin, Psychoanalytikerin und

Kulturtheoretikerin Luce Irigaray, die durch ihre fundamentale Kritik an der Freudschen Vorstellung der weiblichen Sexualität und ihre kritische Auseinandersetzung mit ihrem ehemaligen Lehrer Lacan bekannt wurde. In ihrem 1974 erschienenen Buch *Speculum de l'autre femme* (*Speculum. Spiegel des anderen Geschlechts*) kritisierte sie die kulturelle Eingeschlechtlichkeit Freuds, für den das Subjekt allen Begehrens männlich sei. Für Freud stelle der Mann das Maß aller Dinge dar, weshalb er Weiblichkeit nur als Mangel hätte begreifen können. Alles, was dem Mann nicht gleiche, ihn nicht widerspiegle, hätte demnach keine eigene Präsenz. Diese Logik der Gleichheit, die sich bis in die Antike zurückverfolgen lasse, verunmögliche es der Frau, sich selbst zu repräsentieren. Noch nie in der Geschichte hätten Frauen die Gelegenheit gehabt, sich zu verwirklichen. In einer Welt des »Phallogozentrismus«, in der einzig das männliche Geschlecht als universeller Bezugspunkt gelte, würden Frauen nur als Spiegel des Mannes verstanden und nicht als eigenständiges Geschlecht wahrgenommen. Um dieser Logik zu entkommen, müssten Frauen eine unabhängige weibliche Identität sowie eine eigene Sprache entwickeln, sprich, eine eigene weibliche symbolische Ordnung errichten. Weiblichkeit solle ein eigenständiger positiver Wert werden, der allerdings einem steten Wandel unterworfen bleibe und keine feststehende Definition bieten könne. Dieses Weibliche beschrieb Irigaray als eine Vielzahl sexueller Identitäten – es ist, wie sie in ihrer Schrift *Ce sexe qui n'en est pas un* (*Das Geschlecht, das nicht eins ist*) 1977 darstellte, ein Geschlecht, das eben nicht eins ist. Als Methode zur Transformation empfahl sie die Nachahmung herrschender Diskurse, um diese zu persiflieren und die männlichen Normen der Sprachpraxis offenzulegen.

Dritte bekannte Theoretikerin der *écriture féminine* ist die bulgarische Linguistin, Literaturtheoretikerin und Psychoanalytikerin Julia Kristeva, die als Begründerin der Intertextualität gilt und sich stets dagegen wehrte, als Feministin bezeichnet zu werden. Kristeva lehnte ein weibliches Schreiben auf der Grundlage des biologischen Geschlechts ab und verwahrte sich gegen Kategorien wie »Frau« und »Weiblichkeit«, die nicht beschreibbar, sondern nur politische Konzepte einer patriarchalen Ordnung seien. Stattdessen ging sie von einer Vorstellung des Marginalen aus, das alle »Außenseiter« mit einschloss. Zentraler Aspekt ihres Sprachphilosophie und Psychoanalyse verbindenden Ansatzes ist der Dualismus von »semiotisch« und »symbolisch«. Das Symbolische steht dabei für die Bedeutungen und Repräsentationen. Sprache ist durch Logik und eine klare Syntax gekennzeichnet und steht für Ordnung und Kontrolle. Das Semiotische hingegen beschreibt die Triebe und deren Artikulation, das linguistisch Unbewusste, das den Freudschen Prinzipien der Traumsprache folgt: Verschiebung und Verdichtung. Mit der Trennung des Kleinkindes von der Mutter werde der lustvolle Artikulationsraum, der noch nicht durch die männlich geprägte Sprache gestört sei, durch das Symbolische überlagert. Das Kind übernehme die phallische symbolische Ordnung. Dennoch ginge das Semiotische nicht verloren. Im Prozess der Sinngebung, der nie ganz abgeschlossen sei, durchkreuze das Semiotische stets das Symbolische und unterlaufe so dessen Ordnung. Für Kristeva war bereits in ihrer Schrift *La Révolution du langage poétique* (*Die Revolution der poetischen Sprache*) von 1974 die gesellschaftliche Umwandlung nicht von der sprachlichen zu trennen. Sie sah einen Zusammenhang zwischen der Instabilität individueller Identität und der Auflösung gesellschaftlicher Strukturen und Ordnungen. Gerade die Poesie habe eine subversive Kraft, da sie die Entsprechung zum semiotischen Aspekt der Sprache darstelle. Dabei bezog sie sich auf Lacan, der im Hinblick auf seine These »Das Unbewusste ist strukturiert wie eine Sprache« die Verdichtung bei Freud mit der Metapher und die Verschiebung mit der Metonymie gleichsetzte. Die Poesie fordere die Logik des Sprachsystems heraus und sei deshalb das geeignete Mittel, die gesellschaftliche Ordnung zu verändern oder zu unterlaufen.

Diese differenzfeministischen Positionen prägten die Debatten der 1970er und frühen 1980er Jahre in Frankreich. Erst in den späten 80er Jahren wurde der Differenzfeminismus von einer eher egalitaristisch-universalistischen Position verdrängt. In Ablehnung des vor allem in den USA propagierten Radikalfeminismus verweigerte man sich einem Feminismus, der aus Frauen eine Gemeinschaft oder gar eine Minderheit machen wollte. Ein derartiges Denken stand konträr zum Universalitätsprinzip der französischen Verfassung, die nur Individuen, keine Interessengruppen kennt. Jeglicher Form von Identitätspolitik begegnet man in Frankreich mit Skepsis. Die identitäre Vertretung in Form von Quoten ist hier verfassungswidrig und wurde stets mit breiter Mehrheit abgelehnt. Die Philosophin Élisabeth Badinter, die als eine der geistigen Nachfolgerinnen Simone de Beauvoirs gilt, wurde eine der führenden Streiterinnen gegen eine weibliche Identität, auch wenn sie selbstdefiniert war. Ihrer Ansicht nach würden Frauen dadurch auf vordefinierte Rollen festgelegt. Die meisten Franzosen, auch viele Frauen, folgen ihr darin. Davon zeugten nicht zuletzt die heftigen Auseinandersetzungen von 1999 und 2000, als mit Hilfe von Paritätsgesetzen der Anteil von Frauen in der Politik erhöht werden sollte. Der Zwang für Parteien, bei Wahlen grundsätzlich die gleiche Anzahl Frauen wie Männer zu nominieren, wurde als verfassungswidrige Quote betrachtet und von Linken und Frauen zum Teil gleichermaßen bekämpft.

Auch die neuen Frauenorganisationen tragen dieser universalistischen Sichtweise Rechnung. Sie stehen für die Solidarität der Geschlechter und sind Männern nicht mehr prinzipiell verschlossen. Beispielhaft dafür ist die 1997 gegründete Organisation *Mix-Cité*, die den Trend zur *mixité*, der Gemischtheit sowohl der Geschlechter als auch der sexuellen Orientierung sowie der sozialen und ethnischen Vielfalt, verkörpert. In ihrem Essay *La Politique des sexes* (2001) plädierte die Philosophin Sylviane Agacinski, die für die paritätische Beteiligung der Frauen an der politischen Macht eintritt, vor dem Hintergrund der Paritäts-Debatten für eine *démocratie mixte*. Die Gattin des ehemaligen Premierministers Lionel Jospin will keine Gleichheit, die den geschlechtlichen Unterschied leugnet, sondern fordert eine Teilung in einer gemischten Gesellschaft. Sie versteht ihren Feminismus der *mixité* als dritte Variante des modernen Feminismus, der den Gleichheitsfeminismus in der Nachfolge Simone de Beauvoirs sowie den Differenzfeminismus von Hélène Cixous und Luce Irigaray ablösen soll.

Ob Kinder oder keine, entscheiden wir alleine
Bundesrepublik Deutschland: Alice Schwarzer und Weiberräte

Die westdeutsche Frauenbewegung wurde zunächst stark von der amerikanischen Frauenbewegung beeinflusst. Sie durchlief drei Phasen und begann 1968/69, als sich innerhalb des Sozialistischen Deutschen Studentenbundes (SDS) zum ersten Mal feministisch-antiautoritäre Tendenzen zeigten. Mitte der 1960er Jahre hatte sich als Antwort auf die seit 1966 regierende Große Koalition eine Außerparlamentarische Opposition (APO) gebildet, an deren Spitze der SDS stand. Sie trat für die Demokratisierung der Gesellschaft ein und kämpfte gegen die verkrusteten Strukturen in Parlament und Parteiensystem. Sie forderte die längst überfällige Auseinandersetzung mit der NS-Vergangenheit und prangerte die Personenkontinuität nach dem Dritten Reich an. Die Vätergeneration musste sich unangenehmen Fragen stellen, die bisher niemand zu stellen gewagt hatte. Das Entsetzen über die Vergangenheit mischte sich mit der Angst vor der Zukunft. Die von der Regierung propagierte »Formierte Gesellschaft« und die bevorstehende Verabschiedung der Notstandsgesetze erzeugten bei vielen Aktivisten das Gefühl einer Refaschisierung der Bundesrepublik Deutschland. Das Gespenst der oppositionslosen, eindimensionalen Gesellschaft, von Herbert Marcuse in seinem gleichnamigen Buch so eindringlich dargestellt, ging um. Autoritäten wurden zunehmend infrage gestellt, die Herrschaft von Menschen über Menschen wurde angezweifelt und der Ruf nach Selbstbestimmung und Produzentendemokratie laut. Der Krieg der USA in Vietnam trug zusätzlich zur Politisierung vieler junger Leute bei, die ein Ende von Imperialismus und Neokolonialismus forderten und sich mit den Befreiungsbewegungen in der Dritten Welt solidarisierten. Che Guevara und Ho Chi Minh wurden zu Idolen einer ganzen Generation.

Die angestrebte Transformation von System und Gesellschaft sollte durch die Umgestaltung des privaten Bereichs ergänzt werden. Traditionelle Strukturen wie Familie und Ehe wurden angezweifelt und durch neue Lebensformen ersetzt. In Berlin gründete sich die Kommune 1, die in sehr modifizierter Form später in Tausenden von Wohngemeinschaften Nachahmung fand. Aufbauend auf Wilhelm Reichs Schriften *Die sexuelle Revolution* und *Die Funktion des Orgasmus* wurde auf eine freie Sexualität gesetzt, die nicht nur das Individuum, sondern auch die Gesellschaft verändern und befreien sollte. Die Faschismusanalysen von Reich und die Überlegungen Max Horkheimers zur Entstehung des »autoritären Charakters« führten zur Forderung nach Resexualisierung der Gesellschaft und Auflösung der patriarchalen Familie, um einen erneuten Faschismus zu verhindern. Selbstbestimmung, Basisdemokratie, neue Organisationsformen, die keine Hierarchiebildung mehr zuließen, und gegenkulturelle Einrichtungen sollten zur Grundlage eines neuen freien sozialistischen Gesellschaftssystems werden. Dafür kämpften die Studenten und dafür wurden sie von all denjenigen bekämpft, die Angst vor derartigen Veränderungen hatten. Vor allem in der Frontstadt Westberlin mit ihrer politischen Sonderstellung und ihrem einzigartigen Bedrohungsszenario war die Ablehnung groß. Am 11. April 1968 gipfelte dort die Unwilligkeit des Großteils der Bevölkerung, den Weg der protestierenden Studenten mitzugehen, im Attentat auf den Studentenführer Rudi Dutschke.

Obwohl sich die Studenten so sehr um gesellschaftspolitische Veränderungen bemühten, vernachlässigten sie einen wichtigen Aspekt: die Frauenfrage. Zwar waren im SDS auch Frauen vollwertige Mitglieder, doch als Frauen mit frauenspezifischen Anliegen waren sie kein Thema. Auf dem Programm des SDS stand die Weltrevolution; die Doppelbelastung von Frauen, die durch Kindererziehung und Studium oder Erwerbsarbeit von den revolutionären Aufgaben ausgeschlossen blieben, war zweitrangig. Dass sie nicht wie ihre männlichen Genossen an Diskussionen, Kongressen und Veranstaltungen teilnehmen konnten, weil sie als Mütter andere Aufgaben zu erledigen hatten, wurde nicht als Problem erkannt. Auch im privaten Bereich erlebten die Frauen täglich, dass zwischen dem emanzipatorischen Anspruch der Revolutionäre in der Öffentlichkeit und ihrem Verhalten zu Hause eine große Lücke klaffte. Die lautstark postulierten Gleichheitsversprechen hielten der Realität nicht stand. Frauen durften Flugblätter tippen und Kaffee kochen, die theoretische Arbeit und das große Wort in der Öffentlichkeit oblagen den Männern. Revolutionäre Gleichheitsforderungen schlossen Frauen nur dann mit ein, wenn Männer davon profitierten. Dies war bei der sexuellen Revolution zweifellos der Fall, bei der politischen Emanzipation der Frau offensichtlich weniger. Wollten die Frauen auf ihre missliche Lage aufmerksam machen, ernteten sie nur Unverständnis und Gelächter. Die enttäuschenden Erfahrungen innerhalb der studentischen Gruppen machten den Frauen deutlich, dass die Transformation der Gesellschaft noch lange nicht ihre eigene Situation verbessern würde.

Als Antwort auf die Vernachlässigung der Frauenfrage durch die selbsternannten männlichen Revolutionäre gründeten Frauen erste eigene Aktionsgruppen wie den Aktionsrat zur Befreiung der Frau. Diese von SDS-Mitglied Helke Sander in Westberlin ins Leben gerufene Gruppe entstand im Zusammenhang mit der Einrichtung der ersten Kinderläden, die nicht nur die Selbstregulierungsideen für Kinder nach Wilhelm Reich umsetzen, sondern auch die Mütter entlasten sollten. 1967 kursierte an der FU Berlin ein Flugblatt, das sich mit der Problematik, die sich aus der Alleinverantwortlichkeit für Haushalt und Kinder ergab und die Frauen von Politik und Revolution fernhielt, beschäftigte. Die damit verbundene Aufforderung, sich dieser Gesellschaft zu verweigern, fiel auf fruchtbaren Boden. Über 100 Frauen kamen zu einem ersten Treffen und gründeten den Aktionsrat zur Befreiung der Frau, der sich von nun an wöchentlich im Republikanischen Club in Westberlin zum Mittwochsplenum traf. Die Gruppe initiierte später die ersten autonomen Berliner Kinderläden und zählt zu den Mitbegründern der Kinderladenbewegung in der Bundesrepublik Deutschland.

Auf der 23. Delegiertenkonferenz des SDS am 13. September 1968 in Frankfurt a. M. stellte Helke Sander die Positionen des Aktionsrates auch den männlichen Genossen vor. In ihrer Rede bot sie dem SDS als einzig progressivem Verband die Zusammenarbeit an, mahnte aber auch, dass diese Zusammenarbeit nur dann funktionieren könne, wenn frauenspezifische Themen endlich auf die Tagesordnung gesetzt werden würden. Noch waren die Frauen bereit, mit den Männern Seite an Seite gegen einen gemeinsamen Gegner vorzugehen. Wie wenig die Genossen allerdings dazu bereit waren, erfuhren die Frauen, als der SDS-Vorstand beschloss, ohne weitere Diskussion über diese Fragen zum nächsten Tagesordnungspunkt überzugehen. Empört über die Geringschätzung und Missachtung ihrer Anliegen warf die hochschwangere Sigrid Rüger eine Tomate in Richtung Bundesvorstand. Dieser Tomatenwurf ging in die Geschichte ein und gilt als Geburtsakt der neuen Frauenbewegung in der Bundesrepublik Deutschland. Es begann die Revolte in der Revolte, an deren Ende die feministische Selbstorganisation stand und die Notwendigkeit von autonomen Frauenorganisationen frauenpolitischer Konsens war.

In der ganzen Republik gründeten sich als erste handlungsfähige Frauenorganisationen der neuen Frauenbewegung Aktionsräte und Weiberräte, die jedoch noch innerhalb des SDS-Gefüges blieben. Es handelte sich hierbei vor allem um Diskussionszirkel, zu denen Männer keinen Zugang hatten und deren Themen von marxistischer Gesellschaftsanalyse bis hin zur Kritik der Geschlechterverhältnisse reichten. Mit dem Umstand, dass Frauen ihre Anliegen nun frei und gleichberechtigt artikulieren konnten, wuchs das Selbstbewusstsein der Aktivistinnen. Auf der nächsten Delegiertenkonferenz des SDS im November 1968 in Hannover protestierten die Frauen des Frankfurter Weiberrats mit einem berühmt gewordenen Flugblatt gegen die fortschreitende Suppression von Frauen innerhalb des SDS. Auf dem Flugblatt war eine nackte Frau abgebildet, die mit einem Beil in der Hand auf einem Sofa lag. An der Wand hinter ihr hingen wie Jagdtrophäen die abgeschnittenen Penisse der SDS-Wortführer. Darunter war zu lesen: »Befreit die sozialistischen Eminenzen von ihren bürgerlichen Schwänzen«. Das Flugblatt löste bei den männlichen Delegierten, die dies als Angriff auf ihre Männlichkeit verstanden, große Empörung aus.

Mit dem Niedergang der APO und der Auflösung des SDS zerfielen zunächst auch die Frauenorganisationen innerhalb der Bewegung. Doch bald entstanden neue Gruppen wie der Sozialistische Frauenbund Westberlin, der sich aus dem Aktionsrat zur Befreiung der Frau entwickelte. Noch standen vorwiegend Marxismusschulung und Klassenkampf auf dem Programm. Gerade diejenigen Gruppen, die im Umfeld der Studentenbewegung entstanden, brauchten lange, um sich aus ihrem linken Milieu zu lösen und zu einer eigenständigen Frauenpolitik zu kommen. Dies gelang ihnen vielfach erst im Zusammenhang mit der Auseinandersetzung um den Abtreibungsparagraphen 218. Erst hier kamen sie in Kontakt mit Frauen aus anderen Milieus. Die Hinwendung zum Feminismus in Theorie und Praxis führte innerhalb dieser Frauengruppen zu scharfen Auseinandersetzungen darüber, ob sich linke Frauen vorwiegend marxistisch oder feministisch verstehen sollten. Die Diskussion darüber sprengte diverse Organisationen, die Wege mancher Weggefährtinnen trennten sich. Doch es fanden sich neue Koalitionspartner, an die man bisher nicht einmal gedacht hatte. Denn auch außerhalb des studentischen Milieus hatten Frauen begonnen, sich zu organisieren und gegen ihre Diskriminierung anzugehen. Im ganzen Land trafen sich Frauen, um über die verschiedensten Fragen der Gleichberechtigung zu diskutieren. In Gruppen wie dem Aktionskreis Frau in Nürnberg oder der Aktion Emanzipation in Ulm trafen sich erwerbstätige Frauen, die einem sozialliberalen Milieu entstammten und in vielerlei Hinsicht andere Positionen vertraten als die Studentinnen. Ihnen ging es vor allem darum, die politisch-ökonomischen Herrschaftsstrukturen zu durchbrechen und innerhalb der Institutionen Veränderungen herbeizuführen. Aus ihrem Engagement heraus entwickelte sich später die institutionelle Gleichstellungspolitik. Diese Gruppen bildeten einen der beiden wichtigen Flügel der neuen Frauenbewegung. Den zweiten Flügel bildeten die Frauen, vor allem aus dem studentischen Milieu, die sich selbst und ihre persönliche Situation als Frau in den Vordergrund ihrer Überlegungen stellten. Sie versuchten nicht, die Institutionen zu verändern, sondern über Selbsterfahrungsgruppen ein eigenes Bewusstsein zu schaffen und eine eigene autonome weibliche Gegenkultur zu begründen. Trotz dieser unterschiedlichen Herangehensweisen gab es zwischen den diversen Gruppierungen viele Berührungspunkte und einer der Hauptberührungspunkte war der Kampf für die Straffreiheit der Abtreibung.

Abtreibung war in Deutschland bei Strafe verboten, trotzdem wurden jährlich Zigtausende von Schwangerschaften unterbrochen. Unzählige Frauen mussten jedes Jahr mit den Folgen von unsachgemäß durchgeführten Abtreibungen fertig werden, litten ohne die dringend notwendige medizinische Betreuung unter psychischen und physischen Schäden, ohne dass der Gesetzgeber auf diese Situation reagierte.

Beim Kampf für die ersatzlose Streichung des § 218 trafen sich Hausfrauen und Erwerbstätige, Studentinnen, Schülerinnen, alle Generationen, diverse politische Richtungen, Frauen aller sozialen Schichten. Sie alle einte ein Ziel: Weg mit § 218. Durch die gemeinsame Anstrengung, dieses Ziel zu verwirklichen, entstand das für die neue Frauenbewegung nötige schichtenübergreifende Bewusstsein. Hier wurde die Idee einer Frauenfront jenseits aller politischen Gegensätze Wirklichkeit. Frauen fühlten sich Frauen stärker verbunden als einem wie auch immer gearteten politischen Konzept.

Die erste Phase der neuen Frauenbewegung war geprägt durch die aufsehenerregenden Aktionen gegen § 218. Im Herbst 1970 kam es zur ersten großen Demonstration in Frankfurt a. M., bei der die Organisatorinnen in kürzester Zeit 2000 Unterschriften sammelten, mit denen sie die Streichung des § 218 forderten. Am 6. Juni 1971 bekannten 374 prominente und nichtprominente Frauen im *Stern*: »Ich habe abgetrieben.« Viele der Frauen prangten mit Bild auf der Titelseite des *Stern*, darunter Romy Schneider, Senta Berger und Vera Tschechowa.

Initiatorin dieser Selbstbezichtigungsaktion, die nach dem Vorbild der Aktion in Frankreich organisiert wurde, war eine Frau, die zur Symbolfigur des Feminismus in Deutschland werden sollte: die Journalistin Alice Schwarzer. Auch wenn sich später herausstellte, dass einige der Frauen in Wahrheit nicht abgetrieben hatten, sondern sich mit ihrer Selbstbezichtigung nur klar gegen den Abtreibungsparagraphen positioniert hatten, war die Wirkung ungeheuer: Frauen bezichtigten sich in vollem Bewusstsein einer Straftat, ohne Rücksicht auf die damit verbundenen Konsequenzen. Dies löste neben einer Welle der Empörung auch ungeheure Solidarität aus. In den nächsten Wochen unterschrieben mehrere Tausend Frauen ebenfalls diese Selbstbezichtigung. 230 Männer bekannten sich offen dazu, »Komplizen einer Abtreibung« gewesen zu sein. Trotz des offenkundigen Straftatbestandes wurden keine Verfahren eingeleitet. Dies machte den Aktivistinnen Mut für weitere Aktionen. Im Juni 1971 trafen sich verschiedene in den Kampf gegen den § 218 involvierte Gruppen zu einer ersten Delegiertenkonferenz in Düsseldorf und riefen die Aktion 218 ins Leben. Sie forderten nicht nur die ersatzlose Streichung des Abtreibungsparagraphen, sondern auch adäquate medizinische Betreuung für Frauen, die einen solchen Eingriff durchführen ließen, die Übernahme sämtlicher Kosten durch die Krankenkassen, freien Zugang zu Verhütungsmitteln sowie eine umfassende Sexualaufklärung. Bereits einen Monat nach ihrer Gründung überreichte die Aktion 218 Bundesjustizminister Gerhard Jahn (SPD) 90 000 Unterschriften und 3000 weitere Selbstanzeigen. Die Frauen veranstalteten Diskussionsabende und Demonstrationen, initiierten Anzeigenkampagnen und kollektive Kirchenaustritte. Es wurden Flugblätter verteilt und Infostände in Fußgängerzonen errichtet. Öffentliche Tribunale wurden abgehalten, auf denen Kirchen, Ärzteschaft, Pharmaindustrie, Presse, Werbung, Justiz und Parteien angeklagt wurden und die Öffentlichkeit über die Forderungen der Aktion 218 informiert wurde. Frauen richteten eigene Beratungszentren ein und vermittelten Adressen von Ärzten und Kliniken, die Abtreibungen durchführten. Die Berliner Frauengruppe Brot und Rosen erstellte ein Handbuch zu Fragen der Abtreibung und Verhütung. Feministinnen des Frauenzentrums Frankfurt organisierten Abtreibungsfahrten nach Holland, frei nach dem Motto: »Wir fahren nach Holland, aber nicht der Tulpen wegen.« Überall wurde offen Illegalität gelebt und propagiert, ohne dass die Staatsmacht einschritt. Das Thema Abtreibung war aus dem Tabubereich in den Fokus der Öffentlichkeit gerückt.

Im März 1972 fand der erste bundesweite Frauenkongress in Frankfurt a. M. statt. 400 Frauen aus 35 verschiedenen Gruppen nahmen daran teil. Unter dem Motto »Frauen erhebt euch, die Welt erlebt euch« formulierten die Delegierten ihre Forderung nach Gleichberechtigung. Sie verstanden sich nun auch selbst als deutsche Frauenbewegung und stellten die Existenz einer solchen Bewegung mit allerhand Aktionen gegen die Unterdrückung der Frau eindringlich unter Beweis. So zum Beispiel mit der Aktion »Lufthansa«, bei der mit der Frage »Ist der Himmel männlich?« eine Kölner Frauengruppe gegen die Weigerung der Lufthansa protestierte, Frauen als Pilotinnen einzustellen. Oder mit der Aktion »Miss Teenagerbein«, bei der die Frauengruppe Revolutionärer Kampf Frankfurt die Misswahl in einer Diskothek stürmte und den DJ mit Schweineschwänzen behängte.

Auch wenn die Frauenbewegung die ersatzlose Streichung des § 218 anstrebte, wusste sie, dass es für diese Maximalforderung nicht die für eine Gesetzesänderung nötige politische Mehrheit gab. Deshalb signalisierte sie potentiellen Koalitionspartnern, für den Moment auch mit einer Fristenlösung einverstanden zu sein. Von da an wurden die Aktionen gegen § 218 von einer breiten Mehrheit aus nahezu allen Parteien sowie den Gewerkschaften unterstützt. Einzig die Unionsparteien standen einer Gesetzesänderung ablehnend gegenüber. Im Juni 1973 demonstrierten rund 5000 Frauen in Bonn für eine Gesetzesänderung. Der Druck war inzwischen so groß, dass sich die sozial-liberale Regierung veranlasst sah, im April 1974 eine Fristenlösung zu verabschieden, wonach die Abtreibung bis zu einem bestimmten Zeitpunkt generell straffrei gestellt wurde. CDU/CSU, die das neue Gesetz als verfassungswidrig betrachteten, reichten daraufhin beim Bundesverfassungsgericht Klage ein. Im Februar 1975 entschied das Bundesverfassungsgericht zugunsten der Gesetzesgegner und stellte fest, dass das im Mutterleib sich entwickelnde Leben als selbständiges Rechtsgut zu betrachten sei, das unter dem Schutz der Verfassung stünde und Vorrang vor dem Selbstbestimmungsrecht der Frau habe.

1976 wurde schließlich anstatt der Fristenlösung die Indikationslösung eingeführt, wonach eine Schwangerschaft in Ausnahmesituationen bei medizinischer, embryopathischer, kriminologischer und sozialer Indikation unterbrochen werden durfte. Obwohl diese Ausnahmesituation vor allem im Bereich der sozialen Indikation zum Teil recht weit gefasst wurde, waren die Frauen unzufrieden: Ihr Ziel, das Selbstbestimmungsrecht über den eigenen Körper zu erlangen, war nicht erreicht worden, Abtreibung war nach wie vor grundsätzlich strafbar. Trotzdem sollte es fast zehn Jahre dauern, bis das Thema erneut hochkochte. 1987 versuchte die konservativ-liberale Regierung mit Hilfe eines neuen Beratungsgesetzes, die soziale Indikation einzuschränken. Ein Jahr später kam es zum berüchtigten Memminger Prozess gegen den Gynäkologen Horst Theißen wegen illegaler Schwangerschaftsabbrüche. Während der Verhandlung wurden Namen und intimste Details von 156 Frauen, die bei Theißen Abtreibungen vornehmen hatten lassen, öffentlich verlesen, 79 Frauen mussten persönlich vor Gericht aussagen. Über 279 Ermittlungsverfahren wurden aufgenommen, viele Beteiligte zu Geldstrafen verurteilt. Nicht nur Frauenverbände sprachen öffentlich von einer modernen Hexenjagd. Erneut kam es zu Demonstrationen und Veranstaltungen. 1989 überreichte die Fraueninitiative Frauen begehren Selbstbestimmung Familienministerin Ursula Lehr (CDU) 30 000 Unterschriften für die ersatzlose Streichung des § 218. Doch erst die Wiedervereinigung schuf berechtigte Hoffnung auf ein neues Gesetz. Im Zuge der Schaffung einer einheitlichen Gesetzeslage wurde das Thema erneut auf die Tagesordnung gesetzt. Die bis dahin in der DDR geltende Fristenlösung, wonach ein Abbruch während der ersten drei Schwangerschaftsmonate straffrei war, wurde mit dem Zusatz der Beratungspflicht, die eine weitere Bevormundung der Frauen darstellte, übernommen. Doch das Drama von 1974 sollte sich wiederholen – abermals reichten die Reformgegner Klage ein. Bayern zog vors Bundesverfassungsgericht und erreichte, dass das Gesetz zur bitteren Enttäuschung vieler Frauen erneut gekippt wurde. Im Juni 1995 beschloss der Bundestag das bis heute geltende Abtreibungsrecht, das de facto eine Fristenlösung darstellt. Es handelt sich um eine modifizierte Fristenlösung mit Beratungspflicht, wonach Abtreibungen in den ersten drei Monaten rechtswidrig sind, jedoch straffrei bleiben, wenn sich die Frau einer Beratung unterzieht. Diese Beratung entfällt bei medizinischer, embryopathischer oder kriminologischer Indikation. Spätabtreibungen sind in besonderen Fällen möglich. Der Weg zur Abtreibung aber ist nach wie vor fremdbestimmt und Abtreibung alles in allem bis heute rechtswidrig.

Ausgerechnet im Jahr 1975, das von den Vereinten Nationen zum Internationalen Jahr der Frau erklärt wurde, erlebte die westdeutsche Frauenbewegung mit dem Scheitern der Aktion 218 ihre größte Niederlage. Die Auseinandersetzungen um § 218 kamen zum Erliegen, die Frauenbewegung trat in eine neue Phase ein. Die spektakulären Aktionen gingen zurück, der Rückzug nach innen begann.

In den vergangenen Jahren hatte die Bewegung einen enormen Mitgliederzuwachs verzeichnen können, der nun ihre Organisationsstruktur veränderte. Aus einer überschaubaren Anzahl von Frauengruppen, die durch persönliche Kontakte vernetzt waren, entwickelten sich zahlreiche Einzelgruppen, die nicht mehr notwendigerweise in Kontakt zueinander standen. Selbsterfahrungsgruppen gewannen vor allem für radikale Feministinnen an Bedeutung. In den Großstädten entstanden erste Frauenzentren, in denen sich die einzelnen Gruppen treffen konnten. Sie alle waren Teil einer autonomen Frauenbewegung, waren Organisationen von Frauen für Frauen. Ernüchtert von der Ergebnislosigkeit der vergangenen Jahre setzten sie nicht länger darauf, dass ihre Situation durch die von Männern dominierten Parteien, Organisationen und Institutionen verändert wird, sondern suchten unter Ausschluss der Männer Kontakt und Austausch mit anderen Frauen. Diese bewusste Abgrenzung brachte der Bewegung das Attribut »männerfeindlich« ein, obwohl es den Frauen gerade darum ging, sich nicht mehr länger über den Mann zu definieren – nicht einmal als dessen Feindin. Frauen suchten eine neue Weiblichkeit, unabhängig von der, die von Männern bestimmt war und die sie selbst kritiklos verinnerlicht hatten. Sie entdeckten, dass die patriarchale Gesellschaft nicht nur ihre äußeren Lebensumstände bestimmt hatte, sondern auch ihr Körper und ihre Seele zu fremdbestimmten Gebieten geworden waren. Ursächlich für diese Fremdbestimmung war nicht nur das Patriarchat, sondern beispielsweise eine männlich bestimmte Medizin, die nur wenig Ahnung von Frauenheilkunde hatte, oder eine männliche Psychoanalyse. Im Zusammenschluss mit anderen Frauen sollten Frauen nun eine neue Weiblichkeit entwickeln, sich mit sich selbst beschäftigen und lernen, den allmächtigen Einfluss des Mannes abzuwehren. Feminismus wurde als neue Lebensform verstanden. Frauen entdeckten altes Frauenheilwissen neu, spürten eigene Vorbilder in der Geschichte auf, begannen sich mit Matriarchatsforschung zu beschäftigen und schlossen sich zu feministischen Selbsterfahrungsgruppen zusammen.

Die Themen dieser Selbsterfahrungsgruppen waren vielfältig. Sie reichten von der eigenen Identität über Sexualität und Familie bis hin zum Beruf. Es ging um Selbstbewusstsein und Selbstverwirklichung, das Verhältnis zum eigenen Körper und sexuelle Befreiung, Gewalt gegen Frauen und sexuelle Belästigung, das Verhältnis zu Eltern, Kindern und Partnern, Probleme der Doppelbelastung, der häuslichen Arbeitsteilung und vieles andere mehr. Frauen werteten ihr Schicksal nicht mehr als individuelles Einzelschicksal oder persönliches Versagen, sondern erklärten ihre Probleme kollektiv aus dem gesellschaftlichen Zusammenhang ihrer Unterdrückung heraus. Dabei trafen sie sich in Kleingruppen von 8 bis 12 Frauen, in Privatwohnungen oder Frauenzentren, und versuchten auf der Basis von Frauensolidarität neue Lebensstrategien zu entwickeln. Nach dem Vorbild des amerikanischen *Consciousness-Raising* sollten die Frauen idealtypisch in vier Phasen zu einer neuen Strategie finden. Ausgangspunkt für den Selbsterfahrungsprozess war zunächst die subjektive Betroffenheit der Teilnehmerinnen. In der ersten Phase sollte sich jede Frau selbst darstellen, der Schwerpunkt lag auf der Sichtbarmachung von Gefühlen. In der zweiten Phase wurde von Erlebnissen berichtet und Erfahrung ausgetauscht. Größter Wert wurde dabei auf aktives Zuhören und verstehendes Nachfragen gelegt. In der dritten Phase wurde mit der Analyse der einzelnen Erfahrungen begonnen, die dann in Phase vier in einem letzten Schritt in einen gesellschaftlichen Gesamtzusammenhang eingeordnet wurden. Daraus entstand im Idealfall eine Strategie zur Veränderung von individuellem Verhalten und gesellschaftlichen Verhältnissen zugleich. Viele Selbsterfahrungsgruppen wurden mit Lektüregruppen verbunden, in denen feministische Klassiker wie Friedan, de Beauvoir und Millet gelesen oder Texte zu einem ganz bestimmten Problemfeld bearbeitet wurden.

Zumeist waren die Selbsterfahrungsgruppen nicht sehr langlebig, in der Regel dauerten sie zwischen einigen Wochen und einem Jahr. Manche lösten sich auf, weil sie ihr Ziel erreicht hatten, andere hingegen, weil sie gescheitert waren. Schwierigkeiten bereiteten die oftmals hohen Erwartungen der Teilnehmerinnen sowie deren Heterogenität. Vielen Gruppen gelang es nicht, die Ebene der Selbstdarstellung der eigenen Gefühle zu verlassen und zur Analyse überzugehen. Die üblichen gruppendynamischen Prozesse machten auch vor den Frauengruppen nicht halt. Vielrednerinnen und Schweigsame trafen aufeinander und verhinderten einen kollektiven Selbsterfahrungsprozess. Trotz guter Vorsätze, eine andere Art von Organisationsstruktur zu schaffen, entstanden Hierarchien und Abhängigkeiten. Persönliche Konflikte und Reibereien verhinderten manchmal die angestrebte Frauensolidarität. Zudem verließen viele Frauen die Gruppe, wenn der

Druck des eigenen Problems nachgelassen hatte. Dies geschah oft, bevor der Selbsterfahrungsprozess zu einem veränderten Verhalten oder einer neuen Strategie geführt hatte.

Immer wieder wurde der Vorwurf laut, die Selbsterfahrungsgruppen seien nichts weiter als bessere Kaffeekränzchen. Gerade linke Feministinnen kritisierten, dass die Gruppen eher Therapieersatz als revolutionär-politisierend seien. Die in den Frauenzentren diagnostizierte angebliche Theorielosigkeit führte schließlich 1976 zur Gründung der der DKP nahestehenden Demokratischen Fraueninitiative (DFI), die sich bewusst von den existierenden Frauenzentren abgrenzte.

Noch größer als die Differenz zwischen den radikalen und den sozialistischen Gruppen der neuen Frauenbewegung war allerdings der Graben zwischen der neuen Frauenbewegung und den traditionellen Frauenverbänden. Während letztere auf den langen Marsch durch die Institutionen setzten und durch Mitarbeit in Parteien, Gewerkschaften, Kirchen und Verbänden eine Änderung der Rahmenbedingungen für Frauen erreichen wollten, setzten die Vertreterinnen der neuen Frauenbewegung vor allem auf die Veränderung des Bewusstseins. Zwar gab es immer wieder Kontakte und vorsichtige Annäherungsversuche, doch das Unverständnis und die gegenseitige Ablehnung überwogen.

Mitte der 1970er Jahre erhielt die neue Frauenbewegung in der Bundesrepublik in der Öffentlichkeit ein Gesicht. Es war das der Journalistin Alice Schwarzer, die vor allem Simone de Beauvoirs Thesen in Deutschland bekannt machte. Einem breiten Publikum bekannt wurde die Feministin im Februar 1975 durch ein Fernsehstreitgespräch mit Esther Vilar im WDR. Vilar hatte in ihrem antifeministischen Buch *Der dressierte Mann* Frauen als die eigentlichen Profiteurinnen des Geschlechterverhältnisses und Männer als das eigentlich unterdrückte Geschlecht bezeichnet. Die von den Medien als

Fernsehschlacht des Jahres vermarktete Live-Sendung, die Rekordeinschaltquoten erzielte und in sämtlichen Printmedien nachgezeichnet wurde, machte Alice Schwarzer mit einem Schlag berühmt. Im September 1975 veröffentlichte sie ihr bekanntestes Buch: *Der kleine Unterschied und seine großen Folgen.* Schwarzer protokollierte darin die Aussagen von 15 Frauen verschiedener Altersgruppen und Soziallagen zu Alltag, Beruf, Partnerschaft, Liebe und Sexualität. In ihrer anschließenden Analyse definierte sie Liebe und Sexualität als Instrumente der (Selbst-)Unterdrückung von Frauen: »Sexualität ist zugleich Spiegel und Instrument der Unterdrückung der Frauen in allen Lebensbereichen. Hier fallen die Würfel. Hier liegen Unterwerfung, Schuldbewusstsein und Männerfixierung von Frauen verankert. Hier steht das Fundament der männlichen Macht und der weiblichen Ohnmacht. Hier entzieht sich scheinbar ›Privates‹ jeglicher gesellschaftlichen Reflexion« (Schwarzer, S. 10). Alice Schwarzers Buch wurde auf einem Buchmarkt, der soeben feministische Literatur für sich entdeckte, zum Bestseller.

Von 1977 an standen in der dritten Phase der neuen Frauenbewegung feministische Projekte im Vordergrund. Als Frauenprojekte verstand die Bewegung dabei vor allem Projekte, die für die Verbreitung ihrer Ideen standen, also Verlage, Zeitschriften, Buchhandlungen, Teestuben, Beratungsstellen, Gesundheitszentren und ähnliches. Frauenprojekte im gesundheits- und sozialpolitischen Bereich, im wissenschaftlichen oder kulturellen Bereich bildeten erste Ansätze einer feministischen Gegenkultur. Dem Anspruch nach sollten sich die Projekte selbst tragen und nach Möglichkeit bezahlte Arbeitsplätze für die dort tätigen Frauen schaffen. Von ihrer Organisationsstruktur her wurden sie als Kollektiv geführt, mit gemeinsamen Entscheidungen und gemeinschaftlichem finanziellen Risiko.

Nach amerikanischem Vorbild wurden erste feministische Frauengesundheitszentren eröffnet, die den weiblichen Körper von der Fremdbestimmung durch das patriarchal bestimmte Gesundheitswesen befreien wollten. Frauen wurden hier über Verhütung, Schwangerschaft und Schwangerschaftsabbrüche beraten sowie zu gynäkologischer Selbstbeobachtung und -untersuchung angeleitet. Nicht nur die Physis, auch die Psyche wurde in weibliche Hände gelegt und eine feministische Therapie begründet. Dies schien notwendig, da die gängigen Therapiemethoden nicht mehr dem aktuellen Bewusstsein der Frauen entsprachen und viele Frauen festgestellt hatten, dass ihre männlichen Therapeuten, anstatt sie in ihrem neuen Ich zu bestärken, ein altes Frauenbild propagierten. Gerade in den Großstädten bildeten sich Therapiegruppen, die versuchten, Frauen dabei zu unterstützen, eine eigene Identität als Frauen zu entwickeln und gemeinsam mit anderen Frauen ihre Bedürfnisse zu artikulieren und durchzusetzen.

Auch im kulturellen Bereich entstanden zahlreiche feministische Projekte. 1975 erschien der erste Frauenkalender, dem viele Jahrbücher und Kalender folgten. Frauenverlage wie Frauenpolitik in Münster oder die Münchner Frauenoffensive, die sich auf feministische Literatur spezialisierten, wurden ins Leben gerufen. Frauenoffensive landete 1978 mit Verena Stefans feministischem Bestseller *Häutungen* einen großen publizistischen und finanziellen Erfolg. Die großen Verlage entdeckten erst mit Verzögerung das Potential, das in Frauenliteratur lag, zogen dann aber mit eigenen Frauenbuchreihen, vor allem im Taschenbuchformat, nach.

Frauenbuchläden ergänzten das neue Frauenkommunikationsnetz. Neben dem Vertrieb von feministischer Literatur wurden die ihnen oftmals angeschlossenen Frauenteestuben zu Orten des Austauschs und der Kontaktaufnahme. Dort fanden Autorinnenlesungen, Diskussionsabende und vieles andere mehr statt. Frauenbands, Frauentheatergruppen und Frauenkabaretts wurden gegründet. Neue Frauenzeitungen eroberten den Markt, die erfolgreichsten waren *Courage* (1976) und *Emma* (1977). Beide Zeitschriften wurden ausschließlich von Frauen gemacht.

Mit der ersten Berliner Sommeruniversität von Frauen begann 1976 die kritische Frauenforschung in der Bundesrepublik Deutschland. Kritik formierte sich nicht nur an der geringen Teilhabe von Frauen im Wissenschaftsbetrieb, sondern auch an den Inhalten einer rein männlichen Wissenschaft. Frauen fehlten als Forschungssubjekte ebenso wie als Forschungsobjekte. Die Sommeruniversität gab Anstoß für die sich in den 1980er Jahren bundesweit ausbreitende und heute an vielen Universitäten fest etablierte Frauen- und Genderforschung. An den daraufhin jährlich an verschiedenen Orten stattfindenden Frauenuniversitäten beteiligten sich unzählige Frauen auch aus nichtakademischen Kreisen.

Nach langen Diskussionen, ob Frauen Frauenforschung innerhalb der bestehenden wissenschaftlichen Organisationen vorantreiben sollten oder sich autonom organisieren sollten, um der feministischen Frauenforschung eine Plattform zu bieten, gründete sich 1978 der Verein Sozialwissenschaftliche Forschung und Praxis für Frauen, dem Frauen aus dem pädagogischen und sozialen Bereich angehören. Sie schlossen sich mit dem Ziel einer interdisziplinären Frauenforschung auf nationaler und internationaler Ebene zusammen. Zudem wollte man die beruflichen Interessen von Sozialwissenschaftlerinnen besser vertreten. Der Verein veranstaltete Kongresse und Tagungen, an denen mehrere Tausend Frauen teilnahmen. Es entwickelte sich in jenen Jahren auch eine feministische Theologie, eine feministische Pädagogik sowie die feministische Kritik an Naturwissenschaften und Technik.

Bekanntestes Frauenprojekt und traurige Erfolgsgeschichte

zugleich ist das bis heute bestehende Frauenhausprojekt. 1976 wurde in Berlin nach englischem Vorbild das erste Frauenhaus eröffnet. Die neuen Frauenhäuser waren von der staatlichen Sozialfürsorge unabhängige, selbstverwaltete Einrichtungen, die nur Frauen zugänglich waren. Nicht nur gewalttätige Partner, auch männliche Behördenvertreter, Ärzte und Polizisten hatten dort keinen Zutritt. Misshandelte Frauen sollten hier mit ihren Kindern Unterkunft, psychologische Betreuung, qualifizierte Beratung, juristischen Beistand und praktische Hilfestellung erhalten. Dabei versuchten die Frauenhäuser nicht nur, Ersthilfe zu leisten, sondern mit den Betroffenen neue Lebensperspektiven zu entwickeln. Die Frauen sollten mit ihren Kindern so lange in selbstverwalteten Wohngemeinschaften bleiben, bis sie die Kraft fänden, außerhalb des Frauenhauses selbständig zu leben. Dabei sollte der Austausch mit ebenfalls betroffenen Frauen ihnen helfen, ihre eigene Situation besser einzuschätzen. Von Anfang an erwies sich die Finanzierung der Frauenhäuser als problematisch. Neben Spenden war man bald auch auf staatliche Zuwendungen angewiesen, und es begann der Zwiespalt zwischen Autonomie und Institutionalisierung. Dieser nahm über die Jahre zu, nachdem viele Frauen aus Parteien und anderen Organisationen sich für Frauenhausprojekte starkmachten. Im Gegenzug dazu taten sich die Kommunen stets schwer, autonome Frauenhäuser ohne staatliche Einflussmöglichkeit finanziell zu unterstützen.

Obwohl Frauenhäuser in erster Linie Direkthilfe für betroffene Frauen boten, war mit ihrer Entstehung auch eine politische Absicht verbunden. Mit der Verbreitung der Frauenhäuser rückte das Tabuthema häusliche Gewalt verstärkt in den Fokus der Öffentlichkeit. Mit den Frauenhausprojekten wollten die Aktivistinnen die Öffentlichkeit für die verschiedenen Formen von Gewalt gegen Frauen und ihre Folgen sensibilisieren. Gewalt gegen Frauen wurde nun auf verschiedenen Ebenen thematisiert und enttabuisiert. Eines der wichtigsten Problemfelder war dabei die Vergewaltigung von Frauen. 1978 wurde in Berlin wiederum nach englischem Vorbild der erste Frauennotruf für vergewaltigte Frauen installiert. Die von den Frauen angestoßene Diskussion brachte schließlich das lange verschwiegene Thema Gewalt und Vergewaltigung in der Ehe auf die Tagesordnung. Dennoch dauerte es noch zwanzig Jahre, bis Vergewaltigung in der Ehe 1997 unter Strafe gestellt wurde.

Neben unmittelbarer körperlicher Gewalt wiesen die Frauen auch auf die strukturelle Gewalt hin, die vom Sexismus ausgeht. 1978 standen Alice Schwarzer und der *Stern* erneut im Fokus einer feministischen Aktion, diesmal jedoch auf verschiedenen Seiten. Alice Schwarzer verklagte den *Stern* wegen seiner sexistischen Frauendarstellungen. Unmittelbarer Auslöser für die sogenannte Sexismus-Klage war ein Bild des Fotografen Helmut Newton von der Pop-Sängerin Grace Jones, das im April 1978 auf dem Titelblatt des *Stern* erschienen war. Jones war darauf nackt, in Ketten an einen Käfig gefesselt, die Hand an einem phallischen Mikrofon, zu sehen. Alice Schwarzer sah in dem Foto, das ihrer Ansicht nach die Frau zum bloßen Sexualobjekt degradierte, einen Verstoß gegen die Menschenwürde aller Frauen und klagte auf Unterlassung, da sie sich persönlich beleidigt fühlte. Dem von *Emma* veröffentlichten Aufruf zur Klage schlossen sich unter anderem Inge Meysel, Luise Rinser, Erika Pluhar, Margarete von Trotta und Margarete Mitscherlich an. Die Klage wurde jedoch abgewiesen mit der Begründung, dass Frauen keine kollektiv beleidigbare Personengruppe seien. Als Schwarzer Beschwerde beim Presserat einlegte, schlossen sich mit dem Deutschen Frauenrat rund 10 Millionen Frauen ihrer Beschwerde an.

Die Sexismus-Klage war Teil der gut zehn Jahre später

von *Emma* ins Leben gerufenen »PorNo«-Kampagne. Alice Schwarzer und ihre Unterstützerinnen lehnen Pornographie ab, da sie Frauen als passive Objekte männlicher sexueller Begierden statt als aktiv Handelnde darstelle. Die Hemmschwelle für tatsächliche Gewalt gegen Frauen würde durch derartige Darstellungen sinken. 1987 forderte *Emma* ein Anti-Porno-Gesetz, nach dem Motto »Pornographie ist die Theorie, Vergewaltigung ist die Praxis«. Ein Entwurf für ein solches Anti-Pornographie-Gesetz wurde 1988 in *Emma* vorgestellt. Für einen Teil der Feministinnen war Pornographie ein Verstoß gegen die Menschenwürde, da deren zentraler Sinn die Propagierung und Realisierung von Frauenerniedrigung und Frauenverachtung sei. Damit griffen sie Überlegungen auf, die bereits in den 1970er Jahren heiß diskutiert worden waren. Ausgangsort waren seinerzeit die USA gewesen, wo Andrea Dworkin in ihrer 1979 veröffentlichten Schrift *Pornography – Men Possessing Women* (*Pornographie – Männer beherrschen Frauen*) Penetration generell als Gewaltakt definierte. Zusammen mit der Radikalfeministin und Juraprofessorin Catharine MacKinnon setzte sie sich dafür ein, Pornographie von der in Art. 1 der US-Verfassung garantierten Redefreiheit auszunehmen und als Verletzung der Bürgerrechte zu definieren. Allerdings gab es vor allem innerhalb der linken Bewegung viele Stimmen, die ein Pornographieverbot mit Zensur gleichsetzten und vor einer prüden Sexualmoral warnten. Feministische Gruppierungen wie die 1976 in San Francisco gegründete *Women Against Violence in Pornography and Media* (WAVPM) kämpften hingegen nicht nur gegen Gewalt und Pornographie in den Medien, sondern auch gegen sadomasochistische Praktiken, die sie genau wie Alice Schwarzer als ritualisierte Gewalt gegen Frauen betrachteten. Diese Einschätzung führte innerhalb der feministischen Bewegung zu kontroversen Debatten, den sogenannten *Feminist Sex Wars*, die vor allem zwischen feministischen und lesbischen Frauen ausgetragen wurden und werden. Hierbei wurden und werden vor allem Themen wie Pornographie, Sadomasochismus und Transsexualität thematisiert. Die Bewegung spaltete sich in einen antipornographischen Feminismus und einen – zum Beispiel von der amerikanischen Lesbengruppe *Samois*, die für die Rechte von lesbischen Sadomasochistinnen eintritt, verkörperten – sexpositiven Feminismus. Diese bis heute andauernden Auseinandersetzungen leiteten das Ende der zweiten Welle der Frauenbewegung ein. Die »PorNo«-Kampagne von *Emma* und Alice Schwarzer ging davon unbehelligt weiter und erreichte ihren vorläufigen Höhepunkt 1993, als *Emma* im Rahmen einer Ausstellung in Hamburg 19 Aktfotos von Helmut Newton abdruckte und diese als frauenfeindlich, faschistisch und rassistisch bezeichnete.

Ende der 1970er Jahre vermischten sich angesichts eines konkreten Bedrohungsszenarios Frauen-, Friedens- und Ökologiebewegung. Die Angst vor der zivilen und militärischen Nutzung der Atomkraft, die Diskussion um den Nato-Doppelbeschluss, der Einzug der Grünen ins Parlament und schließlich die Reaktorkatastrophe von Tschernobyl führten dazu, dass neben der patriarchalen Herrschaftskritik die Kritik an der patriarchalen Naturzerstörung immer lauter wurde. Viele Frauen zogen eine Parallele zwischen der Unterdrückung der Frauen und der Unterdrückung der Natur mit ihrer Konsequenz der Umweltzerstörung. Es entstand der sogenannte Ökofeminismus, dessen herausragende Theoretikerin die Theologin Mary Daly wurde, berühmt auch durch ihr Projekt, eine eigene Sprache für Frauen zu entwickeln. Ihr 1973 erschienenes Buch *Beyond God the Father. Toward a Philosophy of Women's Liberation* (*Jenseits von Gottvater, Sohn & Co.*) war eine fundamentale Kritik an der Kirche. In ihm setzte sie an die Stelle des unterdrückenden Vatergottes die Göttin und forderte die Anerkennung von Homosexualität als Form weiblicher Lebenskunst. In ihrem Buch *Gyn/Ökologie* (1978) prangerte sie an Frauen in der patriarchalen Gesellschaft begangenes weltweites Unrecht wie Witwenverbrennung in Indien, Hexenverbrennung in Europa, Füßebinden in China oder Genitalverstümmelung in Afrika an. Daly forderte Frauen dazu auf, sich von der globalen patriarchalen Kultur zu distanzieren und eigene, freie, lesbische »natürliche« Gemeinschaften zu gründen und sich ihrer weiblichen gyn/ökologischen Macht bewusst zu werden. Viele Feministinnen erklärten Frauen daraufhin aufgrund ihrer biologischen Fähigkeit des Gebärens und der sozialen Fähigkeit der Fürsorge zu Verbündeten der Natur. Während Männer für das Destruktive stünden, stünden Frauen für eine naturfreundliche, friedliche Politik.

Allerdings wollten nicht alle Feministinnen ihnen darin folgen, da diese Argumentation letztlich die traditionelle patriarchale Festlegung der weiblichen Natur wiederbelebte. Im großen und ganzen blieb der Ökofeminismus eine Spielart des Feminismus, der den Zeitgeist der späten 1970er und frühen 1980er Jahre widerspiegelt, sich aber in Deutschland nicht zu einer Massenbewegung formieren konnte.

Das Land des Nebenwiderspruchs
Die staatliche Frauenbewegung in der DDR

Unmittelbar nach Ende des Zweiten Weltkriegs wurde in der Sowjetischen Besatzungszone SBZ mit dem Aufbau eines sozialistischen Gemeinwesens begonnen. Neben der Überwindung des Klassenantagonismus sollte dabei auch der Antagonismus zwischen den Geschlechtern beseitigt werden. Die Gleichstellung der Frau war offizielles Ziel sozialistischer Politik, und die Aufhebung der Diskriminierung der Frau ein fester Bestandteil des »antifaschistischen demokratischen Aufbaus«. Die Frauenfrage wurde als Teil der sozialen Frage verstanden, und mit der Lösung der sozialen Frage sollte nun auch die Frauenfrage endgültig gelöst werden. Klasseninteressen überlagerten dabei aber immer Fraueninteressen. Die Annahme, dass die Angehörigen der Arbeiterklasse, egal ob weiblich oder männlich, identische Interessen hätten, verschleierte die Tatsache, dass auch innerhalb einer Klasse das Herrschaftsverhältnis von Mann und Frau existierte. Die Geschlechterfrage blieb darum stets weit hinter der Klassenfrage zurück und obwohl diverse Maßnahmen ergriffen wurden, um die Situation der Frauen zu verbessern, blieb bis zum Ende der DDR eine nicht zu übersehende Differenz zwischen der Poesie des Herzens und der Prosa der Verhältnisse.

Bereits im Mai 1945 richtete die Sowjetische Militäradministration (SMAD), welche die Verwaltung der SBZ überhatte, erste kommunale antifaschistische Frauenausschüsse ein, die die Teilhabe von Frauen in allen Bereichen des öffentlichen Lebens fördern sollten. Die Frauenausschüsse gingen 1947 im Demokratischen Frauenbund (DFD) auf. – Im August 1946 gab die SMAD mit Befehl Nr. 253 Order, von nun an gleichen Lohn für gleiche Arbeit, unabhängig vom Geschlecht, auszubezahlen.

Auch die aus dem Zusammenschluss von SPD und KPD entstandene Sozialistische Einheitspartei SED schrieb sich die Befreiung der Frau auf die Fahnen. Nach dem Vereinigungsparteitag vom April 1946 waren 21,5 Prozent der Parteimitglieder Frauen. In ihren 1946 formulierten Grundsätzen und Zielen forderte die SED die Gleichheit aller Bürger vor dem Gesetz sowie die Gleichberechtigung der Frau im öffentlichen Leben und im Beruf. Auf ihrem II. Parteitag verabschiedete sie 1947 eine Resolution, wonach die politische, rechtliche und wirtschaftliche Gleichstellung der Frau eine der vordringlichsten Aufgaben von Partei und Staat war. Frauen sollten nicht nur aktiv an der Gestaltung des neuen Staates mitwirken, sondern auch innerhalb der Partei eine wichtige Rolle spielen. Zu diesem Zweck wurde eine Art Quote für die »pflichtgemäße Heranziehung von Frauen für Parteifunktionen« eingeführt. Nach der Verabschiedung der Verfassung wurde diese aufgrund der nun geltenden verfassungsmäßigen Gleichberechtigung 1950 wieder abgeschafft.

1949 wurde mit Gründung der DDR eine erste Verfassung verabschiedet. Diese war zumindest rein formal wesentlich frauenfreundlicher als das Grundgesetz und brachte mit Art. 7 die Gleichberechtigung von Mann und Frau. Alle Bestimmungen des alten BGB, die diesem Grundsatz der Gleichberechtigung zuwiderliefen, wurden aufgehoben. Die Verfassung garantierte gleiche Rechte in der Familie (Art. 30), gleichen Lohn für gleiche Arbeit (Art. 18), das Recht auf gleiche Bildung (Art. 35) sowie ein Diskriminierungsverbot von unehelichen Kindern und deren Eltern (Art. 33).

Die ersten frauenpolitischen Maßnahmen sollten vor allem die rechtliche Basis für die Gleichberechtigung schaffen sowie Maßnahmen begründen, die es Frauen ermöglichten, aktiv am öffentlichen Leben teilzuhaben. 1950 wurde das Gesetz über den Mutter- und Kinderschutz und die Rechte der Frau verabschiedet, das 1954 und 1958 noch erweitert wurde. Mit dem Recht auf Arbeit erhielten Frauen das Recht auf ökonomische Unabhängigkeit. Gesonderte Fürsorgebestimmungen für arbeitende Frauen wie einige Wochen Lohnausgleich vor und nach der Geburt, unbezahlter Urlaub ein Jahr nach der Geburt des Kindes samt Arbeitsplatzgarantie sowie Kindergeld wurden erlassen. 1955 wurde ein neues Scheidungsrecht eingeführt, das das Schuldprinzip durch das Zerrüttungsprinzip ersetzte. Frauen erhielten die gleichen Rechte in Sachen Eigentum und Erbrecht, Unterhaltsansprüche wurden bis auf wenige Ausnahmen abgeschafft. Ab 1956 konnten alleinerziehende Mütter für die Pflege von kranken Kindern Lohnfortzahlung bis zu vier Wochen im Jahr in Anspruch nehmen. Im Arbeitsgesetzbuch von 1962 wurden unter anderem Verbesserungen bei der Kinderbetreuung sowie die materielle Unterstützung alleinerziehender Mütter bei Krankheit der Kinder eingeführt. Ein ganzes Kapitel des Gesetzbuches befasste sich mit der »Förderung der werktätigen Frau und den Problemen der arbeitenden Frau«.

Das Frauenleitbild der DDR war die erwerbstätige Frau, weshalb bis Anfang der 1970er Jahre in der Frauenpolitik die Förderung der weiblichen Berufstätigkeit im Vordergrund stand. Ursächlich dafür war neben der ökonomischen Notwendigkeit, Frauen am Aufbau des neuen Staates zu beteiligen, auch die marxistische Auffassung, dass das Sein das Bewusstsein bestimme und erst die Arbeit den Menschen zu einem sozialen Glied der Gesellschaft mache. In der sozialistischen Theorie war Frauenemanzipation eng verbunden mit dem Recht der Frau auf Erwerbsarbeit. Nichterwerbstätigkeit galt als Ursache der Unterdrückung der Frau. Frauenerwerbsarbeit wurde mit Frauenemanzipation gleichgesetzt, nur sie schaffe die ökonomische Unabhängigkeit vom Mann. Dass die Erwerbstätigkeit der Frau für den Aufbau des neuen Staates unabdingbar war, korrespondierte ideal mit diesen theoretischen Vorgaben. Selbst die wenigen Hausfrauen wurden ab 1956 in sogenannten Hausfrauenbrigaden zu Arbeitseinsätzen in Fabriken oder in der Landwirtschaft herangezogen.

Als Voraussetzung für die Erwerbstätigkeit von Frauen galt eine qualifizierte Ausbildung, die auch als wichtiger Teil der Persönlichkeitsentwicklung der Frau betrachtet wurde. Gerade ältere Frauen hatten als Relikt aus der NS-Zeit einen immensen Nachholbedarf. So wurden zahlreiche Fördermaßnahmen für die Weiterbildung von Frauen initiiert, die diesen Bildungsrückstand teilweise kompensieren konnten. Die heranwachsende Generation sollte von vornherein gleichwertig ausgebildet werden, um beiden Geschlechtern den Weg in alle Berufe und Positionen zu ebnen. Frauen sollten in Männerdomänen eindringen, von Männern in Frauenberufen war nicht die Rede.

1952 wurden zur Unterstützung der Gleichberechtigung und Förderung von Frauen in den Betrieben Frauenausschüsse gegründet. 1965 wurden diese den Betriebsgewerkschaftsleitungen unterstellt. Auch wenn Frauen in den Gewerkschaften stets stark vertreten waren, konnten sie nur selten eigene fraupolitische Ansätze entwickeln.

Die Hälfte aller Studierenden in der DDR war weiblich, beschränkte sich jedoch ähnlich wie im Westen auf vorwiegend »frauenspezifische« Studiengänge wie Pädagogik, Sprachen, Literatur und Kunst. Dennoch war der Anteil von Frauen in naturwissenschaftlichen und technischen Bereichen wesentlich höher als in der Bundesrepublik. Auch auf der mittleren Ebene waren Frauen in vielen Bereichen führend. So waren etwa 90 Prozent aller Sparkassenleiterinnen weiblich. In leitenden Positionen, vor allem in der Industrie und in der Wirtschaft, fanden sich jedoch nur wenige Frauen.

Aufgrund dieses Umstandes verdienten Frauen, trotz der

gesetzlichen Vorschrift gleichen Lohns für gleiche Arbeit, insgesamt weniger als Männer. Sie waren vorwiegend in Berufen oder Branchen tätig, die schlechter bezahlt waren. Viele Frauen arbeiteten aufgrund ihrer familiären Situation in Teilzeit, gerade ältere Frauen mussten wegen ihrer geringen Vorkenntnisse trotz Fördermaßnahmen schlecht bezahlte Tätigkeiten übernehmen.

Bereits im ZK-Kommuniqué *Die Frau – der Frieden und der Sozialismus* von 1961 war der geringe Anteil von Frauen in Leitungspositionen kritisiert worden. Der noch immer herrschende Bildungsrückstand von Frauen müsse zum Wohle der Wirtschaft rasch überwunden und Frauen verstärkt für die immer wichtiger werdenden technischen Berufe gewonnen werden. 1964 wurde an der Akademie der Wissenschaften der wissenschaftliche Beirat Die Frau in der sozialistischen Gesellschaft gegründet. Ein Jahr später verabschiedete die Volkskammer ein neues Familiengesetzbuch (FGB), das 1966 in Kraft trat. Darin wurden die Eigentums- und Vermögensgemeinschaft der Eheleute sowie die gemeinsamen Rechte und Pflichten bei Kindererziehung und im Haushalt neu geregelt. Demnach oblag die Verantwortung für Haushaltsführung und Kindererziehung gleichberechtigt beiden Partnern – zumindest in der Theorie.

Die Realität des real existierenden Sozialismus sah deutlich anders aus. Sowohl innerhalb der Partei als auch in der DDR-Gesellschaft insgesamt blieb ein patriarchales Familienmodell erhalten, das Frauen jetzt auf Mutterschaft plus Berufstätigkeit festlegte. Eine neue Arbeitsteilung der Geschlechter kam nicht zustande. Die Frauenpolitik der DDR orientierte sich am Pronatalismus und an der Vereinbarkeit von Mutterschaft und Berufstätigkeit. Gerade in den 1970er Jahren wurden mit Hinblick auf die schrumpfenden Bevölkerungszahlen zahlreiche Gesetze erlassen, welche die Vereinbarkeit von Beruf und Familie gewährleisten sollten. Dazu gehörten unter anderem das bezahlte Babyjahr, eine Arbeitszeitverkürzung für Mütter, die Erhöhung des Kindergeldes sowie der zusätzliche Ausbau von Krippen und Kindergärten. Junge Familien und Mütter wurden die alleinige Zielgruppe von Frauenpolitik. Diese »Muttipolitik« reduzierte Frauen erneut auf Mutterschaft und sah in der Frauenpolitik in erster Linie Familienpolitik. Dennoch wurde als wesentlicher Beitrag zum Selbstbestimmungsrecht der Frau im März 1972 das Gesetz über die Unterbrechung der Schwangerschaft, das die Straffreiheit für Abtreibung in den ersten drei Monaten gewährte, eingeführt.

Dass Frauen zu drei Vierteln in Berufen mit geringen Gehältern tätig waren, war auch eine Folge der beibehaltenen Rollenverteilung innerhalb der traditionellen Familie. Frauen waren automatisch für Erziehung, Pflege und Fürsorge im Krankheitsfall zuständig. Die erwerbstätige Mutter sicherte so die männliche Vormachtstellung in der Gesellschaft, denn aufgrund der Doppelbelastung war es Frauen in den wenigsten Fällen möglich, Führungspositionen zu übernehmen. Beispielhaft für die Beibehaltung der tradierten Rollen war der sogenannte Haushaltstag, den erwerbstätige Frauen mit Kind beanspruchen konnten. Einmal im Monat erhielt die Frau einen bezahlten Tag zur freien Verfügung. Eine Einrichtung, die nur wenige Männer zur Mitarbeit im Haushalt motivierte. Die Vereinbarkeitsproblematik beschränkte sich ebenso wie deren Lösungsansätze auf die Frauen. Erst ab 1986 war es in »begründeten Fällen« möglich, dass auch Väter für gewisse pflegerische Maßnahmen freigestellt werden konnten.

Die geringe Anzahl Frauen in Führungspositionen setzte sich in der Politik fort. Zwar waren in der ersten Volkskammer Frauen mit einem Anteil von 24 Prozent wesentlich stärker vertreten als im Bundestag, doch in die Führungsgremien des Staates schafften es nur wenige. Insgesamt gab es in der DDR bis zum November 1989 ganze drei Ministerinnen: Else Zaisser, 1952–53 Ministerin für Volksbildung; Hilde Benjamin, 1953–67 Ministerin für Justiz; Margot Honecker, 1963–89 Ministerin für Volksbildung, sowie Margarete Wittkowsky, die 1961–67 Stellvertreterin des Vorsitzenden des Ministerrates war. Korrekt ausgedrückt, schaffte es eigentlich keine einzige Frau zur Ministerin, denn alle offiziellen Berufsbezeichnungen blieben männlich: Es gab nur Minister und im engsten Führungszirkel des Politbüro der SED bis zur Wende kein weibliches stimmberechtigtes Mitglied.

Dennoch präsentierte sich die DDR nach außen hin als Staat, in dem die Gleichberechtigung der Geschlechter gelebt wurde. 1976 waren 82 Prozent der Frauen erwerbstätig oder studierten. 50 Prozent hatten eine abgeschlossene Berufsausbildung. Die DDR stand im internationalen Vergleich auf einem vorderen Platz, was Frauenerwerbsarbeit betraf. In der Volkskammer waren 34 Prozent der Abgeordneten weiblich, im Bundestag nur 8 Prozent.

Bis heute ist es umstritten, ob man überhaupt von einer Frauenbewegung in der DDR sprechen kann. Es gab dort lange Jahre keine autonome Frauenbewegung von unten, sondern einzig eine institutionalisierte, am Staat und an der Partei orientierte Frauenbewegung. Die organisierte Frauenbewegung in der DDR wurde vom Demokratischen Frauenbund Deutschlands (DFD) getragen, der einzigen offiziellen Frauenorganisation der DDR. Dieser hatte eine eigene Delegation in der Volkskammer und gab mehrere Publikationen heraus, darunter die Wochenzeitschrift *Für Dich*. Gegründet wurde er auf dem Deutschen Frauenkongress für den Frieden im März 1947 in Berlin, und er existierte in dieser Form bis zum Niedergang der DDR. Obwohl als überkonfessioneller und überparteilicher Verband ins Leben gerufen, bestimmte ab Mitte der 1960er Jahre die SED seine Politik. Von diesem Zeitpunkt an waren die Frauen nicht länger gleichberechtigte Gesprächspartnerinnen, sondern ausführende Organe einer dirigistischen Politik. Eine Entwicklung, die der DFD unterstützte, indem er 1964 seine Statuten dahingehend änderte, dass er die Beschlüsse der SED zur Richtschnur seiner Tätigkeit machte. Da die offizielle Politik von Staat und Partei die Förderung der Gleichberechtigung war, sprach für den DFD nichts dagegen, mit den staatlichen Institutionen im Gleichschritt zu marschieren. Dies lähmte seine Schlagkraft und lähmte auch die Frauenbewegung, die er verkörperte. Zu keiner Zeit war der DFD zu einer eigenständigen Politik fähig. Etwa 1,4 Millionen Frauen gehörten ihm an, die abgesehen von den Führungsebenen größtenteils nicht in der SED waren.

Der Verband versuchte sich als Mittler zwischen den Interessen der Frauen und der Partei, wobei er sich stets an den ideologischen Vorgaben des Marxismus-Leninismus der SED orientierte. Seine Aufgabe bestand vor allem darin, Hausfrauen für die Arbeit in der Produktion zu gewinnen und das sozialistische Bewusstsein innerhalb der Familie zu fördern. Daneben bemühte er sich um Wohlfahrt und Freizeitgestaltung. Sein Aktionsraum war das Wohngebiet, nicht die Produktionsstätte. Angesichts der Bedeutung, welche die DDR der Erwerbstätigkeit zumaß, beschränkte dies seinen Aktionsradius enorm. 1958 wurden landesweit Kulturzentren mit dem Namen »Treffpunkt der Frau« eingerichtet. In den 1960er Jahren kümmerte sich der DFD vorwiegend um Kindergärten und Kinderkrippen. Später sorgte er dafür, dass Wohngebiete verschönert, Spielplätze gebaut, Schulräume renoviert und Koch-, Bastel- und Handarbeitskurse angeboten wurden. Diese Maßnahmen trugen nicht zuletzt zu einer umfassenden Kontrolle von Frauen in deren unmittelbaren Lebensbereich hinein bei.

Die Überwindung des Partriarchats war zu keiner Zeit Politik des DFD. Ziele waren das Ende von Diskriminierung und die Gleichberechtigung, stets orientiert an der Stellung des Mannes. Feminismus war in der DDR verpönt, da er die Solidarität der Werktätigen lähme und den Klassenkampf gegen die Ausbeuter in einen falschen Kampf der Geschlechter umwandle. In einem Land, in dem Frauen und Männer gleichberechtigt für ihre revolutionären Ziele arbeiteten, galt Feminismus als überflüssig.

Vielen jüngeren Frauen reichte die offizielle »Muttipolitik« jedoch bald nicht mehr. Sie forderten neue feministische Ansätze, unter anderem bei der Arbeitsteilung zwischen den Geschlechtern. So entstanden in den 1980er Jahren als alternative Frauenbewegung vor allem im Umfeld der evangelischen Kirche informelle Frauengruppierungen, in denen auch gesellschaftspolitische Themen diskutiert wurden, die in der offiziellen Frauenbewegung keinen Platz fanden, wie etwa Feminismus und Homosexualität. Viele dieser Gruppen waren auch in der Friedensarbeit tätig. Bekanntestes Beispiel war die 1982 gegründete Gruppe Frauen für den Frieden, die gegen ein neues Wehrgesetz protestierte, das im Verteidigungsfall den Einsatz von Soldatinnen vorsah. Das Engagement dieser Gruppe, die Mitte der 1980er Jahre in zahlreichen Städten vertreten war, wurde vom Staat misstrauisch beäugt und von zahlreichen Repressalien begleitet. Über die punktuellen Ursachen ihrer Gründung hinaus konnten sich viele dieser alternativen Gruppen langfristig etablieren und förderten feministisches Denken. Von 1984 an fanden jährliche Frauengruppentreffen statt. Als die Unzufriedenheit seiner Bürgerinnen und Bürger im November 1989 die DDR ins Wanken brachte, formierten sich zahlreiche Gruppen wie die lila offensive (lilo), die Sozialistische Fraueninitiative (SoFi) oder der Erste Weibliche Aufbruch (EWA). Schon im Dezember 1989 wurde das Zentrum für interdisziplinäre Frauenforschung an der Humboldt-Universität gegründet, allerdings als Import westlicher Wissenschaftlerinnen und Ansätze.

Am 3. Dezember 1989 kam es zu einem Treffen verschiedener Frauengruppen in der Berliner Volksbühne. Dabei wurde das von Ina Merkel verfasste Manifest *Ohne Frauen ist kein Staat zu machen* verabschiedet. In dieser Schrift wurden grundlegende strukturelle Veränderungen der geschlechtsspezifischen Arbeitsteilung gefordert, allem voran die paritätische Besetzung aller gesellschaftlich relevanten Positionen mit Frauen und Männern. Der Kongress beschloss die Gründung eines Dachverbandes ostdeutscher Feministinnen, der als Unabhängiger Frauenverband (UFV) am 17. Februar 1990 ins Leben gerufen wurde. Hier trafen sich Frauen verschiedener politischer Anschauungen mit dem Ziel der Gleichstellung der Geschlechter. Der UFV wurde zu einer der wichtigen Oppositionsgruppen der Wendezeit und hatte einen Sitz am Zentralen Runden Tisch der Bürgerbewegung. Er versuchte eine Art außerparlamentarische Frauen-Gegenkultur aufzubauen und sich zugleich feministisch in den Parlamenten zu engagieren. So beteiligte er sich an der Ausarbeitung der Sozialcharta und am Konzept eines Ministeriums für Frauen- bzw. Gleichstellungsfragen. Bei der ersten Wahl nach der Wende trat er gemeinsam mit den Grünen an, erhielt aber nur 1,6 Prozent der Stimmen. Die Umwandlung des UFV in eine Partei wurde 1991 von der Mehrheit seiner Mitglieder abgelehnt. Mitte der 1990er Jahre setzte ein Auflösungsprozess innerhalb des UFV ein, der bis heute andauert und fast zum Verschwinden der Gruppierung beigetragen hat.

Der DFD benannte sich im Oktober 1990 in Demokratischer Frauenbund um und gab sich eine neue Satzung sowie ein neues Programm. Seine Nähe zur SED brachte ihm nun massive Kritik ein. Obwohl seine Mitgliederzahl stark sank, gehört er bis heute zu den großen Frauenverbänden. Seine

Landesverbände beschränken sich auf Berlin und die neuen Bundesländer.

Mit dem Fall der Mauer rückte eine gesamtdeutsche Frauenbewegung in greifbare Nähe. Die Zusammenarbeit zwischen Ost und West wurde zunächst von beiden Seiten einhellig begrüßt. 1990 fand in Berlin der erste gesamtdeutsche Frauenkongress statt. Doch die trennenden Unterschiede waren größer als die verbindenden Gemeinsamkeiten. Zwar waren die ostdeutschen Frauen im Berufsleben vielfach besser etabliert als ihre westdeutschen Schwestern, doch deren feministisches Bewusstsein teilten sie nicht. Dass die Unterdrückung der Frau nicht allein auf den Ausschluss von der Erwerbsarbeit zurückzuführen war, sondern weitaus subtileren Mechanismen unterlag, war den meisten ostdeutschen Frauen fremd, da Patriarchatskritik dort nie in ähnlichem Maße geführt worden war wie im Westen. Es kam zu heftigen Kommunikationsproblemen zwischen »besserwisserischen Emanzen« und »Ost-Muttis«, die kaum zu überwinden waren.

Die Haltung der ostdeutschen Frauenbewegung zur Wiedervereinigung war ambivalent. Während einige Frauen die Frauenfrage angesichts der weltpolitischen Ereignisse zurückstellten, wollten andere sie gerade jetzt thematisieren, da sie einen Rückschritt in Sachen Emanzipation befürchteten. In der Tat veränderte sich das Leben der Frauen in Ostdeutschland dramatisch. Viele Sonderregelungen der DDR über die Vereinbarkeit von Beruf und Familie entfielen mit teils gravierenden Folgen. Von Beginn an waren Frauen überproportional von Arbeitslosigkeit betroffen, ein Trend, der sich bis heute fortsetzt. Die Befürchtungen vieler ostdeutscher Feministinnen, dass gerade Frauen auf Dauer zu den Verliererinnen der Wiedervereinigung gehören würden, hat sich auf traurige Weise bestätigt.

Gender

Geschlecht ist nichts, was wir sind oder haben,
sondern was wir tun.
Carol Hagemann-White

Alphamännchen und Quotenfrauen
Die Situation zu Beginn des 21. Jahrhunderts

Obwohl mittlerweile alle Frauen in Europa das Wahlrecht besitzen, liegt weiterhin vieles im Argen. Laut einem Bericht der Europäischen Kommission von 2008 sind nur 24 Prozent der Parlamentsmitglieder der EU-Mitgliedsstaaten Frauen. Dies stellt zwar gegenüber 1998 eine Steigerung von 8 Prozent dar, doch der Anteil könnte viel höher sein. Einzig in Schweden, Finnland und den Niederlanden stellen Frauen mehr als 40 Prozent der Parlamentsabgeordneten. Im Deutschen Bundestag sind knapp ein Drittel der Abgeordneten Frauen. Damit liegen diese Gremien immerhin über der kritischen Masse von 30 Prozent, die als notwendig gilt, damit Frauen einen nennenswerten Einfluss auf die Politik ausüben können. Im Europäischen Parlament liegt der Frauenanteil nach der Europawahl 2009 mit 35 Prozent ebenfalls darüber.

Genauso hoch wie der durchschnittliche Anteil von Frauen in den nationalen Parlamenten ist der Prozentsatz der in den Ministerien beschäftigten Frauen. In den Kabinetten der europäischen Regierungen beträgt das durchschnittliche Geschlechterverhältnis drei zu eins, auf 24 Prozent Frauen kommen 76 Prozent Männer. Nur in Finnland gab es 2008 ein mehrheitlich weibliches Kabinett, in Spanien herrschte immerhin Parität. Über die Jahre hat es jedoch tatsächliche Verbesserungen innerhalb der Regierungen der EU-Mitgliedsstaaten gegeben. Heute stellen Frauen fast 33 Prozent der mittleren Führungsebene der Regierungen, im Gegensatz zu 17 Prozent 1999. In den europäischen Institutionen hat sich der Frauenanteil in vergleichbaren Positionen von 14 (1999) auf knapp unter 20 Prozent gesteigert.

Doch auch wenn sich in den letzten zehn Jahren einiges

verändert hat, sind Frauen nicht nur in politischen, sondern auch in ökonomischen Entscheidungspositionen noch immer unterrepräsentiert. Auf dem wirtschaftlichen Privatsektor stellen Männer 9 von 10 Mitgliedern in Leitungsgremien von Spitzenunternehmen sowie zwei Drittel aller Unternehmensleiter. Die 27 Zentralbanken der EU-Mitgliedsländer werden ausschließlich von Männern geführt. In weiteren Schlüsselpositionen der Zentralbanken stehen 83 Prozent Männer 17 Prozent Frauen gegenüber.

Obwohl Frauen europaweit 44 Prozent der erwerbstätigen Bevölkerung ausmachen, stellen sie nur 32 Prozent des leitenden Personals von mittleren Unternehmen. Bei Großunternehmen ist diese Zahl noch erschütternder. Nur 3 Prozent der nach Blue-Chip-Index führenden Unternehmen der einzelnen Länder steht eine Frau vor, in den Vorständen dieser Unternehmen stehen 11 Prozent Frauen 89 Prozent Männern gegenüber. 38 Prozent dieser Unternehmen haben keine einzige Frau in ihrem Vorstand, nur 28 Prozent haben mehr als eine.

Ein ähnliches Bild bietet sich in der Bundesrepublik Deutschland. Nur in 16 von 160 Aktiengesellschaften, die in den deutschen Indizes gelistet sind, gibt es im Vorstand mindestens eine Frau. Der Frauenanteil in den Vorständen liegt mit 3 Prozent voll im europäischen Trend. Je höher das Börsensegment, desto niedriger wird der Frauenanteil. Bei den 30 DAX-Unternehmen sitzt laut einer Studie der Hans-Böckler-Stiftung vom Frühjahr 2009 nur in einem einzigen Unternehmen eine Frau im Vorstand. Nicht viel besser ist die Lage in den Aufsichtsräten. Hier sind Frauen zwar immerhin mit 10 Prozent vertreten, sitzen allerdings keine Arbeitnehmervertreter im Aufsichtsrat, liegt der Frauenanteil bei gerade mal 2,6 Prozent. Es ist deshalb keineswegs erstaunlich, dass im Frühjahr 2009 die Forderung laut wurde, entsprechend dem norwegischen Modell gesetzlich festzulegen, dass die Aufsichtsräte deutscher Aktiengesellschaften bis 2013 zu jeweils 40 Prozent mit Frauen besetzt werden müssen. Norwegen hat 2006 als erstes Land der Welt eine Frauenquote von 40 Prozent für Aufsichtsräte von aktiennotierten Unternehmen eingeführt. Bei Nichteinhaltung droht den Unternehmen seit März 2008 die Zwangsauflösung. Die meisten Frauen in Führungspositionen gibt es in den Medien und in Familienunternehmen. Ansonsten verfügen Männer noch immer über bessere Netzwerke und berufen lieber ihresgleichen in Führungspositionen.

Die anhaltende Diskriminierung von Frauen am Arbeitsplatz hat viele Gesichter. Augenscheinlichstes ist das Gender Pay Gap, das den durchschnittlichen Unterschied der Stundenlöhne zwischen Männern und Frauen in der gesamten Volkswirtschaft darstellt. EU-weit verdienen Frauen im Durchschnitt etwa 17 Prozent weniger als Männer. Männer verdienen in vergleichbaren Positionen in Großunternehmen im Schnitt 23 Prozent mehr als Frauen. Dafür erhalten Frauen für jede gearbeitete Stunde durchschnittlich 17,4 Prozent weniger als Männer. Die Europäische Kommission hat darum im März 2009 eine Informationskampagne über die Lohnunterschiede zwischen Frauen und Männern ins Leben gerufen. Denn gleicher Lohn für gleiche Arbeit ist in Europa seit den Römischen Verträgen von 1957 gesetzlich vorgeschrieben und in Deutschland seit über 50 Jahren gesetzlich verankert. Trotzdem gibt es nach wie vor Fälle von offener Diskriminierung, wonach Frauen für die gleiche Tätigkeit geringeren Lohn erhalten. Hinzu kommt, dass Frauen überdurchschnittlich häufig in sogenannten Leichtlohngruppen beschäftigt sind, also den in einigen Tarifverträgen vorhandenen untersten Lohngruppen für körperlich leichte und einfache Arbeiten angehören.

Frauenarbeit wird häufig unterbewertet, was sich auch in deren geringerer Bezahlung niederschlägt. So verdienen Supermarktkassiererinnen oft weniger als ihre männlichen Kollegen, welche die Regale einräumen. Auch die Segregation am Arbeitsmarkt, wonach Frauen hauptsächlich in Branchen tätig sind, in denen ihre Arbeit geringer bewertet und bezahlt ist, ist ein Grund für die geringen Einkommen von Frauen. Dazu gehören vor allem Tätigkeiten im Gesundheitswesen, im Erziehungsbereich oder in der öffentlichen Verwaltung. Im Gesundheits- und Sozialsektor beträgt der Frauenanteil 80 Prozent.

Bis in die jüngste Zeit hinein werden niedrige Löhne für Frauen zum Teil damit gerechtfertigt, dass es sich nur um Zweiteinkommen zum Familieneinkommen handelt. Dabei hat der geschlechtsspezifische Lohnabstand erhebliche Auswirkungen auf Lebenszeiteinkommen und Rentenhöhen. Geringere Bezahlung bedeutet niedrigere Renten und somit ein vergrößertes Armutsrisiko für ältere Frauen, die im Schnitt 12 Prozent weniger Rente erhalten als Männer. Niedrigere Durchschnittslöhne, Auszeiten im Job durch Kindererziehung und fehlende individuelle Vorsorge nach der Trennung vom Partner sind Ursachen für eine geringere Rente. Da Frauen statistisch gesehen eine höhere Lebenserwartung haben, müssen sie mit weniger Geld länger auskommen. 534 Euro erhält die deutsche Rentnerin im Schnitt, Männer bekommen fast das Doppelte. Seit 2000 werden zumindest für alle nach 1992 geborenen Kinder dem betreuenden Elternteil drei Erziehungsjahre in der gesetzlichen Rentenversicherung angerechnet, wodurch sich die spätere Monatsrente erhöht. Hingegen zahlen Frauen höhere Rentenbeiträge, höhere Altersversicherungsbeiträge, höhere Krankenkassenbeiträge. Das Armutsrisiko für Frauen ist höher als für Männer, auch wenn sich der Abstand zwischen den Geschlechtern in den letzten Jahren deutlich verringert hat. Vor allem Alleinerziehende sind besonders häufig von Armut betroffen, und dies sind zu 80 Prozent Frauen.

Verheiratete Frauen hingegen werden in Deutschland als Doppelverdienerinnen steuerlich diskriminiert. Das Ehegattensplitting führt dazu, dass Ehemänner, die im Regelfall die Besserverdienenden sind, durch die Halbierung des Familieneinkommens vom Staat einen Steuererlass erhalten. Davon profitieren nicht Familien, sondern vor allem Gutverdiener mit nicht erwerbstätiger oder in Teilzeit arbeitender Ehefrau. Das Ehegattensplitting beeinflusst die Erwerbstätigkeit von Frauen negativ, denn es begünstigt die Nichtteilhabe von Frauen am Arbeitsmarkt. Es führt zu einem zunehmenden Qualifikationsverlust von Frauen und damit einhergehend zu deren Ausgrenzung vom Arbeitsmarkt. Frauen werden dadurch dauerhaft persönlich abhängig von ihren Ehemännern. Ehegattensplitting ist de facto die Subventionierung der Hausfrauenehe. Die EU hat Deutschland bereits mehrfach gemahnt, dieses Steuersystem auf die Benachteiligung von Frauen hin zu untersuchen und gegebenenfalls zu reformieren.

Die Aufgaben in Familie und Pflege sind noch immer ungleich verteilt. Es sind vor allem Frauen, die sich um abhängige Familienmitglieder kümmern. Fehlende Betreuungsmöglichkeiten für Kinder und ältere Menschen zwingen viele Frauen dazu, aus dem Arbeitsmarkt auszuscheiden. Die Beschäftigungsquote von Frauen mit abhängigen Kindern liegt europaweit aktuell bei 62,4 Prozent gegenüber 91,4 Prozent bei Männern mit abhängigen Kindern. Laut Erhebung des Statistischen Bundesamts von 2003 unterbrechen oder schränken 75 Prozent der Frauen mit Kindern ihre Berufstätigkeit ein, daran konnte auch die Einführung des Elterngeldes 2007 durch Familienministerin Ursula von der Leyen (CDU) nichts ändern. Die Doppelbelastung durch Familie und Beruf trifft noch immer vor allem Frauen, da die Verantwortung für die Familie bis heute ungleich zwischen den Geschlechtern verteilt ist. Eine Entlohnung von Hausarbeit, wie sie gelegentlich von Feministinnen gefordert wurde, löst das Problem nicht, denn Hausarbeit würde damit automatisch als Frauenarbeit festgelegt. Frauen würden erneut vom Arbeitsmarkt ferngehalten und in die häusliche Isolation abgedrängt.

Seit Anfang der 1980er Jahre gibt es in Deutschland Frauen- und Gleichstellungsbeauftragte im Öffentlichen Dienst. Die erste staatliche Gleichstellungsstelle wurde 1982 in Köln ins Leben gerufen, um die Gleichstellung von Frauen und Männern zu beschleunigen. Zudem wurde mit dem Gleichstellungsgesetz für den Öffentlichen Dienst eine relative Quotenregelung eingerichtet, wonach bei gleicher Qualifikation Bewerberinnen bevorzugt werden. Grundlage dieser Quotenregelung für politische Gremien und Teile des Öffentlichen Dienstes war das 1980 von den Vereinten Nationen formulierte Übereinkommen zur Beseitigung jedweder Form von Diskriminierung der Frau (CEDAW). Um die Gleichstellung der Geschlechter in Gesellschaft, Politik und Wirtschaft zu fördern, wurden daraufhin in den 1980er Jahren die ersten Frauenquoten als Instrumente der Frauenförderung eingeführt. Wie nötig dies war, zeigt unter anderem, dass der Frauenanteil im Bundestag bis 1987 bei unter 10 Prozent lag. Die Grünen entschieden sich 1986 dazu, Parität in allen Leitungsfunktionen der Partei einzuführen. 1988 führte die SPD eine Frauenquote von 40 Prozent für Ämter und Mandate ein. 1986 wurde dem Ministerium für Jugend, Familie und Gesundheit ein Frauenressort angefügt. Erste Frauenministerin der Bundesrepublik Deutschland war Rita Süssmuth (CDU), die 1988 auch als erste Frau Bundestagspräsidentin wurde. CDU/CSU und FDP erarbeiteten zwar ebenfalls Gleichstellungsrichtlinien, allerdings auf der Basis der freiwilligen Selbstverpflichtung. Es zeigte sich bald, dass der Frauenanteil an Parlamentsabgeordneten bei Parteien mit Quote stets am höchsten war. So stellten im Januar 2009 bei den Grünen Frauen die Mehrheit der

Abgeordneten, bei der Linkspartei waren es die Hälfte, bei der SPD von 221 Abgeordneten 80 Frauen, während bei CDU/CSU unter 223 Abgeordneten nur 46 Frauen waren und bei der FDP von 61 Abgeordneten nur ganze 15 Frauen waren. Vielfach gilt die Quote als negativ besetzt, was sich an Ausdrücken wie »Quotenfrau« zeigt. Allerdings galt auch Angela Merkel bei der Amtsübernahme des CDU-Vorsitzes einst als »Quotenfrau« und »Quotenossi« und hat es doch zur ersten Bundeskanzlerin der Bundesrepublik Deutschland gebracht. Auch wenn die Quote helfen kann, Frauen in politische Entscheidungspositionen zu bringen, sie alleine wird die Geschlechterverhältnisse an sich nicht ändern.

Während also Politik und Öffentlicher Dienst dem Anliegen der Gleichstellung längst Rechnung tragen, scheiterte ein Gleichstellungsgesetz für die Privatwirtschaft bislang vor allem am Widerstand der Unternehmerverbände. Die 2001 von Bundeskanzler Gerhard Schröder mit den Spitzenverbänden der deutschen Wirtschaft vereinbarte freiwillige Gleichstellungsregelung blieb reine Makulatur. Das vor der Wahl von der SPD versprochene Gleichstellungsgesetz kam nicht zustande.

Auch in Wissenschaft und Forschung ist die Situation von Frauen schlecht. Laut Untersuchungsergebnissen des statistischen Bundesamts aus dem Jahr 2008 liegt der Schülerinnenanteil der Gymnasien und Realschulen in Deutschland seit einigen Jahren bei über 50 Prozent. 27,9 Prozent der jungen Frauen verlassen die Schule mit der allgemeinen Hochschulreife, 43,1 Prozent mit dem Realschulabschluss. Obwohl Frauen die Mehrzahl der Studentinnen und 46 Prozent aller Hochschulabsolventen stellen, werden sie, je höher es die wissenschaftliche Karriereleiter hinaufgeht, immer weniger. Zwar ist der Frauenanteil bei Hochschulbeschäftigten mit 51 Prozent sehr hoch, doch steht einem Frauenanteil von 70 Prozent beim nichtwissenschaftlichen Personal eine Quote von 32 Prozent beim wissenschaftlichen und künstlerischen Personal gegenüber. Auch wenn der Prozentsatz von Professorinnen stetig ansteigt, ist er insgesamt erschreckend niedrig. Waren 1995 nur 8 Prozent der Lehrstuhlinhaberinnen weiblich, stieg diese Zahl bis 2006 auf 15 Prozent an. Mit 5700 Professorinnen gab es 2006 einen neuen Höchststand. Die Verteilung auf die einzelnen Fächergruppen ist jedoch sehr verschieden. Während in den Kunstwissenschaften (27 Prozent) und den Sprach- und Kulturwissenschaften (26 Prozent) jeder vierte Lehrstuhl mit einer Frau besetzt ist, liegt der Anteil der Professorinnen in allen anderen Fächergruppen deutlich unter 20 Prozent. Völlig unterrepräsentiert sind Professorinnen in den Ingenieurwissenschaften (7 Prozent), Sport (9 Prozent) und Mathematik/Naturwissenschaften (10 Prozent). Dies ist nicht zuletzt ein Ergebnis der Studienfachwahl junger Frauen, die in Studiengängen wie Ingenieurwissenschaften oder Informatik stark unterrepräsentiert sind. Dasselbe Bild zeigt sich auch bei anderen Fächern: Männer schreiben sich vorwiegend in Physik, Mathematik und Ingenieurwissenschaften ein, Frauen bevorzugen Sozial- und Gesundheitswissenschaften sowie Pädagogik.

Ein Trend, der sich auch in den Ausbildungsberufen fortsetzt. 41,5 Prozent beträgt der momentane Anteil von Frauen in Deutschland in allen Ausbildungsberufen. Doch obwohl es mehr als 400 Ausbildungsberufe in Deutschland gibt, entscheidet sich mehr als die Hälfte der Mädchen für »typisch weibliche« Berufe und wählt unter gerade einmal zehn verschiedenen Ausbildungsberufen wie Bürokauffrau, Verkäuferin, Friseurin oder Arzthelferin. Kein einziger naturwissenschaftlich-technischer Ausbildungsberuf ist unter den zehn meistgewählten Ausbildungsberufen. Mädchen schöpfen ihre Berufsmöglichkeiten nicht voll aus, dabei fehlt den Betrieben in den technischen und techniknahen Bereichen zunehmend der qualifizierte Nachwuchs. Um diese Situation zu verändern, wurde 2001 in Deutschland nach amerikanischem Vorbild mit dem Girls' Day ein Mädchen-Zukunftstag ins Leben gerufen. An diesem Tag sollen Schülerinnen Einblicke in Berufsfelder erhalten, die sie im Prozess der Berufsorientierung kaum in Betracht ziehen. In vielen Ländern Europas bieten an jedem vierten Donnerstag im April technische Unternehmen, Hochschulen, Forschungszentren und ähnliche Einrichtungen Mädchen die Möglichkeit, in die Praxis verschiedenster Bereiche der Arbeitswelt hineinzuschnuppern.

Während sich die Situation für Frauen in Deutschland und Europa langsam aber stetig zu verbessern scheint, sind Frauen global betrachtet wohl noch für sehr lange Zeit eine dramatisch benachteiligte Gruppe. Weltweit verdienen Frauen nur etwa zehn Prozent des Welteinkommens und besitzen weniger als zehn Prozent des Welteigentums. Der Frauenanteil der Armen liegt bei über 70 Prozent, Tendenz steigend. Die Gewalt gegen Frauen nimmt zu. Zwei Drittel aller Analphabeten sind Frauen. Von der Hälfte der Welt sind Frauen noch meilenweit entfernt.

Frauenbeauftragte und Gleichstellungsstellen

Gender Mainstreaming als institutionalisierte Frauenpolitik

Frauenpolitik ist längst institutionalisiert. Gender Mainstreaming lautet die neue politische Strategie, die 1997 durch die Amsterdamer Verträge der EU verbindlich für alle Mitgliedsländer festgelegt wurde. Per definitionem dient dieses Konzept dazu, die Gleichstellung von Frauen und Männern in sämtlichen Politikfeldern und Aktivitäten der EU zu verwirklichen. In jeder Entwicklungsphase des politischen Prozesses (Planung, Durchführung, Monitoring, Evaluation) muss die Geschlechterperspektive berücksichtigt werden. Um die Gleichstellung von Frauen und Männern voranzutreiben, muss jede politische Maßnahme daraufhin überprüft werden, welchen Einfluss sie auf die Lebenssituation von Frauen und Männern hat, und im Fall der Fälle neu überdacht werden. Auf diese Weise soll die Gleichstellung der Geschlechter zur gesellschaftlichen Realität werden und Frauen und Männer sollen die Chance bekommen, innerhalb verschiedener Organisationen und Gemeinschaften ihren Beitrag zu einer nachhaltigen menschlichen Entwicklung zu leisten. Dabei liegt die Aktivität nun bei den Institutionen der Staaten und nicht länger bei privaten Gruppen.

Gender Mainstreaming ist damit auch zum Leitprinzip aller deutschen Bundesbehörden geworden. Seit 1999 steht es in der Geschäftsordnung der Regierung. Auch in den Bundesländern wird es umgesetzt, in Bayern ebenso wie in Berlin. Im Familienministerium gibt es ein eigenes Referat für Gender Mainstreaming und Antidiskriminierung.

Gender Mainstreaming ist die staatliche Reaktion auf die Erkenntnis, dass die traditionellen Instrumente der Frauenförderung nicht ausgereicht haben, um eine Gleichstellung zu erreichen. Es ist der Versuch, mit Gleichstellungsbemühungen in alle Bereiche des öffentlichen Lebens vorzudringen. Männer sollen lernen, auf Macht und Einfluss zu verzichten, und zugleich erkennen, dass sie durch diesen Verzicht nicht zwangsläufig zu Verlierern werden. Gender Mainstreaming ergänzt Frauenpolitik. Anders als konkrete Gleichstellungspolitik, die durch gezielte Maßnahmen für bestimmte politische Bereiche tatsächliche Ungleichheiten direkt und rasch abbauen will, zielt Gender Mainstreaming darauf ab, Rahmenbedingungen und Strukturen, welche die Ungleichheit der Geschlechter hervorbringen, langfristig zu verändern. Der Staat versucht auf diese Weise neue Rollenbilder für seine Bürger zu entwickeln.

Feministinnen beklagen an dieser Entwicklung, dass Gender Mainstreaming oft zu einer Reduzierung frauenfördernder Maßnahmen, Projekte und Politik führe, da die konkrete strukturelle Benachteiligung von Frauen vernachlässigt werde. Vielfach erscheint das Gender-Mainstreaming-Konzept sehr schwammig und bringt daher nur selten konkrete Verbesserungen für Frauen. Bisher vermochte Gender Mainstreaming es nicht, die soziale, politische und ökonomische Ungleichheit, die sich durch die gesellschaftlich festgelegte Geschlechterrolle auf alle Lebensbereiche überträgt, zu verändern.

Seit dem 1. März 2006 gibt es in der EU den Fahrplan für die Gleichstellung von Frauen und Männern, in dem die Schwerpunkte der Europäischen Kommission für 2006–10 festgelegt wurden. Dieser baut auf den Erfahrungen der Rahmenstrategie für Gleichstellung von 2001–05 auf. Zu den sechs darin festgelegten Schwerpunkten gehören: Gleiche wirtschaftliche Unabhängigkeit für Frauen und Männer, Vereinbarkeit von Beruf und Privatleben, ausgewogene Repräsentanz in Entscheidungsprozessen, Beseitigung aller Formen geschlechterbezogener Gewalt und geschlechterbezogenen Menschenhandels,

Beseitigung von Geschlechterstereotypen sowie Förderung der Gleichstellung in der Außen- und Entwicklungspolitik. Dieser Fahrplan koordiniert neue Initiativen und bereits bestehende Aktivitäten, die sich bewährt haben. Mit seinem dualen Ansatz verbindet er Gender Mainstreaming, also die Förderung der Gleichstellung im Rahmen aller Politikbereiche und Tätigkeiten, mit spezifischen Maßnahmen für das unterrepräsentierte Geschlecht.

Die EU hat 2006 das Europäische Institut für Gleichstellungsfragen eingerichtet, das die Mitgliedsstaaten und europäischen Institutionen dabei unterstützen soll, die Gleichstellung von Männern und Frauen voranzutreiben, Diskriminierungen aufgrund des Geschlechts zu bekämpfen und seine Bürger für Gleichstellungsfragen zu sensibilisieren. Das Institut sammelt Informationen zu Gleichstellungsfragen und versucht, neue methodologische Werkzeuge zu entwickeln, mit denen es möglich wird, den Gleichstellungsaspekt in allen Bereichen der Politik zu beachten. Zudem bemüht man sich, einen Dialog zwischen den Verantwortlichen herzustellen, um einen regen Erfahrungsaustausch zu gewährleisten. Für den Zeitraum 2007– 13 wurde dem Institut ein Etat von 52,5 Millionen Euro zur Verfügung gestellt.

Verschiedene EU-Rechtsvorschriften regeln die Gleichstellung der Geschlechter. Dabei geht es um Vertragsbestimmungen und Richtlinien, die sich auf die Bereiche Zugang zum Arbeitsmarkt, Lohngleichheit, Mutterschutz, Elternurlaub, soziale Sicherheit und betriebliche Systeme der sozialen Sicherheit, Beweislast in Diskriminierungsfällen und selbständige Erwerbstätigkeit beziehen. Große Bedeutung hat hierbei auch die Rechtsprechung des Europäischen Gerichtshofs. Während nun alle Stellenanzeigen geschlechtsneutral formuliert sein müssen, ist positive Diskriminierung, also die Bevorzugung von Frauen bei gleicher Qualifikation, erlaubt. Geschlechtsneutrale Stellenausschreibungen als ein Instrument, um Frauendiskriminierung am Arbeitsplatz zu verhindern, wurden in Deutschland 2000 eingeführt. Dennoch werden noch immer mehr als die Hälfte aller Annoncen rechtswidrig formuliert.

Die EU-Mitgliedstaaten wurden dazu verpflichtet, nationale Gleichstellungsstellen zu schaffen, die die Verwirklichung der Gleichbehandlung aller Personen ohne Diskriminierung aufgrund des Geschlechts, nicht nur am Arbeitsplatz, sondern auch außerhalb des Bereiches Beschäftigung fördern, analysieren, beobachten und unterstützen sollen. Die nationalen Gleichstellungsstellen kümmern sich nicht nur um Opfer von Diskriminierungen, sondern führen Untersuchungen durch und veröffentlichen Berichte zu den verschiedensten Diskriminierungsaspekten.

Seit 2006 gibt es mit dem Netz der Gleichstellungsstellen in Europa eine Einrichtung, die die einheitliche Anwendung der EU-Richtlinien bezüglich Gleichbehandlung von Männern und Frauen sowie den Austausch zwischen den nationalen Gleichstellungsstellen und der Europäischen Union fördern soll. Dieses Netzwerk tritt zweimal im Jahr zusammen. 2007 wurde dabei über die Diskriminierung durch Schwangerschaft, Mutterschaftsurlaub, Elternurlaub und Vaterschaftsurlaub diskutiert. 2008 stand das geschlechtsspezifische Lohngefälle auf dem Programm.

Ganz allgemein fand in den vergangenen Jahren eine Verschiebung hin von Frauenbeauftragten zu Gleichstellungsbeauftragten statt. Dies impliziert, dass nicht nur Frauen Diskriminierung ausgesetzt sind, sondern auch andere Gruppen wie AusländerInnen, Lesben, Schwule, ältere Menschen oder Behinderte. Dem trägt auch das Allgemeine Gleichbehandlungsgesetz (AGG) Rechnung, das im August 2006 in Deutschland in Kraft trat. Damit wurde nach langen Diskussionen ein wichtiger Schritt auf dem Wege der Gleichbehandlung aller Menschen in der Bundesrepublik getan. Zeitgleich mit dem AGG wurde die Antidiskriminierungsstelle des Bundes (ADS) eingerichtet, welche die EU-Forderungen von Beratung der Betroffenen, Ursachenforschung von Ungleichbehandlungen und Verbreitung des Gleichbehandlungsgedankens in der Gesellschaft umsetzen soll. Ziel des AGG ist es, »Benachteiligungen aus Gründen der Rasse oder wegen der ethnischen Herkunft, des Geschlechts, der Religion oder Weltanschauung, einer Behinderung, des Alters oder der sexuellen Identität zu verhindern oder zu beseitigen« (§ 1 AGG). Das AGG regelt Ansprüche und Rechtsfolgen bei Diskriminierungen sowohl im Arbeitsleben als auch im Zivilrecht. Jede Form von Diskriminierung wird dabei gleichermaßen berücksichtigt. Dieser horizontale Ansatz, der auf der Basis der Menschenrechte beruht, soll sicherstellen, dass es keine Hierarchisierung von Diskriminierungsmerkmalen bzw. Betroffenengruppen gibt. Der Gedanke dahinter ist, dass jeder Mensch über mehrere Merkmale wie zum Beispiel Alter und Geschlecht verfügt, und es deshalb auch zu Mehrfachdiskriminierungen kommen kann. Trotzdem werden aber nicht nur die Gemeinsamkeiten der einzelnen Betroffenengruppen wahrgenommen, sondern auch die besonderen Formen der Diskriminierung berücksichtigt. Durch diese Ausweitung des Antidiskriminierungsgesetzes geriet Frauenpolitik etwas in den Hintergrund.

Vom Trouble mit dem Gender
Die Frauenbewegung im Postfeminismus

Queer as Folk
Die Debatte um Sex und Gender

Feminismus findet heute weniger auf der Straße als in Universitäten, Forschungszentren, Büchern, Kongressen und wissenschaftlichen Vereinigungen statt. Theorie, so scheint es, überlagert vielfach die Praxis. Seit den 1990er Jahren ist die feministische Theorie durch einen äußerst heterogenen Diskurs bestimmt. Da gibt es differenzfeministische, dekonstruktivistische und konstruktivistische Ansätze. Neben der Kategorie Geschlecht werden nun verstärkt auch andere soziale Kategorien herangezogen. Der Feminismus hat sich vom Kollektivsubjekt »Frau«, in deren Namen man Politik machen kann, verabschiedet. Differenzkategorien wie Schicht, Ethnizität und Sexualität sind hinzugekommen.

Zudem setzt sich der Feminismus der Postmoderne nicht mehr nur mit Frauenrechten auseinander, sondern kämpft für die Abschaffung der Geschlechterkategorien Mann und Frau. Er will zeigen, dass die Kategorie »Mann« nicht nur auf den männlichen Körper und die Kategorie »Frau« nicht nur auf den weiblichen Körper anwendbar ist, sondern dass diese Kategorien letztlich Denkstrukturen sind, welche die Basis der geschlechtlichen Unterdrückung darstellen. Es geht nicht länger um die Betonung der Verschiedenheit der Geschlechter, sondern um die Aufhebung des Geschlechts als Zwangszuschreibung an sich. Im Feminismus des 21. Jahrhunderts gibt es keinen Kausalnexus mehr zwischen dem biologischen Geschlecht und der Rolle, die das Individuum in der Gesellschaft einnimmt.

Zentral für die aktuelle Debatte innerhalb der feministischen Theorie ist die Kritik am bestehenden Konzept der

Zweigeschlechtlichkeit. Im Mittelpunkt steht dabei die Frage, ob Natur oder Kultur den Menschen zu »Frau« oder »Mann« macht. Mit dem Begriff *gender*, der zum wichtigsten Schlagwort der dritten Welle der Frauenbewegung mutierte, wurde ein Paradigmenwechsel in der Auseinandersetzung mit dem Geschlecht eingeleitet. Zur Verbreitung dieses Begriffes trug maßgeblich der amerikanische Psychoanalytiker Robert Stoller bei, der in Anlehnung an Talcott Parsons Konzept der verschiedenen Geschlechterrollen 1968 ein Buch mit dem Titel *Sex and Gender. On the Development of Masculinity and Femininity* veröffentlichte. Anlass dafür waren seine Forschungen zur Transsexualität bei Jungen. *Gender* ist danach das soziale oder psychologische Geschlecht, während *sex* das biologische Geschlecht beschreibt. Stoller führte auch den Begriff *gender identity* (Geschlechtsidentität) in die Diskussion ein, die mit dem Wissen und dem Bewusstsein beginnt, dass man dem einen und nicht dem anderen Geschlecht angehört. Ganz anders die *gender role* (Geschlechtsrolle), die das äußerliche Verhalten bezeichnet, das man in der Gesellschaft zur Schau stellt und zu der alles gehört, was eine Kultur typisch für ein bestimmtes Geschlecht begreift.

In der feministischen Diskussion rückte die soziale Konstruktion von Geschlecht in den 1990er Jahren in den Vordergrund und verdrängte das biologische Geschlecht. Die Genderforschung geht davon aus, dass Frauen und Männer sich einzig deshalb unterschiedlich verhalten, weil sie so erzogen werden: die Geschlechterdifferenz ist also nichts anderes als eine soziokulturelle Konstruktion. Dies bedeutet, dass die Geschlechtsidentität ursprünglich nicht mit dem biologischen Geschlecht in Verbindung stand. Die biologische Zweigeschlechtlichkeit wurde dazu benutzt, die Welt in die Kategorien »männlich« und »weiblich« einzuteilen und darauf aufbauend Herrschaft zu konstruieren. Während das biologische

Geschlecht zumeist feststeht, gilt Gender als variabel und veränderbar. Geschlechtszugehörigkeit basiert nicht auf biologisch bedingten Wesenszügen, sondern wird in einem lebenslangen interaktiven Prozess immer wieder aufs neue konstruiert und aufrechterhalten. Genauso wie die Differenz der Geschlechter in der Interaktion zwischen Mann und Frau immer wieder aufs neue hergestellt und verfestigt wird. Durch seine Sozialisation in einer bestimmten Gesellschaft empfindet das Individuum die dadurch entstehende Rollenverteilung als völlig normal. Das Geschlecht und seine Bewertung hängen eng mit den herrschenden Machtstrukturen einer Gesellschaft zusammen. Sie wären in einer matriarchalen Gesellschaft, in der die Begriffe »männlich« und »weiblich« anders besetzt sind, völlig verschieden zur patriarchalen Gesellschaft.

Wenn die Geschlechtsidentität tatsächlich durch das soziale Geschlecht bestimmt ist, ist sie beweglich und veränderbar. Ein Rollentausch scheint möglich. Um den wissenschaftlichen Nachweis dafür zu erbringen, dass das Geschlecht erlernt ist, startete John Money, einer der Pioniere der Genderforschung, in den 1960er Jahren das äußerst problematische, von vielen Feministinnen jedoch enthusiastisch gefeierte John/Joan-Experiment. 1967 unterzog er den zweijährigen Bruce Reimer einer Geschlechtsumwandlung, nachdem dessen Penis bei einer Operation versehentlich verstümmelt worden war. Die noch vorhandenen Hoden des Kindes wurden entfernt und Brenda, wie Bruce von nun an hieß, mit weiblichen Hormonen behandelt, so dass ihm/ihr ein Busen wuchs. Für Moneys These, dass allein die Erziehung die Geschlechtsidentität bestimmt, war es von besonderem Vorteil, dass Brenda einen Zwillingsbruder hatte, der wie ein Junge erzogen wurde. Brenda wuchs als Mädchen auf, doch entgegen Moneys Aussagen schilderten die Eltern sie als sehr unglückliches Kind. Als Brenda mit 14 Jahren erfuhr, dass sie als Junge geboren worden war, ließ sie die Geschlechtsumwandlung rückgängig machen. Aus Brenda wurde David, der sich die Brüste operativ entfernen und aus Muskeln und Knochen des Unterarms einen künstlichen Penis formen ließ. Später heiratete David eine Frau mit drei Kindern, konnte die Folgen des Experiments aber nie ganz überwinden. Nachdem seine Ehe zerbrochen und er arbeitslos geworden war, erschoss er sich im Mai 2004, nur zwei Jahre nachdem sein Bruder durch Arzneimittelsucht den Tod gefunden hatte. Die Mutter der Zwillinge gab die Verantwortung für den Tod ihrer Söhne jenem mehr als 30 Jahre zurückliegenden Experiment. Das Scheitern dieses Versuches, das in erster Linie die Gefahren der völligen Vernachlässigung des biologischen Geschlechts (also des »Sex«) zeigt, ändert nichts an der Bedeutung, welche die legitime Frage nach dem Verhältnis von Sex und Gender bis heute hat.

Seit Mitte der 1980er Jahre gibt es an deutschen Universitäten die Geschlechterforschung, welche die Geschlechterverhältnisse vor allem auch in der wissenschaftlichen Forschung untersucht. Auch in diesen sogenannten Gender Studies wird das soziale Geschlecht unter dem Stichwort *doing gender* als Konstruktion von Geschlecht begriffen. Den Gender Studies voraus gingen die Ende der 1960er Jahre in den USA eingeführten Women's Studies, die eine feministisch wissenschaftliche Analyse der Frau in der patriarchalen Gesellschaft und eine damit verbundene radikale Wissenschaftskritik, welche zur Veränderung des Wissenschaftsbetriebes durch die Entwicklung eigener Paradigmen führen sollte, anstrebten. Bis dahin fehlten Frauen in der Wissenschaft in doppelter Hinsicht: als Forschungssubjekte und als Forschungsobjekte. Nun sollte die weibliche Erfahrung kultureller und sozialer Realität neue Blickwinkel erschließen. Doch mit der Differenzierung der Erkenntnisse und der zunehmenden Kritik an der Zweigeschlechtlichkeit erschien die Kategorie

»Frau« bald als zu eindimensional. Frauenforschung wurde zur kritischen Geschlechterforschung – den Gender Studies, die die Unterschiede und Beziehungen von biologischem und sozialem Geschlecht untersuchen und versuchen, die verdeckten Mechanismen, die hinter der Höher- oder Minderbewertung von Geschlechtern stehen, aufzudecken.

Geschlecht wird dabei nicht als individuelle Eigenschaft verstanden, sondern als soziales Verhältnis einer politisch und historisch gewachsenen Gesellschaftsstruktur. Frauen werden ganz im Sinne der dritten Welle des Feminismus nicht als Kollektivsubjekt betrachtet, sondern es werden auch Differenzen, die zwischen Frauen herrschen, berücksichtigt. Gender Studies beschäftigen sich mit der Bedeutung des Geschlechts für Gesellschaft, Kultur und Wissenschaft. Sie analysieren die Konstruktionen, Verwendungen und Konnotationen der Kategorie Geschlecht und deren Auswirkungen auf die politische und ökonomische Machtverteilung, auf soziale Strukturen und die Produktion von Wissen, Kultur und Kunst. Es geht um die soziale Ungleichheit zwischen den Geschlechtern, wie sie sich zum Beispiel in der systematischen Benachteiligung von Frauen im Berufsleben zeigt, um die soziale Stellung der Geschlechter innerhalb der Gesellschaft und um die geschlechtliche Arbeitsteilung in Produktion und Reproduktion als Ausdruck gesellschaftlicher Strukturen. Sie beschäftigen sich mit der Frage, wie Geschlechterdifferenz überhaupt entsteht, wie Geschlecht in den Medien präsentiert und repräsentiert wird, und mit Fragen der Geschlechterpädagogik.

Mittlerweile gibt es weltweit Programme zu Women's/Gender Studies. 1980 errichtete die Universität Bielefeld als erste Universität eine Geschäftsstelle für Frauenforschung, aus der zwei Jahre später die Interdisziplinäre Forschungsgruppe Frauenforschung (IFF) wurde. 1981 entstand die Zentraleinrichtung zur Förderung von Frauen- und Geschlechterforschung an der Freien Universität Berlin. Beide Institutionen hatten und haben großen Einfluss auf die Entwicklung der Geschlechterforschung in Deutschland. Bundesweit gibt es heute an Universitäten Zentren zur Frauenforschung, die Deutsche Forschungsgemeinschaft hat eine eigene Sektion Frauen- und Geschlechterforschung. Man kann Gender Studies als Schwerpunkt im Rahmen eines erziehungswissenschaftlichen Studiums belegen, als Zusatzqualifikation, als Magisternebenfach und seit 1997/98 an der Humboldt-Universität in Berlin auch als Magisterhauptfach. 2006 gab es 107 Professuren für Frauen- und Geschlechterforschung, das sind 0,3 Prozent aller Professuren in Deutschland. Auffallendes Charakteristikum der Gender Studies ist ihr interdisziplinärer Charakter. Ein fächerübergreifendes Lehrangebot aus Kultur- und Sozialwissenschaften, Literatur- und Sprachwissenschaften, Pädagogik, Naturwissenschaften oder auch Ingenieurwissenschaften ermöglicht es, verschiedene Perspektiven auf gesellschaftlich relevante Problemfelder einzunehmen und durch die Einführung der Kategorien »Geschlecht« und »Geschlechterverhältnisse« neue Erkenntnisse zu gewinnen. Gemeinsames interdisziplinäres Arbeiten soll die existierende androzentrische Wissenschaft verändern.

Doch es gibt von feministischer Seite auch Kritik an der in diesem Sinne vorgenommenen Unterscheidung von Sex und Gender. Berühmteste feministische Kritikerin dieser Unterscheidung von biologischem und sozial konstruiertem Geschlecht ist die amerikanische Literaturwissenschaftlerin Judith Butler, für die auch das biologische Geschlecht und die Sexualität dem Verständnis und der Bewertung unterliegen und nicht naturgegeben sind. Für Judith Butler ist auch die Unterscheidung von Sex und Gender diskursiv konstruiert, sie sieht keine notwendige Verbindung zwischen beiden. 1991 veröffentlichte die in Berkeley lehrende Butler das Buch *Das*

Unbehagen der Geschlechter, in dem sie die These vertritt, dass Männer und Frauen gesellschaftliche Konstruktionen sind. Ausgangspunkt ihrer Überlegungen ist Michel Foucaults These, dass Subjekte vor allem durch Machtdiskurse entstehen, eine Macht, die in diesem Fall auf der kulturellen Aufteilung der Gesellschaft in zwei Geschlechter aufbaut. Doch Geschlechtskategorien wie »männlich« und »weiblich« sind für Butler nichts Natürliches, sondern kulturell geformt und werden immer wieder aufs neue bestätigt, in dem man in diesen Kategorien handelt.

Die einflussreichste und zugleich radikalste Vertreterin der Gender-Theorie kritisiert, dass die gängige feministische Theorie und Praxis das politische Subjekt »Frau« zur universalen Grundlage ihrer Arbeit gemacht und dabei ethnische, kulturelle, klassenspezifische und andere Differenzen vernachlässigt habe. Sie stellte damit den von vielen Feministinnen vertretenen Repräsentationsanspruch für die Frau offen infrage. Damit rannte sie in den 1990er Jahren offene Türen ein. Insbesondere schwarze Feministinnen wehrten sich gegen die Kollektivkategorie »Frau«, die vor allem die weiße Mittelstandsfeministin der westlichen Industriestaaten meint. Für Butler steht das Festhalten an einem binären System von Geschlechtlichkeit nicht nur der Forderung nach Gleichheit prinzipiell entgegen, sondern unterstützt den Festschreibungsprozess von Geschlecht in einer patriarchalen Kultur. Statt eine eigene Begrifflichkeit zu entwickeln, werde von Feministinnen unkritisch die Strategie des Unterdrückers imitiert. Für Butler ist das Geschlecht eine soziale Kategorie, die dem Körper ein biologisches Geschlecht einschreibt. In ihrem dekonstruktivistischen Denken ist das Geschlecht keine Eigenschaft von Körpern, sondern wird diskursiv durch die herrschenden kulturellen Machtmechanismen bestimmt. Sie lehnt die Idee von der Unterscheidung zwischen Sex und Gender ab, indem sie sprachtheoretisch vom als natürlichen Geschlechtskörper codierten Körper abrückt. Eine vordiskursive Differenz zwischen den Geschlechtern gibt es nicht, die biologische Zweigeschlechtlichkeit ist ein rein soziales Konstrukt, das durch den wiederholenden Vollzug hergestellt wird.

Die vorgebliche Geschlechterdichotomie ist für Judith Butler im Rahmen einer heterosexuellen Matrix, bestehend aus *sex*, *gender* und *desire* (sexuelles Begehren), Zwangsheterosexualität, welche nichts anderes als eine gesellschaftliche Konstruktion sei und bei Abweichung unweigerlich gesellschaftliche Sanktionen nach sich ziehe. Im performativen Akt, im Diskurs, entstehe durch ständiges Wiederholen das Geschlecht. Ein Ausbruch aus diesem gesellschaftlichen Kreislauf sei nicht möglich, da das »Ich« von Beginn an dabei sei. Wichtig sei also nicht, *ob*, sondern *wie* die Geschlechternormen, die eine Wiederholung selbst möglich machen, wiederholt würden. Durch eine radikale Vervielfältigung der Geschlechtsidentität könnten die Geschlechternormen verschoben werden, könne die Geschlechter-Binarität in Verwirrung gebracht werden. Mit Hilfe der Dekonstruktion könnten neue alternative Geschlechtsidentitäten entstehen. Denn wenn Identität und Gender performativ begründet werden, könne diese Festlegung auch durch Performanz verändert werden. Nicht die Zweigeschlechtlichkeit, sondern das *Critically-queer*-Sein, die Vielfältigkeit von Existenzformen durch Parodie, Transvestie und verschiedene experimentelle Praktiken, sei die Zukunft. Frauen und Männer müssten Geschlechterinszenierungen als Spiel initiieren, da Geschlechtsidentität nur Fiktion sei. Je mehr Verwirrung Frauen und Männer in diesem Spiel stiften würden, umso schneller würden bisherige Festschreibungen aufgelöst und der Zusammenhang zwischen Sex, Gender und der dritten von Butler verwandten Kategorie *desire* (sexuelles Begehren) werde aufgebrochen. Das Ergebnis sei *gender trouble*, wie auch der englische Originaltitel von Judith Butlers Buch lautet. Die restriktiven Diskurse der Gesellschaft müssten subversiv unterlaufen werden, was letztlich zur Aufhebung der bisher vorhandenen Einteilung in »normale« und »normabweichende« Lebens- und Begehrensformen führe. Das Infragestellen »normaler« heterosexueller Verhaltensmuster und Lebensmodelle würde eine neue queere Kultur begründen. *Queer* ist seinem universalistischen Anspruch nach ein offener Begriff, der durch die verschiedenen Gruppen, die sich auf ihn beziehen, immer wieder aufs neue angeeignet werden müsse.

Judith Butlers Buch löste neben Begeisterung vor allem bei denjenigen Frauen Protest aus, die am Differenzfeminismus festhalten wollten, sowie bei vielen Aktivistinnen von Frauen- und Mädchenprojekten, die ihr vorwarfen, Feminismus auf eine Diskussion über symbolische Repräsentationsformen zu reduzieren und Themen, die Frauen tatsächlich betreffen würden, zu vernachlässigen.

Aus den Prämissen der Queer-Theorie entwickelten sich die sogenannten Queer Studies, die sexuelle Identitäten kritisch unter die Lupe nehmen und versuchen, Queer-Theorie auf die verschiedenen wissenschaftlichen Bereiche anzuwenden. Die Queer Studies entstanden im angloamerikanischen Raum vor allem aus den Gay und Lesbian Studies. Doch während sich diese vorwiegend mit Homosexualität beschäftigten, schließen Queer Studies alle Arten von sexuellen Praktiken und sexuellem Begehren mit ein, so zum Beispiel Transsexualität, BDSM oder Bisexualität. Queer Studies verweigern feste Identitätszuschreibungen für Sexualität und Geschlecht und beschäftigen sich stattdessen mit der Dekonstruktion von Identitäten. Sie untersuchen, wie in verschiedenen Lebensbereichen und Wissenschaftsdisziplinen Identitäten durch bestimmte kulturelle und soziale Prozesse begründet werden, was die politischen und diskursiven Folgen dieser Konstruktionen sind und wie die bereits vorhandenen festen Identitäten subversiv unterlaufen werden können. Dabei geht es vor allem darum, die Konstruktion der Geschlechterdichotomie und der Heterosexualität als Stabilitätsfaktor der Machtverhältnisse im patriarchalen System zu entlarven.

Während es an den Universitäten der USA Lehrstühle, Forschungszentren und Fachzeitschriften für Queer Studies gibt, führt die Disziplin hierzulande noch immer ein Schattendasein. Dies zeigt sich nicht zuletzt daran, dass bisher nur einige wenige Texte ins Deutsche übersetzt wurden. 2003 wurde in Hamburg das interdisziplinäre Studienprogramm Gender und Queer Studies eingeführt. Ähnliches entstand auch an der Humboldt-Universität in Berlin, in Greifswald, Bremen und an anderen Orten. Generell werden Queer Studies meist zusammen mit Gender Studies in interdisziplinären Einrichtungen vertreten und nicht als eigenständige Fachrichtung angeboten. 2006 gründete die feministische Wissenschaftlerin Antke Engel das Institut für Queer Theory mit Sitz in Hamburg und Berlin. Dieses sieht laut Internetpräsenz seine Aufgabe darin, »rigide zweigeschlechtliche und normativ heterosexuelle Geschlechterverhältnisse kritisch zu hinterfragen und zu verändern. Über den Fokus auf Geschlecht und Sexualität hinaus hat es sich zum Ziel gesetzt, nicht-hierarchische Formen sozialer Differenz zu stärken.«

Revolution is about going to the playground with your best girlfriends
Postfeministische Aktionsformen: Cyberfeminismus, Riot Grrls und Ladyfeste

Die Aufweichung des Konzepts der Zweigeschlechtlichkeit und die zunehmende Kritik an der Idee einer kollektiven Identität der Frau, in deren Namen politisch gehandelt werden kann, hat maßgeblich dazu beigetragen, dass die Frauenbewegung heute nicht mehr aus einer organisierten feministischen Bewegung, sondern aus verschiedenen individuellen feministischen Aktionsformen besteht, die jedoch dank der modernen Kommunikationstechnologie weltweit miteinander verlinkt sind. Unterschiedliche Lebenserfahrungen, Einstellungen und Hintergründe hatten eine homogenisierte Frauenpolitik stets erschwert. Das Ende der Vorstellung von einer kollektiven Identität ging einher mit der Anerkennung von Differenzen. Die Selbstrepräsentation der einzelnen Aktivistinnen steht nun im Vordergrund, möglich geworden vor allem durch eine offene Kommunikationsform, wie das Internet sie bietet. Jede kann ihre Gedanken einbringen, Diskussionen anstoßen, eigene Themen voranbringen, an Texten mitarbeiten und Aktionen initiieren.

Die Aktionsformen der dritten Welle des Feminismus sind vielfach der Kommunikationsguerilla entnommen. Im Vordergrund steht nicht mehr Aufklärung, sondern Anstoß zur Reflexion. Mit Hilfe von Ironie, Überidentifizierung und Verfremdung von und in Kommunikationsprozessen wird den Problemen des Medienzeitalters auf subversiv-spielerische Weise begegnet.

Eine dieser neuen Aktionsformen ist der Cyberfeminismus, in dem sich vor allem feministische Medienkünstlerinnen und Medientheoretikerinnen mit den neuen Informations- und Kommunikationstechnologien auseinandersetzen. Der Begriff »Cyberfeminismus« wurde durch das australische Künstlerinnenkollektiv *VNS Matrix* geprägt, das 1991 als Hommage an die US-amerikanische Philosophin Donna Haraway das Manifest des Cyberfeminismus veröffentlichte. Ziel der Cyberfeministinnen ist es, die Präsenz von Frauen im Netz zu verstärken. Das Internet als globale Informationsstruktur war zunächst vor allem von Menschen geprägt, die weiß, männlich, USamerikanisch oder europäisch, gut ausgebildet waren und über ein hohes Einkommen verfügten – Frauen waren dabei deutlich unterrepräsentiert. Cyberfeministinnen versuchen nun, die neuen Informationstechnologien zum Aufbau einer kritischen Gegenöffentlichkeit zu nutzen und sich mit anderen Aktivistinnen zu vernetzen. Dabei will man sich jedoch nicht nur an der Nutzung, sondern auch an der Entwicklung und Mitgestaltung der neuen Technologien aktiv beteiligen. Es geht darum, neue Geschlechterrepräsentationen zu entwerfen, die neuen Technologien von der Fortführung kultureller, politischer und geschlechtlicher Stereotypen zu befreien und dafür zu sorgen, dass eines Tages die Heldinnen einer virtuellen Welt nicht länger Frauen vom Typus Lara Croft sind. Um dies voranzutreiben, haben im August 2000 Hamburger Cyberfeministinnen unter dem Motto »Hijacking Lara Croft« mit Lara-Croft-Masken eine lebensgroße Pappfigur von Lara Croft aus einem Computerladen entführt, sie als Putzfrau verkleidet, auf der Toilette und mit Kopftuch fotografiert und die Fotos anschließend ins Internet gestellt.

Als Voraussetzung für die Umsetzung ihrer Ziele gilt den Cyberfeministinnen zum einen die Demystifikation der Technologie und zum anderen die Aneignung von Zugängen zu den neuen Technologien durch Frauen. Dafür hatte bereits die Vordenkerin des Cyberfeminismus, Donna Haraway, in ihrem 1985 veröffentlichten *Cyborg Manifest* plädiert, in dem sie die Cyborg, jenes Mischwesen aus lebendigem Organismus und Maschine, das weder Frau noch Mann ist und damit quasi beides zugleich, als Leitfigur eines neuen Feminismus im Zeitalter der Technik vorstellte. Haraway, die davon ausging, dass wir im Zeitalter der Technowissenschaften leben, erkannte in einer technikkritischen Zeit als eine der ersten Theoretikerinnen die Bedeutung der neuen Technologien (Informations-, Kommunikations- und Biotechnologien) und ihren ungeheuren Einfluss auf die Gesellschaft. Sie erklärte, dass in einer Zeit, in der die Technisierung der Gesellschaft derart überhandnehme, jede ernsthafte politische Theorie und Aktion sich mit dieser Entwicklung kritisch und konstruktiv auseinandersetzen müsse. Dabei ging es ihr nicht allein um die Dekonstruktion einer androzentrischen Technikkultur, sondern auch um die feministische Teilhabe an der modernen Informationsgesellschaft. Abstrakte Technikfeindlichkeit, wie sie in diesen Jahren vielfach von Feministinnen vertreten wurde, führte ihrer Ansicht nach dazu, dass die Befreiungspotentiale, die in der Technik auch vorhanden waren, übersehen wurden. Zwei zentrale Thesen Haraways lauteten: 1. Die Formulierung einer universalen totalisierenden Theorie ist ein Fehler, der die Realität verkennt. 2. Die Verantwortung für soziale Beziehungen, die durch gesellschaftliche Wissenschafts- und Technologieverhältnisse strukturiert werden, kann nur übernommen werden, wenn die Dämonisierung der Technologie aufgegeben und die Begrenzung des Alltags in partieller Verbindung mit anderen und in Kommunikation mit allen einzelnen Teilen rekonstruiert wird. Die technowissenschaftliche Entwicklung hat ihrer Ansicht nach zu Umbrüchen geführt, die herrschende Dualismen auflösen. Das Verhältnis von Natur und Kultur, Mensch und Tier, Mensch und Maschine kann nicht mehr eindeutig bestimmt werden. Die gesellschaftlichen Auseinandersetzungen um Bio- und Gentechnologie, Pränataldiagnostik und künstliche Intelligenz sind letztlich nichts anderes als Ausdruck dieser Entwicklung weg von den klassischen Dualismen, hin zu den überall gegenwärtigen Hybriden, die Grenzen verwischen.

Die Figur der Cyborg, mit deren Hilfe alle ethnischen, klassen- und geschlechtsbedingten Widersprüche aufgelöst werden sollen, wurde zum Leitbild des Cyberfeminismus. 1997 trafen sich im Rahmen der X. Documenta in Kassel Frauen aus der ganzen Welt zur ersten internationalen Cyberfeministischen Konferenz, auf der die 100 Antithesen zum Cyberfeminismus formuliert wurden. Demnach ist Cyberfeminismus »kein Fehler«, »keine Kunst«, »not for sale«, »nicht gut«, »nicht schlecht«, »kein leerer Kühlschrank« und auch kein »grünes Häkeldeckchen«. Cyberfeminismus soll keine systematische Theorie sein, sondern stets veränderbar und neu interpretierbar. Der Begriff »Cyberfeminismus« muss offenbleiben, damit nichts ausgeschlossen werden kann.

Cyberfeministinnen bedienen sich verschiedener Mittel, um Frauen eine angemessene Repräsentation im Netz zu sichern. Es gibt Frauennetzwerke, feministische Suchmaschinen, Bibliographien und Infodienste. So versuchen zum Beispiel die in New York gegründeten *Webgrrls*, die männliche Dominanz im Netz zu brechen, indem sie den Frauenanteil im Netz sichtbar machen. Sie bieten neben einer thematischen Vernetzung und der Möglichkeit einer globalen Kontaktaufnahme auch technische Hilfe an. In Berlin gründeten 1997 Cyberfeministinnen um die deutsche Netzkünstlerin Cornelia Sollfrank das *Old Boys Network* (OBN) zur Verlinkung von Projekten, Personen und Gruppen.

Im Zentrum des Cyberfeminismus stehen oftmals ästhetisch-künstlerische Strategien, wie die des Künstlerinnenkollektivs *VNS Matrix*, die mit Installationen, verschiedenen Netzprojekten und Publikationen Technik weiblich umdeuten. Das Spiel mit Sprache, Bildern und dem damit verbundenen Bedeutungszusammenhang ist ein Merkmal cyberfeministischer Aktionen. Ein weiteres Kennzeichen von Cyberfeminismus ist die Umdeutung von obszönen negativ geprägten Begriffen. Feministische Projekte heißen da schon mal *technohures* oder *Heartless Bitches International* oder *Switch Bitch*. Viele Projekte sind spielerisch und unterhaltsam und brechen mit Ironie herrschende Geschlechterverhältnisse auf. Niederländische Cyberfeministinnen haben im Projekt *Women with Beards* zum Beispiel eine eigene Version des *Playboy* entworfen und einen Fotokalender ins Netz gestellt, der ganz in *Playboy*-Tradition Babes zeigt, die jedoch nicht eindeutig einem bestimmten Geschlecht zuzuordnen sind, sondern hybrid erscheinen. Man sieht dort zugleich nackte Brüste, Bärte und Make-up. Durch die Verlinkung der Homepage mit den Stichworten *babes* und *calendar* wirft die Suchmaschine bei allen am Babes-Kalender des *Playboy* Interessierten auch die Seiten *Women with Beards* aus. Dies ist nur eines von unzähligen gelungenen Beispielen für die subversive Unterwanderung des Mainstreams mit Ironie, Witz und ohne den erhobenen Zeigefinger, den eine neue Generation von Feministinnen weder länger erheben noch sehen wollte.

Eine weitere aufsehenerregende Gruppierung der 1990er waren die sogenannten Riot Grrls, die eine Verbindung von Musik, Subkultur und feministischer Politik einläuteten und als die kulturelle Bewegung der dritten Welle des Feminismus gelten. Diese sich Anfang der 1990er Jahre im Umfeld der amerikanischen Punkmusikszene entwickelnde Bewegung entstand als Reaktion auf eine maskulin dominierte Musikindustrie, die Frauen keinerlei Freiraum zur künstlerischen Verwirklichung ließ. Prominenteste Vertreterin war Kathleen Hanna, langjähriges Mitglied der Frauenpunkband *Bikini Kill* sowie der feministischen Elektropunkband *Le Tigre*. 1990 veröffentlichte sie zwei Zines (unabhängige Magazine) gegen die patriarchale, sexistische Gesellschaft mit den Titeln *Bikini Kill* und *Revolution Girl Style Now*, der zum Slogan einer Bewegung wurde, in der sich selbstbewusste junge Frauen als Feministinnen und Künstlerinnen in ihrer ganzen Kreativität wahrnahmen. Sie verfasste auch das Manifest der Riot Grrls, in dem sie ihren Glauben an die tatsächliche Veränderung der Welt durch die revolutionäre Kraft der Mädchen festhielt. Der

Name *Riot Grrls* vermittelte neben dem Begriff des Aufruhrs auch die Aneignung des Begriffes *girls* durch die Feministinnen. Durch die *rrr* entstand ein zorniges Grollen und damit eine neue Bedeutung jenseits des niedlichen Girls.

In der Folgezeit entstanden unzählige Grrrl-Bands wie *Bratmobile*, *Babes in Toyland*, *Jack off Jill*, *L7* oder auch *Sleater-Kinney*. Deren Mitglieder verfassten regelmäßig sozialkritische Zines, in denen sie Sexismus, Gewalt und Patriarchat anprangerten. Sie schrieben und sprachen offen über sexuelle Wünsche und forderten sexuelle Freiheiten. Bei ihren Liveauftritten fielen sie vor allem durch ihre feministischen Texte und ihre ungewöhnliche Performance auf. So trugen die *Babes in Toyland* unschuldige Puppenkleidchen und überraschten mit harten Gitarrenriffs und Schlagzeugeinlagen samt aggressiv gekreischten zornigen Texten.

Die Riot Grrls verwendeten ebenfalls Taktiken aus dem Bereich der Kommunikationsguerilla. Sie überzeichneten die Realität und stellten damit das konventionelle Weiblichkeitsbild infrage. Indem sie sich bei ihren Auftritten männlicher Methoden bedienten und das von den Medien verbreitete Ideal der perfekten Weiblichkeit verschoben, kämpften sie gegen die männliche Vorherrschaft in der Musik. Die meisten Riot-Grrrl-Bands waren laut und aggressiv. Viele bedienten sich Ausdrücken, die üblicherweise nur von Männern benutzt werden, um Frauen zu diskriminieren. Worte wie *Bitch* oder *Slut* wurden auf T-Shirts gedruckt, um sie in ihrer Aussage zu entwerten. In der Rückeroberung und Wiederaneignung von Bezeichnungen gelang die Verschiebung dessen, was mit dem Begriff zuvor inhaltlich ausgedrückt worden war. Es gab Auftritte mit aufgeklebten Schnurrbärten oder in übertriebener Weiblichkeit samt Federboas und blonden Langhaarperücken. Nachdem sie von einem Mann aus dem Publikum angepöbelt worden war, ließ eine der Sängerinnen von *L7*, Donita Sparks, die Hosen runter, zog ihren Tampon heraus und warf ihn auf den Angreifer. *L7*, deren Album *Bricks Are Heavy* (1992) vom *Rolling Stone Magazin* 1999 zu den wichtigsten Aufnahmen der 1990er Jahre gezählt wurde, gründeten 1991 die Frauenrechtsgruppe *Rock for Choice*, die sich mit Konzerten und anderen Aktionen für die Freigabe von Abtreibung einsetzte. Unterstützt wurden sie dabei unter anderem von *Nirvana*, *Pearl Jam*, den *Red Hot Chilli Peppers* oder *Rage against the Machine*.

Riot-Grrls-Bands lehnten die Mainstream-Musikpresse ebenso ab wie große Plattenlabels und veröffentlichten ihre Alben bei Independent Labels wie *Sub Pop* oder *Kill Rock Stars*. In Berlin entstand 1998 in Anlehnung daran das Plattenlabel *Flittchen Records*. Die erfolgreiche Riot-Grrrl-Band *Le Tigre* veröffentlichte ihre Alben bei dem von der Bewegung beeinflussten queer-feministischen Plattenlabel *Mr. Lady Records*, das 1996 in Durham (North Carolina) gegründet worden war und sich zum Ziel gesetzt hatte, ein Forum für politische Musik mit feministischen, lesbischen und queeren Inhalten zu sein. Das Label hatte großen Einfluss auf die Entwicklung der als *Queercore* bezeichneten Punkmusik der bekennenden schwulen, lesbischen, trans- und bisexuellen Künstler und Musiker. *Le Tigre* war die kommerziell erfolgreichste Band des Labels. Die Band versuchte ihre politischen Überzeugungen auch bandintern umzusetzen, unter anderem dadurch, dass es keine feste Rollenzuschreibung gab. Prinzipiell konnte jedes Bandmitglied jede Funktion übernehmen: Gitarre, E-Bass, Gesang, Schlagzeug rotierten. Das Publikum war lange Zeit nahezu ausschließlich weiblich und jung. Es gab Konzerte, in denen die ersten Reihen nur Frauen vorbehalten blieben oder Männer generell nicht zugelassen waren. Konzertbühnen mutierten jetzt zu antipatriarchalischen Räumen.

Die klassischen Feministinnen der 1970er Jahre konnten dem

Aktivismus dieser neuen Generation allerdings nicht viel abgewinnen. Zwischen den Theorien der 1970er und den schlagzeugspielenden Riot Grrls lagen Welten. Diese nutzten ihre Wut auf das Patriarchat und die alltägliche Diskriminierung positiv und bildeten neue Frauennetzwerke, in denen feministisches Bewusstsein gefördert wurde. Heute werden diese Netzwerke vor allem durch E-Zines via Computer aufrechterhalten. Sie organisierten Konzerte, Festivals, Podiumsdiskussionen und begründeten eine lebendige feministische Subkultur, während zugleich in den Medien das Ende des Feminismus betrauert wurde. Das DIY(Do-it-yourself)-Prinzip der Punkszene wurde durch die *Riot Grrls* mit feministischen Inhalten gefüllt. Musik erwies sich hierbei als hervorragendes Sprachrohr, weil damit viele Menschen erreicht werden konnten.

Der Aktionismus der Riot Grrls trat dem Trend der Verwissenschaftlichung des Feminismus sowie dessen Rückzug ins Private entgegen. Die Aktivistinnen verfassten feministische Texte und verteilten diese als Zines untereinander. Selbstverteidigungskurse, Workshops und Gesprächsgruppen luden zur aktiven Teilnahme am neuen Feminismus ein. Neue Themen wie Essstörungen, AIDS und sexueller Missbrauch wurden thematisiert. Es gab Kunst- und Videoinstallationen, Bühnenauftritte und eine neue Punkmode. Es entstand eine neue Girl Power, die als feministische Strategie Handlungsfähigkeit und gegenseitiges Empowerment hervorbrachte. Feminismus wurde cool, und es dauerte nicht lange, da begann die Mode die neue Bewegung für sich zu vereinnahmen. Aus den Riot Grrls wurden *mtv-girlies*, aus den zornigen jungen Frauen zickige Kleinstadtmädchen, die außer der Mode kaum etwas übernahmen und die herrschenden Rollenmuster nicht in Frage stellten. Obwohl die Girlies der 1990er Jahre von den Medien als Postfeministinnen in der Popkultur bezeichnet wurden, wurden sie von den meisten Feministinnen heftig kritisiert. Man hielt die Akteurinnen für gesellschaftspolitisch desinteressiert und warf ihnen vor, jenseits einer erlaubten Emanzipation auf jegliche Möglichkeit zur Veränderung zu verzichten. Die scheinbar so selbstsicher und autonom auftretenden Girlies in ihrem Lolitalook samt Springerstiefeln verkörperten in Wahrheit ein naives, stereotypes, von der Mode- und Männerwelt abhängiges Mädchenbild, dessen vermeintliche Freiheit sich auf heterosexuellen Sex bezog. Dennoch wurde die Girlie-Bewegung zu einer Massenbewegung. Populärste Vertreterinnen dieser nicht zornigen, sondern fröhlich-naiven Girl Power wurden die *Spice Girls*, die den Slogan »Girl Power« zu ihrem Markenzeichen und zugleich weltberühmt machten. Girl Power sollte den Feminismus des neuen Zeitalters widerspiegeln und zum Symbol moderner Mädchen werden. Auch wenn KritikerInnen Girl Power vor allem für eine gut durchdachte Marketingstrategie hielten, orientierten sich doch in der Folgezeit Millionen Mädchen an diesem »Feminismus light« (Kailer/Berbaum, S. 231), der weder die gesellschaftlichen Strukturen noch die herrschende Geschlechterdichotomie in Frage stellte.

Die ehemaligen Vertreterinnen der Riot Grrls waren über diese Entwertung ihres politischen Ansatzes durch die Girlies alles andere als begeistert und gründeten 2000 in Olympia (Washington), dem Gründungsort der Riot-Grrls-Bewegung, die Ladyfeste. Der Begriff »Lady« bezieht sich auf die neue Identität der Teilnehmerinnen, die nun souveräner und reifer geworden sind und sich ihrer Stärken und Fähigkeiten bewusst sind. Zugleich ist er wie der Begriff der Riot Grrls die Aneignung eines Begriffs. Die Lady wird als Symbol einer hegemonialen Geschlechterordnung begriffen, und durch die Aneignung des Begriffes durch die Bewegung wird das System der heterosexuellen Zweigeschlechtlichkeit in Frage gestellt.

Ausgehend von den USA etablierten sich diese Feste in ganz Europa als nichtkommerzielle DIY-Veranstaltungen für transgender, queer und feministische Kultur und bilden damit eine Weiterentwicklung der Riot-Grrls-Idee. Ladyfeste mit Konzerten, Kunstausstellungen, Filmvorführungen, Diskussionen und Workshops finden seither jährlich in verschiedenen Städten Europas statt. Die Verbreitung der Idee lief unabhängig von den Mainstream-Medien. Das erste Ladyfest in Deutschland fand 2003 in Hamburg statt. Männer sind ausdrücklich willkommen, frei nach dem Motto: »Was immer deine Geschlechtsidentität sein mag – wenn du dich wie eine Lady fühlst, nimm teil am Ladyfest.« Dabei begreifen die Ladiez nicht alle Frauen gleichermaßen als benachteiligt, sondern bemühen sich, den vielschichtigen Zusammenhang von Kategorien wie Geschlecht, Klasse, Nationalität, Ethnizität, Sexualität und Alter aufzuzeigen. Ein wichtiges Anliegen der Ladyfeste, die von Feministinnen und Transgenderaktivistinnen organisiert werden, ist die Entlarvung und Dekonstruktion des herrschenden binären Geschlechtersystems als soziokulturelles Konstrukt einer hierarchischen Gesellschaft. Damit üben die Ladiez weit über die Grenzen der Musikkultur hinaus eine permanente Kritik an den hierarchischen Strukturen.

Die starke Präsenz der Ladyfest Community im Internet sorgt für Vernetzung und Verbreitung der Idee und auch dafür, dass sich die Ladiez als internationale Bewegung erfahren. Obwohl es keine Agenda und kein bestimmtes Format für die Ladyfeste gibt, begreifen sich die Ladiez trotz der Heterogenität ihrer Feste als eine politische Szene, die ein gemeinsamer Kontext eint. Plattformen wie *grrrl-zine-network* ermöglichen es heute Ladiez, Riot Grrls, Cyberfeministinnen, Queer und Trans, ein globales Netzwerk zu bilden und einen nie gekannten Internationalismus zu leben. Erfahrungsaustausch und Diskurs sind in ungeheuerem Maße vorhanden, die Kontaktaufnahme mit Frauengruppen überall auf der Welt ist möglich.

Nachwort
Totgesagte leben länger

Die letzten Seiten dieses Buches zeigten, dass der Feminismus nicht nur etwas Historisches ist, sondern lebendig wie eh und je, auch wenn ihn die Presse in regelmäßigen Abständen für tot erklärt. Nur zu gerne verkaufen uns die Medien als Backlash der Frauenbewegung, was in Wahrheit nur der antifeministische Backlash einer neoliberalen Gesellschaft ist. Wenn Eva Hermann alte Zöpfe ausgräbt, die auch durch die x-te Wiederholung nicht wahrer werden, oder FAZ-Herausgeber Frank Schirrmacher Frauen in neokonservativer Manier an ihre Gebärpflicht erinnert, so scheint es, als wolle man mit aller Macht das Schwarzwaldmädel der 1950er Jahre wieder zum Leben erwecken.

Auf der anderen Seite tummeln sich *Alphamädchen* (Haaf [u. a.]) in *Feuchtgebiete(n)* (Roche) und wollen die *Neue(n) Deutsche(n) Mädchen* (Hensel/Raether) sein, die einen modernen Feminismus verkörpern, der absolut nichts mehr mit dem Feminismus einer Alice Schwarzer gemein habe: »Wir können uns den Feminismus zurechtzimmern, wie wir es für die heutigen Umstände als angemessen und sinnvoll erachten. Der alte Feminismus hat keine Lösung für das Dilemma ›Beruf oder Familie‹? Dann muss der neue Feminismus eine finden!« (Haaf, S. 16 f.) Während sich Thea Dorn vom Begriff »Feminismus« in ihrer Streitschrift *Die neue F-Klasse* am liebsten ganz verabschieden möchte, sind andere der Ansicht, dass der Feminismus »einfach nur mal auf den neusten Stand gebracht werden muss« (Haaf, S. 16).

Die alte Generation Feministinnen bekommt bei der Lektüre der jüngsten Veröffentlichungen zum Thema generell unweigerlich schlechte Laune. Sie tut sich schwer mit den karriereorientierten Neufeministinnen, die sich nicht länger dem gemeinsamen Kampf gegen Unterdrückung, Ungleichheit, Rassismus und Sexismus verschrieben haben, sondern versuchen, ein ökonomisch unabhängiges und selbstbestimmtes Leben zu führen. Individuelle Leistung statt Solidarität mit den Schwachen steht bei ihnen allerdings, so scheint es zumindest, im Vordergrund. Viele Feministinnen sehen in diesem neuen Feminismus einen Feminismus, der nach den Regeln der Herrschenden spielt, anstatt deren Herrschaft zu brechen. Sie kritisieren, dass junge Frauen heute genauso mit der Problematik der Vereinbarkeit von Beruf und Familie konfrontiert sind wie die Generationen vor ihnen, die geschlechtsspezifische Arbeitsteilung noch längst nicht überwunden ist und die feministische Arbeit deshalb noch längst nicht getan. Gerade die Globalisierung führe dazu, dass Themen wie Frauenarbeit oder Frauenarmut, ja sogar Frauenrecht als Menschenrecht neu formuliert werden müssen. Die Herausforderungen der Biopolitik werde neue Fragen der Reproduktion aufwerfen, die vor allem von Frauen beantwortet werden müssten.

Doch genau das tun Frauen, unabhängig von den Unstimmigkeiten zwischen den Generationen, in zahlreichen Organisationen, Gruppen und Projekten weltweit. Neben den vielen im künstlerischen Bereich angesiedelten feministischen Gruppierungen finden sich Feministinnen heute in zahlreichen NGOs gegen Rassismus, Faschismus, Globalisierung, moderne Sklaverei, für Ökologie, Frieden und Frauenrechte wieder. Die aktuelle Frauenbewegung zeichnet sich durch eine zunehmende Internationalisierung aus. Es gibt Frauengruppen von Afghanistan bis Zimbabwe, die durch das Internet vernetzt sind. Frauen streiten global gemeinsam für ihre Rechte. So gab es seit 1975 vier Weltfrauenkonferenzen der UNO, in deren Rahmen Frauenrechte und Frauenpolitik jenseits nationalstaatlicher Grenzen diskutiert wurde. Diese Internationalisierung, die angesichts der fortschreitenden Globalisierung mehr als notwendig ist, zeigt unendlich langsam kleine Erfolge. 1993 wurde Gewalt gegen Frauen beim Menschenrechtsgipfel in Wien endlich als Menschenrechtsverletzung anerkannt. Bei der Weltbevölkerungskonferenz in Kairo 1994 wurden die reproduktiven Rechte der Frau explizit diskutiert und anschließend ins Aktionsprogramm aufgenommen. Die UN hat zahlreiche internationale Normen und Instrumente geschaffen, die der Stärkung und Einhaltung von Frauenrechten dienen. Neben UNIFEM, INSTRAW, CSW und CEDAW, die sich ausschließlich mit Frauenrechten beschäftigen, kann seit neuestem auch der UN-Sicherheitsrat tätig werden.

All dies wird ergänzt durch einen höchst interessanten wissenschaftlichen Diskurs und eine immer noch sehr lebendige feministische Subkultur, die sich den neuen globalen Herausforderungen an den Feminismus im 21. Jahrhundert stellen. Die neue Frauenbewegung hat sich von ihrer Opferrolle verabschiedet, ist vielfältig und höchst heterogen. »Feminismus ist sexy« (Stöcker) und immer noch ein »Hot Topic« (Eismann). Denn aller Ausdifferenzierungen zum Trotz blieb etwas erhalten, was schon die Urahninnen der Frauenbewegung auszeichnete: der solidarische Einsatz von Frauen für den Abbau von Hierarchien und die Entwicklung einer Geschlechterdemokratie – weltweit. Der Kampf um Brot und Rosen ist noch lange nicht vorbei.

Literaturhinweise

Abrams, Fran: Freedom's Cause. The Lives of the Suffragettes. London 2003.

Alberti, Johanna: Beyond Suffrage. Feminist in War and Peace, 1914–1928. London 1989.

Angerer, Eva: Die Literaturtheorie Julia Kristevas. Von Tel Quel zur Psychoanalyse. Wien 2005.

Baldauf, Anette / Weingartner, Katharina: Lips. Tits. Hits. Power? Popkultur und Feminismus. Bozen 1998.

Bartley, Paula: Emmeline Pankhurst. London 2003.

– Votes for Women, 1860–1928. London 2003.

Beauvoir, Simone de: Das andere Geschlecht. Sitte und Sexus der Frau. Reinbek bei Hamburg 1968.

Bebel, August: Die Frau und der Sozialismus. Berlin 1964.

Becker, Ruth / Kortendiek, Beate (Hrsg.): Handbuch Frauen- und Geschlechterforschung. Wiesbaden 2004.

Becker-Schmidt, Regina / Knapp Gudrun-Axeli: Feministische Theorien zur Einführung. Hamburg 2001.

Benhabib, Seyla [u. a.]: Streit um Differenz. Feminismus in der Gegenwart. Frankfurt a. M. 1993.

Bierach, Barbara / Thorborg, Heiner: Oben ohne. Warum es keine Frauen in unseren Chefetagen gibt. Berlin 2006.

Boetcher-Joeres, Ruth-Ellen: Die Anfänge der deutschen Frauenbewegung. Louise Otto Peters. Frankfurt a. M. 1983.

Brandt, Heike: Die Menschenrechte haben kein Geschlecht. Die Lebensgeschichte der Hedwig Dohm. Basel 1989.

Braun, Christina von / Stephan, Inge (Hrsg.): Gender & Wissen. Ein Handbuch der Gender-Theorien. Köln [u. a.] 2005.

Brownmiller, Susan: In our Time. Memoir of a Revolution. New York 1999.

Butler, Judith: Das Unbehagen der Geschlechter. Frankfurt a. M. 1991.

– Körper von Gewicht. Zu den diskursiven Grenzen des Geschlechts. Berlin 1995.

– Die Macht der Geschlechternormen und die Grenzen des Menschlichen. Frankfurt a. M. 2009.

Christadler, Marie-Luise / Hervé, Florence: Bewegte Jahre – Frankreichs Frauen. Düsseldorf 1994.

Cixous, Hélène: Innen. Frankfurt a. M. 1971.

– Weiblichkeit in der Schrift. Berlin 1980.

Crawford, Elizabeth: The Women's Suffrage Movement. Reference Guide 1866–1928. London 1999.

Czurda Elfriede (Hrsg.): MädchenMuster MusterMädchen. Tübingen 1996.

Daly, Mary: Gyn/Ökologie. Eine Metaethik des Radikalen Feminismus. München 1981.

– Jenseits von Gottvater, Sohn & Co. München 1986.

Degele, Nina: Gender/Queer Studies. Eine Einführung. München 2008.

Delphy, Christine: The Main Enemy. A Materialist Analysis of Women's Oppression. London 1977.

Dertinger, Antje: Frauen der ersten Stunde. Aus den Gründerjahren der Bundesrepublik. Bonn 1989.

Dorn, Thea: Die neue F-Klasse. Wie die Zukunft von Frauen gemacht wird. München 2006.

Doyé, Sabine [u.a.] (Hrsg.): Philosophische Geschlechtertheorien. Ausgewählte Texte von der Antike bis zur Gegenwart. Stuttgart 2002.

Draude, Claude: Introducing Cyberfeminism. In: Nylon (2001). H. 3.

Dürr, Anke / Voigt, Claudia: Die Unmöglichen – Mütter, die Karriere machen. München 2006.

Durand, Béatrice: Geschlechterdenken und -politik im postfeministischen Frankreich. In: Europas Töchter. Traditionen, Erwartungen und Strategien von Frauenbewegungen in Europa. Hrsg. von Ingrid Miethe und Silke Roth. Opladen 2003. S. 101–118.

Engelmann, Peter: Postmoderne und Dekonstruktion. Texte französischer Philosophen der Gegenwart. Stuttgart 2004.

Eismann, Sonja: Hot Topic. Popfeminismus heute. Mainz 2007.

Engels, Friedrich: Der Ursprung der Familie, des Privateigentums und des Staates. Berlin 1970.

Evans, Sara M.: Tidal Wave. How Women Changed America at Century's End. New York 2003.

Faulstich-Wieland, Hannelore: Einführung in Genderstudien. Opladen / Farmington Hills 2006.

Feldkamp, Michael F. (Hrsg.): Die Entstehung des Grundgesetzes für die Bundesrepublik Deutschland 1949. Eine Dokumentation. Stuttgart 1999.

Firestone, Shulamith: Frauenbefreiung und sexuelle Revolution. Frankfurt a. M. 1987.

Flexner, Eleanor: Hundert Jahre Kampf. Die Geschichte der Frauenrechtsbewegung in den Vereinigten Staaten. Frankfurt a. M. 1978.

Foucault, Michel: Dispositive der Macht. Über Sexualität, Wissen und Wahrheit. Berlin 1978.

Frauen & Geschichte Baden-Württemberg (Hrsg.): Frauen und Revolution. Strategien weiblicher Emanzipation 1789–1848. Tübingen 1998.

Fulford, Roger: Votes for Women. The Story of the Struggle. London 1958.

Garofalo, Gitana / Rosenberg, Jessica: Riot Grrl. Revolutions from Within. In: Signs. Journal of Women in Culture and Society 3 (1998). H. 23. S. 809–841.

Gelder, Ken / Thornton, Sarah (Hrsg.): The Subcultures Reader. London / New York 1997.

Gerhard, Ute [u. a.] (Hrsg.): »Dem Reich der Freiheit werb' ich Bürgerinnen.« Die Frauen-Zeitung von Louise Otto. Frankfurt a. M. 1979.

– Unerhört. Die Geschichte der deutschen Frauenbewegung. Hamburg 1990.

Gottlieb, Joanne / Wald Gayle: Smells like Teen Spirit. Riot Grrls, Revolution und Frauen im Independent Rock. In: Gender Killer. Texte zu Feminismus und Politik. Hrsg. von Cornelia Eichhorn und Sabine Grimm. Berlin/Amsterdam 1995. S. 167–189.

Gouges de, Olympe: Mensch und Bürgerin. Die Rechte der Frau. Paris 1791. Hrsg. von Hannelore Schröder. Aachen 1995.

– Mutter der Menschenrechte für weibliche Menschen. Hrsg. von Hannelore Schröder. Aachen 2000.

Greer, Germaine: Der weibliche Eunuch. Aufruf zur Befreiung der Frau. Frankfurt a. M. 1970.

Greven-Aschoff, Barbara: Die bürgerliche Frauenbewegung in Deutschland 1894–1933. Göttingen 1981.

Groult, Benoîte: Wie die Freiheit zu den Frauen kam. Das Leben der Pauline Roland. München 1992.

Grubitzsch, Helga [u.a.] (Hrsg.): Grenzgängerinnen. Revolutionäre Frauen im 18. und 19. Jahrhundert. Weibliche Wirklichkeit und männliche Phantasien. Düsseldorf 1985.

Haaf, Meredith [u.a.]: Wir Alphamädchen. Warum Feminismus das Leben schöner macht. Köln 2008.

Hagemann-White, Carol: Sozialisation. Weiblich-männlich? Opladen 1984.

– / Rerrich, Maria S. (Hrsg.): Frauen Männer Bilder. Männer und Männlichkeit in der feministischen Diskussion. Bielefeld 1988.

Hamann, Sybille / Linsinger, Eva: Weißbuch Frauen / Schwarzbuch Männer: Warum wir einen neuen Geschlechtervertrag brauchen. Wien 2008.

Hamelmann, Gudrun: Helene Stöcker, der ›Bund für Mutterschutz‹ und ›Die Neue Generation‹. Frankfurt a.M. 1998.

Hampele Ulrich, Anne: Der unabhängige Frauenverband. Ein frauenpolitisches Experiment im deutschen Vereinigungsprozess. Berlin 2000.

Haraway, Donna: Ein Manifest für Cyborgs. In: Die Neuerfindung der Natur. Primaten, Cyborgs und Frauen. Frankfurt a.M. 1995.

Harcourt, Wendy (Hrsg.): Women & Internet. Creating new Cultures in Cyberspace. London / New York 1999.

Hark, Sabine: Queer Studies. In: Gender & Wissen. Ein Handbuch der Gender-Theorien. Hrsg. von Christina von Braun und Inge Stephan. Köln [u.a.] 2005. S. 285–303.

Harrison, Brian: Separate Spheres. The Opposition to Women's Suffrage in Britain. London 1978.

Hartman Strom, Sharon: Women's Rights. Westport 2003.

Hawthorne, Susan / Klein, Renate (Hrsg.): Cyberfeminismus. Connectivity, Critique and Creativity. Melbourne 1999.

Held, Jutta (Hrsg.): Frauen im Frankreich des 18. Jahrhunderts: Amazonen, Mütter, Revolutionärinnen. Hamburg 1989.

Henke, Christiane: Anita Augspurg. Reinbek bei Hamburg 2000.

Hensel, Jana / Raether, Elisabeth: Neue Deutsche Mädchen. Reinbek bei Hamburg 2008.

Hermann, Eva: Das Eva-Prinzip. Für eine neue Weiblichkeit. Starnberg 2006.

– Das Prinzip Arche Noah. Warum wir die Familie retten müssen. Zürich/München 2007.

Hervé, Florence (Hrsg.): Geschichte der deutschen Frauenbewegung. Köln 2001.

Heymann, Lida Gustava / Augspurg, Anita: Erlebtes, Erschautes. Deutsche Frauen kämpfen für Freiheit, Recht und Frieden 1850–1940. Frankfurt a. M. 1992.

Holland-Cunz, Barbara: Die alte neue Frauenfrage. Frankfurt a. M. 2003.

Hooks, Bell: Ain't I a Woman. Black Women and Feminism. Boston 1981.

– Feminist Theory from Margin to Center. Boston 1984.

Huber-Sperl, Rita (Hrsg.): Organisiert und engagiert. Vereinskultur bürgerlicher Frauen im 19. Jahrhundert in Westeuropa und den USA. Königstein i. Ts. 2002.

Hull, Gloria T. [u. a.]: All the Women are White, all the Blacks are Men, but Some of Us are Brave. Black Women's Studies. New York 1982.

Ikas, Karin: Die zeitgenössische Chicana-Literatur. Eine interkulturelle Untersuchung. Heidelberg 2000.

Irigaray, Luce: Das Geschlecht, das nicht eins ist. Berlin 1979.

– Speculum. Spiegel des anderen Geschlechts. Frankfurt a. M. 1980.

Jagose, Annemarie: Queer Theory. Eine Einführung. Berlin 2001.

Kailer, Katja / Bierbaum, Anja: Girlism. Feminismus zwischen Subversion und Ausverkauf. Berlin 2002.

Karl, Michaela: Streitbare Frauen. Zwölf Porträts. St. Pölten 2009.

– »Wir fordern die Hälfte der Welt.« Der Kampf der Suffragetten um das Frauenstimmrecht. Frankfurt a. M. 2009.

Karsch, Margret: Feminismus für Eilige. Berlin 2004.

Koedt, Anne: Der Mythos vom vaginalen Orgasmus. Berlin 1974.

Koepcke, Cordula: Louise Otto-Peters. Die rote Demokratin. Freiburg i. Br. 1981.

Koonz, Claudia: Mütter im Vaterland. Frauen im Dritten Reich. Freiburg i. Br. 1991.

Kramer, Bernd (Hrsg.): Leben, Ideen, Kampf. Louise Michel und die Pariser Kommune von 1871. Berlin 2001.
Kraß, Andreas: Queer Denken. Gegen die Ordnung der Sexualiät (Queer Studies). Frankfurt a. M. 2003.
Kristeva, Julia: Die Revolution der poetischen Sprache. Frankfurt a. M. 1999.
Leicht-Scholten, Carmen: Die Gleichberechtigung im Grundgesetz. Die Entscheidungen des Bundesverfassungsgerichts von 1949 bis heute. Frankfurt a. M. 2000.
Lewis, Jane: Before the Vote was Won. Arguments For and Against Women's Suffrage. New York 1987.
Liddington, Jill / Norris, Jill: One Hand Tied Behind Us. The Rise of the Women's Suffrage Movement. London 2000.
Linnhoff, Ursula: Die Neue Frauenbewegung. USA – Europa seit 1968. Köln 1974.
Livi, Massimiliano: Gertrud Scholtz-Klink. Die Reichsfrauenführerin. Münster 2005.
Lloyd, Trevor: Suffragetten. Die Emanzipation der Frau in der westlichen Welt. London 1970.
Mackenzie, Midge: Shoulder to Shoulder. London 1975.
Madsen, Deborah L.: Understanding Contemporary Chicana Literature. Columbia (SC) 2001.
Matthes, Eva / Hopf, Caroline: Helene Lange und Gertrud Bäumer. Ihr Beitrag zum Erziehungs- und Bildungsdiskurs vom Wilhelminischen Kaiserreich bis in die NS-Zeit. Bad Heilbrunn 2003.
Menschik, Jutta: Feminismus. Geschichte, Theorie, Praxis. Köln 1985.
– / Leopold, Evelyn: Gretchens rote Schwestern. Frauen in der DDR. Frankfurt a. M. 1974.
Meyers, Madeleine: Forward into Light. The Struggle for Women's Suffrage. Carlisle (Mass.) 1994.
Michelet, Jules: Die Frauen der Revolution. München 1984.
Miethe, Ingrid / Roth, Silke (Hrsg.): Europas Töchter. Traditionen, Erwartungen und Strategien von Frauenbewegungen in Europa. Opladen 2003.
Mill, John Stuart [u. a.]: Die Hörigkeit der Frau. Texte zur Frauenemanzipation. Frankfurt a. M. 1976.

Millett, Kate: Sexus und Herrschaft. München 1971.
Mitchell, Juliet: Frauenbewegung – Frauenbefreiung. Frankfurt a M. 1981.
– Frauen – die längste Revolution. Feminismus, Literatur, Psychoanalyse. Frankfurt a. M. 1987.
Morgan, Robin (Hrsg.): Sisterhood is Powerful. An Anthology of Writings from the Women's Liberation Movement. New York 1970.
– Sisterhood is global. The International Women's Movement Anthology. New York 1984.
Müller, Nicola: Hedwig Dohm (1831–1919). Eine kommentierte Bibliografie. Berlin 2000.
Nave-Herz, Rosemarie: Die Geschichte der Frauenbewegung in Deutschland. Bonn 1993.
Noack, Paul: Olympe de Gouges, 1748–1793. München 1992.
Nuber, Ursula: Wir wollten alles … was haben wir nun? Eine Zwischenbilanz der Frauenbewegung. Zürich 1993.
Otto-Peters, Louise: Dem Reich der Freiheit werb' ich Bürgerinnen. Die Frauen-Zeitung von Louise Otto. Frankfurt a. M 1980.
Pankhurst, Emmeline: Ein Leben für die Rechte der Frauen. Göttingen 1996.
Pankhurst, Sylvia: The Suffragette Movement. London 1978.
Paterson, Nancy: Cyberfeminism. http://internetfrauen.www.net/ archiv/cyberfem.txt
Phillips, Melanie: The Ascent of Woman. A History of the Suffragette Movement and the Ideas behind it. London 2003.
Preibisch, Hannelore (Hrsg.): Bluestockings. Blaustrümpfe. Ein emanzipatorischer Aufbruch, gespiegelt in Briefen, Berichten, Satiren, Reflexionen. München 2003.
Richebächer, Sabine: Uns fehlt nur eine Kleinigkeit. Deutsche proletarische Frauenbewegung 1890–1914. Frankfurt a. M. 1982.
Roberts, Marie Mulvey / Mizuta, Tamae: The Militants. Suffragette Activism. London 1994.
Roche, Charlotte: Feuchtgebiete. Köln 2008.
Rowbotham, Sheila: Im Dunkel der Geschichte. Frauenbewegung in England vom 17. bis 20. Jahrhundert. Frankfurt a. M. 1980.
Sametschek, Ute: Remember the Ladies. Literatur zur Geschichte der amerikanischen Frauenfrage. Stuttgart 1992.

Schaffer, Kay: The Contested Zone. Cybernetics, Feminism and Representation. http://www.acs.lamp.ac.uk/oz/schaffer.html
Schaser, Angelika: Frauenbewegung in Deutschland 1848–1933. Darmstadt 2006.
Schenk, Herrad: Die feministische Herausforderung. 150 Jahre Frauenbewegung in Deutschland. München 1992.
Schirrmacher, Frank: Minimum. Vom Vergehen und Neuentstehen unserer Gemeinschaft. München 2006.
Schmackpfeffer, Petra: Frauenbewegung und Prostitution. Über das Verhältnis der alten und neuen deutschen Frauenbewegung zur Prostitution. Oldenburg 1989.
Schmitter, Romina: Die Frauenbewegung im 19. Jahrhundert in den USA und Europa. Stuttgart 1981.
Schößler, Franziska: Einführung in die Gender Studies. Berlin 2008.
Schröder, Hannelore: Widerspenstige. Rebellinnen. Suffragetten. Aachen 2001.
Schrupp, Antje: Nicht Marxistin und auch nicht Anarchistin. Frauen in der Ersten Internationale. Königstein i. Ts. 1999.
Schulz, Kristina: Der lange Atem der Provokation. Die Frauenbewegung in der Bundesrepublik und in Frankreich 1968–1976. Frankfurt a. M. 2002.
Schwarzer, Alice: Der »kleine Unterschied« und seine großen Folgen. Frauen über sich – Beginn einer Befreiung. Frankfurt a. M. 1975.
Sichtermann, Barbara: Kurze Geschichte der Frauenemanzipation. Berlin 2009.
Sinclair Deckard, Barbara: The Women's Movement. Political, Socioeconomic and Psychological Issues. New York 1976.
Solinger, Rickie (Hrsg.): Abortion Wars. A Half Century of Struggle, 1950–2000. Berkley (CA) 1998.
Steinem, Gloria: Reportagen aus *Ms.* Reinbek bei Hamburg 1984.
– Was heißt schon emanzipiert. Meine Suche nach einem neuen Feminismus. München 1995.
Stöcker, Miriam: Das F-Wort. Feminismus ist sexy. Sulzbach 2007.
Strecker, Gabriele: Hundert Jahre Frauenbewegung in Deutschland. Wiesbaden 1950.
Strehler, Ingrid: Den Männern gleich an Rechten. Auffassungen zur

Emanzipation der Frau in Frankreich und Deutschland zwischen 1789 und 1871. Leipzig 1989.
Thalmann, Rita: Frausein im Dritten Reich. München/Wien 1984.
Thönnessen, Werner: Frauenemanzipation. Politik und Literatur in der deutschen Sozialdemokratie 1863–1933. Frankfurt a. M. 1976.
Tietjen, Sabine: Girlies – eine lachende Revolte? In: MädchenMuster MusterMädchen. Hrsg. von Elfriede Czurda. Tübingen 1996. S. 120–134.
Twellmann, Margit: Die deutsche Frauenbewegung. Ihre Anfänge und erste Entwicklung 1843–1889. Frankfurt a. M. 1993.
Vinken, Barbara: Die Deutsche Mutter. Der lange Schatten eines Mythos. München 2001.
Weber, Jutta: Ironie, Erotik und Techno-Politik. Cyberfeminismus als Virus der neuen Weltunordnung? Eine Einführung. In: Die Philosophin 24 (2001). S. 81–97.
Whiteley, Sheila (Hrsg.): Sexing the Groove. Popular Music and Gender. London / New York 1997.
Wickert, Christl: Helene Stöcker 1869–1943. Frauenrechtlerin, Sexualreformerin und Pazifistin. Bonn 1991.
Wiggershaus, Renate: Frauen unterm Nationalsozialismus. Wuppertal 1984.
Winkler, Dörte: Frauenarbeit im ›Dritten Reich‹. Hamburg 1977.
Wollstonecraft, Mary: Plädoyer für die Rechte der Frau. Weimar 1999.
Wolmark, Jenny (Hrsg.): Cybersexualities. A Reader on Feminist Theory, Cyborgs and Cyberspace. Edinburgh 1999.
Zetkin, Clara: Ausgewählte Reden und Schriften. Bd. 1: 1889–1917. Berlin 1957.
– Zur Geschichte der proletarischen Frauenbewegung Deutschlands. Frankfurt a. M. 1971.
Žižek Slavoj: Lacan. Eine Einführung. Frankfurt a. M. 2008.

Zur Autorin

MICHAELA KARL, geboren 1971, ist Politologin und promovierte 2001 an der FU Berlin über Rudi Dutschke und seine intellektuelle Biographie. Lehraufträge an der Universität der Bundeswehr in München und an der Hochschule für Politik in München mit Themenschwerpunkt Sozialismus und Revolutionstheorie. Mitherausgeberin der sich im Aufbau befindenden Rudi-Dutschke-Werkausgabe.

Außerdem von ihr erschienen: *Bayerische Amazonen* (2004); *Wir fordern die Hälfte der Welt. Der Kampf der Suffragetten um das Frauenstimmrecht* (2007); *Die Münchner Räterepublik* (2008); *Streitbare Frauen* (2009).